무역창업 성공 비밀노트

무역창업 성공 비밀노트

이영범 지음

무역을 알면 돈이 보인다!

| 매출 40억에 도전하는 핵심 무역테크닉 |

중앙경제평론사

시작하면서

It is not the strongest of the species that survives, nor the most intelligent. It is the one that is the most adaptable to change. - Charles Darwin

살아남는 존재는 가장 강한 종도, 가장 지능이 높은 종도 아니다. 변화에 가장 잘 적응하는 종일 뿐이다. – 찰스 다윈

저는 지방대 무역학과 출신입니다. 취업을 못해 백수생활을 한 적이 있었습니다. 당시 친구들 사이에서 유행하던 말로 '방 구들장에게 미안한' 생활을 2년간 했었습니다. 스펙을 쌓기 위해서 대학원에 진학했고, 작전이 성공한 것인지 운이 좋았는지 치열한 경쟁을 뚫고 종합상사인 엘지상사에 입사를 했습니다.

무역학과 출신으로서 당연히 업무는 해외영업을 맡았습니다. 엘지상사에서 5년간 근무한 후 신생 종합상사인 동양글로벌에서 신규 해외영업 사원을 모집한다는 얘기를 듣고 동양글로벌로 이직했다가, 1999년에 동양글로벌이 동양시멘트와 합병되는 바람에 퇴사하면서 직장생활을 그만뒀습니다.

그리고 '록켐'이라는 무역회사를 설립하게 됐습니다. 저는 지방대 출

신의 어려움, 취업을 못한 대졸자의 애환, 직장을 그만두고 창업한 개인사업가가 사업하면서 부딪히는 역경 등을 두루 겪어봤습니다. 그래서 저는 말할 수 있습니다. 지방대생들은 어떤 마인드를 가져야 하는지, 취업을 못한 대졸자들은 어떻게 방향을 잡아야 하는지, 직장을 그만두고 창업한 개인사업가들은 어떤 식으로 사업체를 운영해 나가야 하는지를. 그저 글로써 이론을 얘기하는 게 아니라 실제로 겪은 경험을 가지고 얘기할 수 있습니다.

'강한 자가 살아남는 것이 아니라 살아남은 자가 강한 것'이라는 말이 있습니다. 특별한 능력도 없고 뚜렷하게 내세울 것도 없는 제가 지금까지 살아남은 이유를, 저는 '변화에 잘 적응했기 때문'이라고 자평합니다. 취업을 위해 제 나름대로 최선을 다했지만 2년간 서류전형에서 떨어지고 면접에서 떨어지기를 반복했습니다. 심지어 공무원 시험도 떨어졌습니다.

하지만 저는 세태를 원망하기보다 취업할 수 있는 방법을 찾으려 노력했습니다. 돈 한 푼 없이, 누구의 도움 없이 처음으로 개인사업체를 설립했을 때는 회사원으로서는 전혀 상상할 수 없었던 역경이 저를 힘들게 했습니다. 하지만 저는 주변의 도움으로 역경을 해결하려 하지 않고 제가 처한 환경에서 직접 할 수 있는 최선의 방법을 찾고자 노력했습니다.

제가 직장을 그만두자마자 은행에서는 직장 급여통장을 통해서 사용하고 있던 마이너스 대출 200만 원을 갚으라고 하더군요. 대출 연장을 요청했지만 일언지하에 거절당했습니다. 직장을 그만두니 은행에서 200만 원 대출도 받을 수 없는 사람이 되더군요. 퇴직금은 직장생활을 하면서 얻었던 대출금을 상환하는 데 모두 사용했으니 남은 건 6천만 원 남짓하는 아파트 전세 보증금뿐이었습니다.

주위 사람들에게 도움을 청하고 싶었지만 그렇게 하면 스스로 사업을 일으키는 데 장애가 될 수 있겠다는 생각이 들었습니다. 그래서 그 상태 그대로 혼자 회사를 운영했고 우여곡절을 겪으면서 5년 만에 연 매출이 40억 원에 달하는 회사로 성장시켰습니다. 2004년 11월 30일 제41회 무역의 날 행사에서 정부로부터 '삼백만 불 수출의 탑'을 받을 때는 가슴이 뭉클했습니다.

그러나 당시 연 매출 40억 중에서 90% 이상을 차지하던 핵심 품목에 문제가 생기기 시작했을 때는 참 힘들었습니다. 결국 2006년 여름에 과감하게 핵심품목을 포기하고 2011년 초까지 4년 반 동안 부동산중개업소를 운영했습니다. 마음 깊은 곳에 무역에 대한 갈증이 남아 있었기에 무역업을 완전히 접지는 않았지만 그 규모는 아주 보잘 것 없는 수준이었습니다. 그러다 부동산 경기가 침체기에 접어들면서 부동산중개업소 운영이 어려워졌고 또다시 오랜 고민 끝에 2011년 초에 다시 무역업에 매진하기로 했지만, 지난 5년 동안 무역환경이 많이 변해서 처음 무역업을 시작했을 때보다 더 어려웠습니다.

옛 직장이 있었던 여의도의 조그만 오피스텔에 사무실을 열었지만 2011년에는 한 건도 성사시키지 못했습니다. 1년간 매출이 전혀 없으면 어떻게 되는지는 독자 여러분도 상상이 되실 겁니다. 사무실 운영비만 연간 천만 원 정도, 거기에 생활비와 애들 교육비 등. 난관은 사람을 일하게 만든다고 하던가요? 포기할 수 없었습니다. 남들보다 두 배, 세 배 일했습니다. 그 결과 2011년 매출 제로에서 2012년 4억, 2013년 5억, 2014년 17억 매출을 올렸으며, 2015년에는 40억 매출을 올렸습니다. 2016년에는 과감하게 100억 매출을 목표로 하고 있습니다.

취업을 해도 힘들고 취업을 안 해도 힘든 지금의 경제상황에서 제가 겪은 경험과 갖고 있는 지식을 다른 분들과 공유하고자 2013년 가을에 《직장인들이여, 투잡을 하자!》라는 책을 출간했습니다. 제목에 '투잡'이라는 말이 들어있지만, 내용은 여유시간을 활용해 자기 사업을 할 수 있다는 것이었습니다. 저 자신의 경험과 주변사람들의 사례를 모아 쓴 책이었습니다. 당시 제 주변에는 예상치 못하게 직장을 그만두게 돼 힘들어하는 40대 중후반이 몇 명 있었기에 그들에게도 도움을 주고 싶었습니다.

제가 운영 중인 인터넷 카페에는 취업을 못한 대졸자 또는 이직을 고민하는 직장인 등 다양한 회원이 있습니다. 그 카페에서 저는 매월 1회 무역기초 강의를 하고 있습니다. 이 강의를 하면서 이들에게 필요한 것은 단순 무역이론이 아니라 실제로 당장 사업에 활용할 수 있는 기술과 실제 사례라는 것을 깨닫게 됐습니다.

그래서 2014년 가을에 《직수입부터 인터넷 판매까지 한 방에!》라는 책을 출간했습니다. 이 책은 제목 그대로, 제가 직접 했고 지금도 하고 있는 사업을 실제 사용한 서류를 샘플로 제공하면서 사업 노하우를 설명했습니다. 그래서 책의 부제도 '책대로 하면 그대로 된다'로 해, 무역에 대한 기초 지식이 조금이라도 있다면 이 책대로만 해도 제가 하는 사업을 따라할 수 있도록 책의 내용을 구성했습니다.

지금은 구로구청의 지원으로 구로구청 평생학습관에서 재능기부 차원으로 무역기초 강의를 하고 있습니다. 지난 두 권의 책도 재능기부가 첫 번째 목적이었고 두 권의 책으로 제가 뜻한 바를 충분히 달성했다고 생각했습니다. 책을 쓰는 것은 쉽지 않은 일입니다. 사업하는 사람에게는 업무에 지장이 많습니다. 저는 책을 쓰고 강의를 해서 먹고 사는 사람이 아니기에 더 이상 책을 쓰지 않으려고 했습니다.

그런데 구로구청에서 강의를 진행하다 보니 뭔가 부족함이 있다는 생각이 들어서 다시 집필을 하게 됐습니다. 무역실무 책은 많이 있습니다. 광범위하고 깊은 지식을 가르치는 대학교재에서부터 무역을 처음 접하는 초보자들이 쉽게 읽을 수 있는 만화책까지. 그러한 서적들도 나름대로의 목적과 유용함은 있을 걸로 생각합니다. 하지만 저는 지금 당장 무역업을 하고자 하시는 분들이 지금 당장 필요한 지식만을 따로 모아서 전달할 필요가 있을 것 같다는 생각이 들었습니다.

이전에 집필했던 두 권의 책들도 그러한 목적을 어느 정도는 달성한 걸로 생각합니다만 강의를 하다 보니 범위가 너무 좁은 것 같다는 생각이 들었습니다. 무역실무 중에서 무역업을 처음 시작하시는 분들이 반드시 알아야 하는, 모르면 업무를 시작하기 힘든 지식은 난이도가 조금 있더라도 전달할 필요가 있다는 생각이 든 것입니다. 또한 저의 경험도 좀 더 상세하게 전달해서 처음에 사업 방향을 잡으시는 데 도움을 드리고 싶었습니다.

마침 경제관련 서적 전문 출판업체인 중앙경제평론사와 인연이 닿아 집필에 대한 욕구가 더욱 커졌습니다. 중앙경제평론사처럼 전문 출판업체와 협력한다면 많은 분들께 도움을 드릴 수 있는 좋은 책이 출간될 수 있을 것이라는 기대감이 높았습니다.

이번에 새로 집필하는 책은 전문 출판업체와 협력하여 만드는 작품인 만큼 제가 운영하는 인터넷 카페를 통한 독자와의 대화도 자주 할 것이고, 독자 여러분이 제 사무실을 직접 방문하실 수 있는 기회도 많이 만들려고 합니다.

좋은 기회를 제공해주신 중앙경제평론사 김용주 대표님과 직원 여러분께 심심한 감사의 말씀을 드립니다. 제가 전문 집필가가 아니다 보니 세 번째 펴내는 책이지만 여전히 졸작의 수준을 벗어나지 못한 것 같습니다.

국내 경기는 장기 침체 국면에서 벗어날 기미가 보이지 않고, 유가 하락 등으로 인하여 침체된 국제 경기는 국내 경기를 더욱 압박하고 있습니다. 취업은 점점 어려워지고, 그나마 어렵게 취업한 직장도 오래 다니기가 쉽지 않습니다. 자영업, 개인사업가 모두 사업 유지가 쉽지 않은 상황입니다. 이러한 어려운 경제 환경 속에서 고군분투하는 이 시대의 대학생, 직장인, 자영업자, 주부 등 모든 분들께 조금이나마 도움이 된다면 집필한 보람이 있을 것입니다. 모두들 힘내시기 바랍니다.

마포 사무실에서 여의도를 바라보면서…

저자 이영범 드림

차례

7장 실제거래 사례

8장 무역서류 작성법

9장
무역회사 운영하기

1장
무역인 마인드

소비자 마인드 vs 사업가 마인드

우리는 태어나서 지금까지 소비자로만 살아왔다. 내가 필요한 제품을 적절한 장소에서 찾아 정해진 가격에 구매해 소비해왔다. 그렇게 수많은 제품을 소비하면서도 단 한 번도 그 제품들이 어떤 경로로 내 손에까지 왔는지 심각하게 생각해 보지 않았다. 그저 품질을 생각하고 가격을 생각하고 좀 더 좋은 조건의 제품은 없는지 그것만 고민해왔다.

단 한 번도 우리는 그런 제품을 팔기 위해 소비자를 찾아 다닌다거나 하는 판매활동을 직접 하리라고는 상상하지 못했다. 왜냐하면 우리 인생의 기본 모델은 '직장인'이고 생활에 필요한 소득은 언제나 직장생활을 통한 급여를 통해 얻어야 한다고 생각해왔기 때문이다. 그러다가 직장을 구하지 못하거나, 그나마 어렵게 들어가 다니던 직장을 그만두게 돼 사업을 하게 되면 이제는 소비자가 아닌 판매자로 변신할 수밖에 없다.

과연 평생 한 번도 상상해 보지 못했던 일을 하려고 하면 쉽게 적응이 될까? 사전준비 없이 무턱대고 판매 전선에 뛰어들면 그 결과가 어떻게 될지는 불을 보듯 뻔하다. 무슨 일을 하든 뭔가 새로운 일을 시작하려면 먼저 마인드부터 바꿔야 한다.

한 직장에서 다른 직장으로 옮길 때는 새 직장에 정해져 있는 룰에 따라 일을 하면 되므로 특별히 마인드 자체를 바꿀 필요는 없다. '직장인'이라는 테두리 안에서 새로운 직장의 새로운 룰만 알면 된다. 직장이 바뀐다고 하더라도 그 새로운 룰이라는 것은 어차피 직장인이 지켜야 할 룰이기 때문에 이전의 직장에서 지켜왔던 룰과 큰 차이가 없다. 따라서 새로운 룰에 적응하는 데 큰 혼란도 없고 별다른 노력 없이도 쉽게 적응할 수 있다.

하지만 직장인이 판매자로 변하는 것은 많이 다르다. 소비자가 사업가로 변하는 것이다. 소비자는 구매자고 사업가는 판매자다. 구매하는 것이 어려울까, 판매하는 것이 어려울까? 당연히 판매하는 것이 더 어렵다.

우리가 자주 방문하는 마트에 한번 가보라. 판매자는 자신이 가지고 있는 모든 것을 공개하고 구매자를 기다리고 있다. 간단하게, 우유 한 통을 사는 경우를 살펴보자. 제조업체, 제조일자, 유통기한, 용량, 가격, 성분 등 모든 내용을 상세하게 보여주고 있다. 우리는 여러 제조업체의 우유를 꼼꼼하게 살펴본 후 제일 만족스러운 조건의 우유를 산다.

거꾸로 마트에서 일하는 우유 판매원의 입장이 돼 생각해 보라. 우유를 많이 팔기 위해서 지나가는 모든 고객들에게 제품을 안내하고 시음해 보라고 권하지만 그 우유 판매원은 자기 앞을 지나치는 고객들이 오늘 생각하고 있는 구매 목록에 우유가 있는지 없는지를 모른다. 그저 지나가는 모든 고객에게 제품을 안내할 따름이지, 고객이 우유를 살 의향이 있는지 없는지는 알 수가 없는 것이다.

손자병법의 '지피지기 백전백승'의 관점에서 보면 이 싸움은 이미 승부가 난 것이다. 이런 경우는 판매자가 대기업이라 해도 다르지 않다.

제품이 단순 생필품이 아닌 고가의 전자제품이라 해도 다르지 않다. 소기업이 저가의 단순 생필품을 팔든 대기업이 고가의 전자제품을 팔든 어떤 경우에서든 판매는 어렵다.

무역인 마인드가 따로 있다고요?

국내판매는 그나마 나은 편이다. 국내판매는 문화가 같고 생각하는 바가 비슷하고 생활환경이 비슷한 소비자를 상대로 하기 때문이다. 따라서 제품의 품질이나 가격이 경쟁사에 비해 조금 우수하거나 영업사원의 판매전략이 뛰어난 경우에는 판매실적을 높일 수 있다. 영업사원이 발바닥에 땀이 나도록 열심히 뛰어다니거나 샘플을 차에 싣고 연간 10만km 이상 열심히 영업활동을 다니는 경우에는 꽤 괜찮은 영업실적을 거둘 수 있다.

하지만 무역은 국내판매와는 좀 다르다. 아니, 많이 다르다. 대부분의 사람들에게 무역이 국내판매보다 어려운 점을 꼽으라면 제일 먼저 '언어의 차이'를 꼽는다. 맞다. 언어가 다른 점이 가장 큰 어려움이다. 그래서 최근 젊은이들로부터 이런 질문을 많이 받는다. "외국어를 거의 완벽하게 할 수 있는데 무역을 하면 성공할 수 있지 않을까요?" 맞는 말이다. 뭔가를 팔려면 먼저 말이 통해야 한다. 따라서 그 나라의 언어를 잘 알면 그만큼 판매를 잘할 가능성이 높다.

하지만 그것은 단순한 가능성일 뿐이다. 나는 강의할 때 언제나 이렇게 얘기한다. “외국어를 잘하는 것은 무역에 큰 도움이 되기는 하지만 무역의 성공 여부를 결정하지는 않습니다. 외국어를 못하면 무역하는데 어려움이 있는 것은 맞지만 외국어를 잘한다고 해서 무역을 잘할 수는 없습니다. 즉 외국어를 잘하는 것이 무역에 도움을 줄 수는 있지만 성공적인 무역을 보장해주지는 않습니다.”

제품을 구매하는 것은 소비자다. 먼저 국내판매의 경우를 한 번 생각해 보라. 판매자는 구매자의 성향에 맞는 제품을 판매하려고 노력한다. 의류를 판매하는 사람은, 30대 젊은 여성을 대상으로 영업활동을 할 때와 50대 중년 남성을 대상으로 영업활동을 할 때 의류의 종류와 판매 슬로건을 달리한다. 이것은 상식이다. 판매자는 우리나라 30대 젊은 여성들의 취향과 50대 중년 남성들의 취향을 잘 알고 있기에 그들이 원하는 스타일의 제품을 준비해 소비자들의 구매를 유도할 것이다.

그 판매자가 그 제품을 외국에 판매하려고 계획할 경우를 생각해 보자. 판매자는 제일 먼저 이것부터 고민해야 할 것이다. ‘과연 이 제품들이 외국의 30대 젊은 여성 소비자들이나 50대 중년 남성 소비자들에게도 어필이 될까?’ 알 수 없을 것이다. 그래서 그 제품들을 외국에 팔기를 원한다면 그 나라에 대한 정보를 먼저 확보해야 한다. 우리는 그것을 이론적으로 ‘시장조사’라고 한다.

‘시장조사’라고 하면 뭔가 거창하게 들린다. 특히 아직 사업을 시작하지 않고 이론만 공부하는 대학생들이 강단에서 들으면 뭔가 큰 프로젝

트처럼 들릴지 모른다. 하지만 현재 사업을 하고 있는 사업가에게 물어보면 간단하게 말할 것이다. "잘 팔릴지 안 팔릴지, 그걸 먼저 알아봐야죠." 사업하는 사람은 학생이 아니다. 그래서 이런 종류의 질문에 대한 간단한 대답은 전문용어를 사용하는 화려함은 없지만 명확하다. 맞다. 제품은 팔려야 가치 있는 것이고 사업가는 제품을 파는 사람이다. 따라서 제품을 잘 파는 사람이 훌륭한 사업가다.

소비자에서 사업가로 넘어가는 과정이 그리 순탄하지만은 않은데 게다가 국내판매가 아닌 해외영업, 즉 무역으로 넘어가게 되면 국내판매와는 또 다른 장벽과 부딪히게 된다. 이것은 단순히 언어만이 아니다. 언어는 기본이다. 언어 문제가 해결되지 않으면 아예 무역을 할 생각을 말아야 한다. 그리고 언어를 기반으로 외국의 문화와 외국인의 성향 등도 고려해야 한다.

간단한 예를 하나 들어 보자. 나는 대부분의 도장이나 사인은 청색으로 한다. 출장을 가서 상담할 때는 주로 청색 볼펜을 사용한다. 내 주요 해외거래선 담당자는 계약서에 사인할 때 항상 청색 볼펜으로 하고, 나와 상담할 때도 항상 노트에 청색 볼펜으로 필기하는 것을 봤다. 이유는 잘 모르겠다. 검은색이 죽음을 의미하기 때문에 잘 사용하지 않는다는 말을 듣기는 했지만 정확하지는 않다. 컬러프린터 잉크는 비용이 비싸기 때문에 어쩔 수 없이 흑색 잉크를 사용하지만 계약서에 사인하거나 상담 노트에 필기는 청색으로 하는 것을 봐왔기 때문에 나도 그들을 대할 때는 그렇게 한다.

무역은 국내판매와 비슷한 면도 있지만 다른 면도 있다. 무역은 국내판매보다 조금 더 복잡하고 조금 더 어렵다. 따라서 무역을 하는 사람은 국내판매를 하는 사람보다 조금 더 실력이 있어야 한다. 그런데 국내판매를 전혀 해보지 않은 사람이 갑자기 무역을 시작하면 한 단계를 뛰어넘은 어려움에 부딪히게 된다. 국내판매를 하면서 부딪히는 어려움도 극복하기가 벅찬데 그보다 한 단계 더 높은 어려움에 부딪히면 극복하기 더 어려워지고 금방 '포기'라는 선택을 하게 된다.

어느 구매자가 불만을 표현했다고 하자. 국내판매의 경우에는 전화통화로 몇 차례 상황을 설명하다가 해결이 안 되면 직접 찾아가서 구매자를 설득하는 시도를 할 수 있다. 하지만 무역의 경우에는 그러려면 비싼 비용을 지불하고 외국으로 가야 하고 거기서 구매자에게 구매자 나라의 언어로 설명을 해야 한다. 같은 한국 사람에게 설명을 해도 설득이 쉽지 않은데, 내가 아무리 외국어에 능통하고 그 나라에 거주했던 경험이 있다 하더라도 외국인을 만나 그 사람을 쉽게 설득할 수 있을까? 안 된다는 것이 아니다. 어렵다는 것이다.

그래서 사회생활을 오랫동안 한 직장인이라 하더라도 판매자의 입장이 한 번도 돼 보지 않은 사람, 그리고 이제 갓 사회생활을 시작하는 대학 졸업자들은 판매자 마인드 갖기를 먼저 해야 한다. 결코 말로 되는 것이 아니니 실제 경험을 통해 판매자 마인드가 어떤 것인지를 먼저 깨우치기 바란다. 그런 후에 무역인의 마인드는 판매자의 마인드와 어떻게 달라야 하는지를 깨우치기 바란다. 이 부분을 결코 소홀하게 생각하지 말기 바란다.

'말장난' 아니냐고 쉽게 생각해 이 부분을 등한시하고 서둘러 사업을 시작했다가 뒤늦게 후회하는 사람을 나는 많이 봤다. 소비자에서 판매자로 잠시 변신한 다음에 무역인이 돼야 무역업을 제대로 시작할 수 있다. 판매자의 역할도 제대로 못하는 사람이 무역업자가 해야 할 일까지 한꺼번에 하게 되면 수많은 어려움에 짓눌려 아무것도 할 수 없게 된다. 이는 구구단도 다 못 외운 상태에서 수학문제를 풀려는 것이다. 알파벳도 다 못 외운 상태에서 영어회화를 하려는 것이다. 지금 당장 할 수는 있겠지만 머지않아 장벽에 부딪혀 중단하게 될 수 있다.

무역을 하려면 무역인의 마인드를 가져야 한다. 그러려면 먼저 국내 판매자의 마인드를 가져야 한다. 그 기간이 그리 길 필요는 없다. 사람에 따라 3개월 정도로 충분할 수 있다. 하지만 반드시 거칠 필요가 있는 과정이니 등한시하지 말기 바란다. 많은 사람들이 시간이 없다는 이유로 "그 과정을 꼭 거쳐야 합니까?"라고 물을 때 나는 이렇게 답한다. "지식은 책에서 나오는 것도 아니고 머리에서 나오는 것도 아닙니다. 지식은 발바닥에서 나옵니다." 지식이 책에서 나온다면 밤샘공부로도 가능하겠지만 발바닥에서 나오기에 시간이 필요하다. 사업을 하는 데 시간 투자 없이 이룰 수 있는 것은 아무것도 없다.

2장

무역이란 무엇인가?

오퍼상을 너무 쉽게 말하지 마세요

나는 강의를 할 때마다 수강생들에게 오퍼상이 무엇인지 물어보는데 한 번도 오퍼상에 대해서 제대로 설명하는 사람을 보지 못했다. 대기업에서 근무했던 사람도 그랬다. 그것은 그 사람들이 지식이 부족해서도 아니고 내가 지식이 풍부해서도 아니다. 그저 상식적으로 오퍼상을 '중개인'이라고 쉽게 생각하기 때문이다. 퇴직 후 혼자 무역업을 한다고 하면 대부분 "아, 오퍼상?" 이렇게 반응한다.

오퍼상은 수출자와 수입자의 중간에서 중개 역할만 해주고 거래가 성사되면 어느 한 쪽으로부터 중개수수료를 보수로 받는 단순 거간꾼이라고 생각한다. 은행을 방문하거나 서류를 작성하는 일이 없으니 특별한 자본이나 조직, 기술이 필요 없고 수출자나 수입자와의 관계만 잘 정립하고 유지하면 쉽게 돈을 벌 수 있는 업종이 오퍼상이라고 생각한다. 그런 의미에서 오퍼상은 로비스트와 비슷하게 보이기도 한다.

오퍼상의 역할

사람들은 오퍼상에 대해서 깊이 생각하지 않고 연구하지 않는다. 어떤 대기업 간부가 "퇴직 후 할 일이 없으면 오퍼상이나 할까?"라고 쉽게 말하는 것을 본 적이 있다. 하지만 실제로 오퍼상을 시작해 보면

'아, 내가 오퍼상을 너무 쉽게 생각했구나.'라고 후회하고 마음가짐을 새로이 하는 경우가 많다. 오퍼상은 수출자와 수입자의 중간에서 중개 역할만 하기 때문에 자금도 필요 없고, 서류를 만들지 않기 때문에 특별한 무역실무 지식도 필요 없고, 따라서 업무 보조 직원도 필요 없다.

조그만 사무실에서 전화기와 팩스기를 한 대씩 놓고(요즘은 복합기라는 훌륭한 기기가 있어서, 이 기계 한 대면 전화기, 팩스기, 복사기, 프린터, 스캐너 기능까지 다 쓸 수 있다) 혼자서도 충분히 일을 할 수 있다. 사무실을 구하지 않고 집에서 한다면 임대료를 한 푼도 부담하지 않고 편하게 일하고 수익을 얻을 수도 있다. 실제로 내 주변에 그런 사람들이 몇 명 있다.

그런 면에서 자기 자본을 가지고 직접 은행업무를 하고 직접 서류업무를 진행하는 사람에 비해 오퍼상은 상당히 편하고 자유롭게 쉽게 돈을 벌 수 있다고 생각하기 쉽다. 하지만 그렇게 생각하는 사람은 오퍼상의 진정한 역할을 모르기 때문에 그런 생각을 하는 것이다. 오퍼상은 수출자와 수입자 모두를 알고 있고, 수출자와 수입자는 서로를 모르는 상태에서 업무를 수행한다. 따라서 수출자나 수입자에 비해 오퍼상의 역할은 두 배라고 보면 된다.

오퍼상은 수출자로부터 수출 요청을 받든 수입자로부터 수입 요청을 받든 처음에는 누군가에게서 요청을 받을 것이다.

독자들이 쉽게 이해할 수 있도록 수입자로부터 어떤 제품을 수입해 달라는 요청을 받은 경우를 가지고 얘기를 해보자. 이런 요청을 받으면 오퍼상은 해당 제품의 수출자를 찾는다. 자신의 능력에 따라 그 결과는 달라진다. 이미 수출자를 알고 있는 경우라면 금방 수출자와 상담을 시작해 견적을 받아내지만 그렇지 않은 경우라면 지인을 통해 수소문하거나 인터넷을 검색해서 수출자를 찾아낼 것이다. 어떤 경우든 수출자와 상담해 견적을 받아 수입자에게 전달하며 협상을 시작한다. 물론 견적 전달 전에 수출자와 협의해 오퍼상의 중개수수료 규모를 결정한 후에 그 중개수수료만큼 가격을 높여서 수입자에게 전달할 것이다.

일반적으로 오퍼상의 중개수수료는 수출자가 부담한다. 통상 '커미션'이라고 부르는 중개수수료는 돈을 번 사람이 지불하는 것이 상식이다. 수출자는 수입자에게 제품을 판매하고 나면 거래가 끝난 것이다. 그러면 수입자로부터 받은 물품대금의 일부를 오퍼상에게 중개수수료로 주게 된다. 그래서 오퍼커미션을 판매알선수수료라고 부른다. 하지만 실제적으로 보면 그 중개수수료는 수입자가 부담한 것이다.

수출자는 수입자로부터 물품대금을 받아서 그 일부를 오퍼상에게 주는 것이고, 수입자는 오퍼상으로부터 견적을 받을 때 그 가격 안에 오퍼상이 취할 중개수수료까지 포함돼 있다는 것을 알고 있다. 수입자가 수출자로부터 견적을 순수 수출금액으로 받고 나중에 오퍼상에게 커미션을 주는 경우도 있기는 하다. 그러면 구매알선수수료가 되는데 특별한 관계를 제외하고는 그런 경우는 없다.

저자는 미국 회사의 한국 에이전트이므로 미국으로 수출한 경우에도 일부 거래는 미국 본사로부터 커미션을 받는다. 한국 수출자와 사전에 서로 협의해 결정하고 그렇게 업무를 진행하는 것이다.

일반인들이 오퍼상을 얘기할 때 간과하는 부분이 바로 이 부분이다. 처음에는 수출자와 수입자가 서로 모르는 상태에서 협상이 시작되기 때문에 중간에 오퍼상이 없으면 거래가 이뤄지지 않으니 오퍼상의 역할이 지대하다. 하지만 그 지대함은 첫 거래가 완성되는 순간 사라진다는 것을 반드시 명심해야 한다.

계약서를 작성하는 단계부터 마지막에 대금결제가 이뤄지는 단계까지 가면서 수출자와 수입자는 서로 아주 상세한 부분까지 정보를 교환하게 된다. 제품도 직접 수출자에서 수입자로 선적될 뿐만 아니라 물품대금도 수입자의 계좌에서 수출자의 계좌로 바로 입금이 되니 첫 거래가 진행되는 순간 수출자와 수입자는 서로가 아주 잘 아는 사이가 되는 것이다.

그러면 두 번째 거래부터는 오퍼상이 필요 없어진다. 이때부터 오퍼상의 중개수수료가 아깝게 느껴지기 시작한다. 이런 경우를 막기 위해서 오퍼상은 거래를 성사시키기 이전에 먼저 대행계약서를 작성하려고 한다. 수출자뿐만 아니라 수입자와도 대행계약서(수출자와의 대행계약서는 수출대행계약서, 수입자와의 대행계약서는 수입대행계약서)를 작성해 나중에 수출자와 수입자가 직접 거래하지 못하도록 막는 안전장치를 마련하는 것이다.

나는 주변 사람들에게서 또는 강의 도중에 이런 질문을 종종 받는다. "대행계약서를 작성하려고 하는데 오퍼커미션은 몇 %로 하면 좋을까요?" 나는 먼저 이렇게 답한다. "대행계약서를 작성하려는 목적이 뭡니까?" 그러면 예외 없이 모든 사람들이 이와 같이 말한다. "수출자와 수입자가 직접 거래하지 못하게 하려고 합니다." 그런 목적이라면 나는 대행계약서를 작성하지 말라고 한다. 그러면 많은 사람들이 의아해하면서 나를 마치 돌팔이 무역상 보듯이 한다. 내 깊은 뜻을 몰라주니 참 안타깝다.

첫째, 과연 대행계약서를 작성하면 수출자와 수입자가 직접 거래하지 않을까? 내가 대행계약서를 쓰려고 하는 이유는 수출자든 수입자든 직접 거래할 능력이 충분하니 대행계약서를 쓰려고 하는 것이다. 그렇다면 내가 대행계약서를 작성한 후에 수출자나 수입자가 직접 거래를 해버리면 내가 어떻게 할 수 있을까? 손해배상을 청구하는 클레임을 제기할까?

설사 내가 100% 승소할 자신이 있다고 하더라도 클레임을 제기하지는 못할 것이다. 나는 조그만 오퍼상이고 상대방은 대기업이다. 대기업은 클레임만 담당하는 전문 법무팀이 있어서 클레임이 발생하면 법무팀으로 업무를 이관하고 영업부서는 계속 일을 한다.

하지만 나는 혼자 일하는 오퍼상이고 변호사 수임료도 부담스러우니 혼자 소송장을 접수하고 법원을 드나들어야 한다. 법원의 소송이라는 게 짧은 시간에 끝나지도 않는다. 설사 마지막에 승소하더라도 소송을 진행하는 과정에서 업무를 제대로 하지 못해 사업에 지장을 받을 뿐만 아니라 몸과 마음도 망가질 것이다. 얻는 것보다 잃는 것이 훨씬 커지는 셈이다. 클레임도 제기하지 못할 계약서는 차라리 안 쓰는 것이 낫다.

둘째, 상대방을 구속하기 위해서 작성하는 대행계약서가 오히려 상대방을 자유롭게 한다는 것을 알아야 한다. 계약서라는 것은 언제나 계약만료일이 있고, 통상 영업관련 계약서는 건별로 하거나 1년 정도를 기간으로 한다. 물론 큰 프로젝트 같은 사업은 오랜 기간을 두고 계약하지만 조그만 오퍼상이 그렇게 큰 규모의 사업을 진행하게 될 가능성은 별로 없다.

건별로 대행계약서를 체결할 경우에는 그 건이 끝나면 수출자나 수입자는 당연히 자유롭게 직접 거래할 수 있다. 기간을 1년으로 하고 상대방이 그 기간을 지켜줄 경우에는 1년간은 내가 그 사업을 누릴 수 있겠지만 1년이 지나면 그 역시 끝이다. 한 건만 맡고 말 생각이거나 1년만 맡고 말 생각이라면 대행계약을 체결하라고 권하겠다. 하지만 무역은 단순한 장사가 아니고 사업이다. 어렵게 수출자와 수입자를 찾아서 거래를 성사시켜 놓고 그것을 내가 계속 진행하지 못한다면 그것은 제대로 된 사업이 아닐 것이다.

셋째, 대행계약서는 거래 기회를 상실케 할 수도 있다는 것을 생각해야 한다. 통상 대행계약서는 정해진 품목과 정해진 거래선을 상대로 계약을 한다. 하지만 어느 한 품목만 다루는 수출자도 없고 수입자도 없다. 그러면 계약된 품목은 계약이 있으니 어쩔 수 없이 나를 통해서 한다고 하더라도 다른 품목은 수출자와 수입자가 직접 거래를 하더라도 내가 뭐라고 할 수 없다.

그렇다고 해서 최초의 대행계약서에서 '수출자와 수입자가 하는 모든 거래는 나를 통해서 해야 한다.'라고 조건을 달면 아무도 계약서에 사인을 하지 않을 것이다. 따라서 대행계약서를 작성함으써 나 스스로 영업활동 영역을 제한하는 꼴을 자초하게 될 것이다.

구두계약도 계약이고 말로 하는 약속도 약속이다. 대행계약서 없이 말로만 대행을 약속하는 것이 오히려 대행계약서를 작성하고 계약서에 사인을 받는 것보다 더 강한 효력을 발휘할 수도 있다. 동양인이든 서양인이든, 구두로 한 약속을 지키지 않아 욕을 얻어먹는 것을 무시하는 사람은 없다. 서면으로 한 계약을 어기는 것은 사정에 따라 그럴 수도 있겠지만 구두로 한 약속을 어기는 것은 인간성의 문제로 여겨지기 때문이다. 사업을 하다가 사정이 생겨 계약을 어기는 것은 다반사로 일어나는 일이고, 이는 소송 등으로 해결할 수 있다.

하지만 구두로 한 약속은 증거가 없고 따라서 소송 등으로 해결할 수 없는데, 그것을 이용해 구두로 한 약속을 어기는 사람은 인간성이 나쁘다고 평가받게 된다. 사정이 생겨서 계약을 어긴 거래선과는 나중에 다시 거래할 수 있지만 구두로 한 약속이라고 쉽게 어기는 사람과는 나중에 다시 거래하지 않으려는 것이 사람들의 습성이다. 따라서 서면계약은 어겨도 구두약속은 어기지 않으려고 노력하는 것 역시 사람들의 습성이다. 상대방 측에서 "대행계약서를 써야 하지 않겠습니까?" 하더라도 "사장님을 믿고 거래하는 것이니 서면계약서보다 사장님을 더 믿습니다."라고 하면서 대행계약서를 작성하지 않으면 그 거래를 더 오래 지속할 수 있을 것이다.

그렇다고 하더라도 수출자와 수입자의 모든 내역이 공개된 마당에 그 오퍼 업무를 얼마나 지속할 것인가? 하지만 의외로 내 주변에는 그 오퍼 업무를 아주 오래도록 지속하는 사람들이 있다. 그들이 그렇게 오퍼 업무를 오래도록 유지하는 이유를 나는 크게 두 가지로 생각한다.

첫째, 거래선과의 관계가 아주 끈끈한 경우다. 하지만 이런 경우는 오퍼상을 처음 시작하는 사람이 쉽게 취할 수 있는 방법은 아니다.

둘째, 오퍼수수료가 적은 경우다. 수출자나 수입자가 오퍼상을 통하지 않고 직접 거래할 경우에는 오퍼수수료를 절약할 수 있지만 그들이 오퍼상이 하던 업무를 수행해야 한다. 오퍼상이 하던 업무라는 게 그리 복잡하지도 어렵지도 않지만 어쨌든 시간과 노력이 필요하다. 오퍼수수료가 많다면 그러한 시간과 노력을 들일 가치가 있겠지만 그렇지 않다면 오퍼수수료를 지불하면서 그냥 오퍼상이 업무를 수행하도록 하는 게 편할 것이다. 이것이 소규모 오퍼상이 존립하는 방법이다.

그러면 그렇게 적은 오퍼수수료를 받고 어떻게 사업을 운영해 먹고 산단 말인가? 처음에는 그렇게 하면서 조금씩 내공을 쌓아간다고 생각하면 된다. 그렇게 한 품목 한 품목, 1~2년 하다 보면 지식도 쌓이고 경험도 쌓이고 거래선도 늘어난다. 그렇게 시간과 노력을 기울여 오다가 어느 순간 기회를 봐서 무역상으로 탈바꿈하는 것이다. 무역업은 멀리 내다보는 장기적인 안목과 전략이 필요하다.

오퍼상 vs 무역상

앞에서 오퍼상에 대해서 상세하게 설명했으니 무역상에 대해서는 길게 설명하지 않아도 될 것 같다. 무역상은 국내공급자와 해외수입자 사이에서 물품대금 관리 및 무역서류 작성을 직접 하는 사람이다. 해외수입자로부터 물품대금을 받아서 자신의 마진(오퍼상은 커미션이지만 무역상은 마진이다)을 제외한 금액을 국내공급자에게 지불하면서 이익을 취한다.

무역서류도 본인 명의로 작성해 해외수입자에게 주니까 본인의 회사가 수출자가 되는 것이고 국내공급자는 로컬 수출업체가 된다. 국내공급자는 제조업체가 될 수도 있고 또 다른 무역상이 될 수도 있다. 해외수입자는 국내공급자의 연락처 등을 알 수가 없고, 국내공급자 역시 해외수입자의 연락처를 알 수가 없다. 그래서 무역상의 사업은 오퍼상의 사업보다 안정적이고 사업을 오래 유지할 수 있다.

저자의 회사는 품목 및 거래선과의 관계에 따라서 무역상의 역할도 하고 오퍼상의 역할도 하고 있다. 무역상의 역할을 할 때는 기본적으로 두 가지를 할 수 있어야 한다.

첫째, 국내공급자에게 물품대금을 결제할 능력이 있어야 한다. 해외수입자로부터 물품대금을 해외신용장(Master L/C라고 부른다)으로 받을 경우에는 국내공급자에게 내국신용장(Local L/C라고 부른다)을 개설할 수 있는 능력이 있어야 한다. 내국신용장을 개설하려면 주거래은행으로부터 무역금융이라는 신용한도를 부여받아야 하는데, 주거래은행에서는 신용한도를 부여하기 전에 담보를 요구한다.

담보에는 현금, 부동산, 정부기관의 보증서 등이 필요한데, 모두 쉽게 준비할 수 없는 것들이다. 해외신용장을 담보로 내국신용장을 개설할 수 있다고 하는 사람도 있는데, 그것은 이론적으로나 가능하지 실제 현장에서는 해외신용장은 담보능력이 없다. 이것이 어려워서 오퍼상을 하는 것이다. 결국 자금이 부족해 어렵게 구한 수출자 정보 또는 수입자 정보를 국내공급자에게 넘기게 되는 것이다. 약육강식이다.

둘째, 무역상을 하려면 무역서류를 직접 작성할 수 있는 실무능력이 있어야 한다. 물품대금은 서류와 교환조건으로 지급 받게 된다. 해외신용장 수령과 내국신용장 개설 등 모든 수출업무를 마치고 나중에 해외신용장에서 요구하는 서류를 해외신용장에 기재된 조건대로 작성할 줄 알아야 물품대금을 받을 수 있다. 어렵게 거래선을 발굴하고 품목을 개발해 어렵게 해외신용장을 받기는 했는데 서류작성법을 몰라서 물품대금을 받지 못한다면 사업은 하나마나다.

서류작성 업무를 제대로 알지 못하는 사람은 이 업무를 잘하는 경력사원을 채용해 이 문제를 해결하기도 한다. 수익이 높은 사업을 하고 있고 매월 고정적으로 높은 수익을 얻을 수 있다면 이 방법도 상관없다. 하지만 경력사원의 급여가 만만치 않은데 사업 초기부터 이렇게 높은 고정비용을 부담하면서 사업을 시작할 수 있는 사람은 그리 많지 않을 것이다.

하지만 오퍼상과 무역상을 비교할 때 나는 무역상을 하기를 바란다. 위에서 설명했듯이 오퍼상은 특별한 경우를 제외하고는 그 사업을 오래도록 영위하기가 쉽지 않다. 사업은 시작하는 것도 중요하지만 오래 유지하는 것이 더 중요하다. 기존에 하던 사업을 계속 유지하면서 새로운 거래선의 새로운 품목이 추가돼야 회사가 발전하는 것이다. 무역상을 하기 위한 조건들을 충족하기가 쉽지는 않을 것이다. 하지만 위 두 가지 조건 중에서 두 번째 무역서류작성 능력은 어려운 것이 아니다. 공부하고 노력하면 된다.

문제는 첫 번째의 자금력이다. 나 역시 초반에는 자금이 없어서 매우 고전했다. 하지만 오퍼상의 단점을 잘 알고 있으면서 오퍼상처럼 일하고 싶지 않았다. 자금력 없이 무역업을 하려면 해외거래선으로부터 선수금을 받을 수밖에 없는데, 잘 알지도 못하는 거래선에 수만 불에 해당하는 물품대금을 선수금으로 선뜻 지급하는 회사는 없다. 나도 상황은 다르지 않았다.

그래서 큰 맘 먹고 큰 비용을 들여서 미국으로 날아가 담판을 지었다. 그 결과 선수금을 조건으로 거래를 시작할 수 있었다. 그 내용은 9장 '미국 회사의 한국 에이전트가 되다'에서 자세히 얘기했으니 참고하기 바란다.

수입 vs 수출

저자가 강의를 할 때 수강생들에게 항상 하는 질문이 있다. "판매가 어려울까요, 구매가 어려울까요?" 모든 수강생들이 이구동성으로 '판매'라고 한다. "왜 판매가 어려울까요?"라고 물으면 대답이 여러 가지 나오지만 결국 모아보면 한 가지다. '사람들이 잘 안 사니까.' 맞다. 잘 안 산다. 아니, 잘 안 사준다. 내가 평소 입버릇처럼 주장하는 말이 있다. "세상에서 제일 어려운 일이 남의 주머니에서 돈 꺼내는 일이다."

독자들은 자신의 주머니에서 돈을 쉽게 꺼내는가? 지금 보고 있는 이 책을 한 권 사면서도 이리 재보고 저리 재보고 인터넷 검색을 해보는 등 자신이 할 수 있는 모든 방법을 동원했을 것이다. 헛돈을 쓰지 않으려고 말이다. 하지만 사업적인 시각으로 볼 때는 조금 다른 시각으로 그 이유를 생각해볼 필요가 있다. 왜 판매가 어려울까? 그것은 판매자는 완전히 노출돼 있는데 구매자는 완전히 가려져 있기 때문이다.

동네 마트에 한번 가보라. 판매자는 자신의 모든 정보를 노출하고 있다. 어떤 제품은 QR코드를 스캔만 하면 제조자의 얼굴 사진까지 나온다. 가격 할인정보, 할인 신용카드, 무이자할부 등 나에게 필요하지 않은 아주 세세한 정보까지 노출하면서 구매자를 유혹한다. 하지만 구매자는 어떤가? 구매자인 독자 여러분은 어떤가 한번 생각해보라. 구매자는 되도록 속마음을 숨기려고 한다. 구매자는 자신의 속마음을 숨겨야 판매자로부터 더 좋은 정보를 얻을 수 있다.

손자병법에 나오는 지피지기를 생각해 보면 더 쉽게 이해할 수 있다. 내가 길을 걸어가다가 신발 밑창이 떨어져서 급하게 신발가게에 들어갔다고 생각해 보자. 그러한 사실을 신발가게 판매원이 알고 있다면 내가 과연 거기서 신발 가격을 흥정할 수 있을까? 내 흥정이 그 신발가게 판매원에게 효력이 있을까? 내가 꼭 신발을 사야 하는 상황이라는 것을 신발가게 판매원이 뻔히 알고 있는데 그 판매원이 내 흥정을 받아줄 리가 만무하다.

하지만 내가 급한 상황인 것을 신발가게 판매원이 모른다면 상황은 많이 달라질 것이다. 그는 어떻게든 나에게 신발을 팔기 위해서 여러 조건을 제시하면서 내가 신발을 구매하고픈 마음이 들도록 열심히 영업활동을 할 것이다. 그래서 구매자는 되도록 자신의 속마음을 숨기려고 노력하고 그만큼 판매자는 제품을 판매하기가 어려워진다.

수입이 쉽다고요?

무역을 처음 하려는 사람들이 상담을 해오면 나는 먼저 조그만 수입사업부터 시작해 보라고 조언한다. 그들은 수입이 수출보다 쉽기 때문에 먼저 수입사업부터 시작하라고 권한다고 생각한다. 맞다. 수입이 수출보다 쉽기 때문에 그렇게 권한다. 하지만 그것이 전부는 아니다. 수입은 자금이 필요하다. 따라서 자금력이 부족한 사람은 수입사업을 시작할 수 없다. 그런데 내가 수입을 먼저 권하는 것은 사업가의 업무 난이도 측면에서 수출보다 수입이 더 쉽기 때문이다.

무역업을 처음 시작하는 데 어려운 일들을 꼽으라면 품목개발, 거래선 발굴 등 많은 것을 꼽겠지만 그중 가장 극명하게 차이 나는 것은 바로 무역서류 작성이다. 흔히 무역실무라고 칭하는 무역서류 작성은 무역업의 백미라고 할 만큼 경우의 수가 다양하고 복잡해 무역업을 경험하지 못한 사람이 무역업체를 개업할 때 가장 힘들어하는 부분 중 하나다. 무역업을 경험하지 못한 사람이 무역업체를 개업할 때 경력 여사무원을 고용하는 이유도 바로 이 무역서류 작성 업무 때문이다.

무역서류 작성은 수출자가 하고 수입자는 검토만 하면 된다. 내가 서류를 만드는 것은 어렵지만 다른 사람이 만들어놓은 서류를 검토하는 것은 그리 어렵지 않다. 무역서류는 모두 영문으로 돼 있다. 그런데 다른 사람이 작성한 영문을 해석하는 것은 그리 어렵지 않지만 내가 영문을 작성하려면 어렵다. 하지만 '수입이 수출보다 쉽다.'라는 것은 이러한 무역서류 작성의 난이도 때문만은 아니다.

바로 '수출은 구매자가 외국에 있고 수입은 구매자가 한국에 있기 때문'이다. 사업은 구매보다 판매가 어렵다. 영업활동은 판매활동을 말하지, 구매활동을 말하는 것이 아니다. 판매활동이 일어나지 않으면 서류 작성 업무는 생길 수 없다. 따라서 판매가 돼야 회사가 돌아가고 다른 업무가 필요해진다.

판매를 하려면 구매자를 만나야 한다. 물론 이메일이나 전화만으로 거래가 성사되기도 한다. 세계적으로 유명한 제품이나 물성이 정형화돼 있어서 구매자가 굳이 판매자를 직접 만나서 조건을 협상할 필요가 없는 제품의 경우에는 판매자가 구매자를 찾아가지 않아도 사업이 되겠지만 처음 무역업을 시작하는 사람이 그런 귀한 제품을 취급하게 될 가능성이 얼마나 될까? 그러므로 사업을 시작하는 사람은 판매자의 입장에서 구매자를 직접 만나러 다녀야 할 경우를 생각해야 한다. 외근, 출장 등이 바로 그것이다.

구매자가 외국에 있는 경우와 국내에 있는 경우를 비교해서 생각해 보면 어떤 생각이 드는가? 처음 무역업체를 개업한 나는 제조업체도 아니고 대기업도 아니다. 내가 생산하지도 않은 제품을 해외로 들고 다니면서 제품을 설명하고 조건을 협상하고 판매를 한다는 것은 얼마나 황당한 일인가? 고객이 구매의사를 보이면서 제품의 사양 변경이나 조건 변경을 요구할 경우, 어떤 식으로 대응할 수 있을까? 우리 언어로도 구매자 설득이 쉽지 않은데 하물며 다른 나라의 언어라니. 그래서 나는 무역업을 처음 시작하는 사람에게는 소규모 수입사업을 먼저 시작해 보라고 한다.

수입은 구매자가 국내에 있다. 대한민국은 땅덩이가 작아서 전국이 일일생활권이므로 국내에 있는 구매자를 만나는 데 시간과 비용이 많이 들지 않는다. 구매자가 외국에 있어서 구매자를 만나려면 해외로 출장을 가야 하는 수출에 비하면 비용차이가 많이 난다. 처음으로 사업을 시작하는 사람에게는 비용 문제는 사업을 결정하는 데 결정적인 요인이 된다.

국가기관에서 수출활성화를 위해서 추진하고 있는 무역사절단이나 해외전시회 등에 관심 있는 사람의 상담도 가끔 받는데 나는 그런 지원사업에는 관심을 가지지 말라고 조언한다. 제조업체도 아니고 제조업체와 특별한 관계를 가지고 있지 않은 소규모 무역업체는 국가기관에서 운영하는 그런 사업의 혜택을 받을 능력이 없다.

대부분 자금력이 부족해 정부 지원사업이나 수출을 생각하지만 판매능력이 없는 사람은 그런 사업을 추진해봤자 시간만 낭비할 뿐 좋은 결과를 얻기가 쉽지 않다. 그래서 내가 수입사업을 시작할 것을 권하면 자금력을 한탄한다. 내가 항상 강조하듯이 사업은 '내가 하고 싶은 일을 하는 것이 아니라 내가 할 수 있는 일을 하는 것'이다. 내가 할 수 있는 일에는 자금력도 포함된다. 자금력도 없으면서 자금이 필요한 사업을 하려고 하면서 부족한 자금력을 한탄하는 것이다.

자금력이 필요한 사업은 나중의 목표로 놔두고 일단 지금은 내가 할 수 있는 조그만 사업을 시작해야 한다. 수출은 실무경험이 부족해 당장 하기 어려우니 수입을 먼저 시작해 내공을 쌓은 후에 나중에 수출로 사업 영역을 확대하면 된다.

수출은 어렵다고요?

앞의 글에서 수입과 수출의 업무를 상세하게 비교했으니 수출이 수입보다 어렵다는 것은 알게 됐을 것이다. 그래서 수입사업을 먼저 시작했다가 나중에 수출로 사업 영역을 확대하는 경우를 흔히 본다.

네이버 지식IN에 올라오는 질문에 답변을 하다 보면 "10년간 수입만 해오다가 이번에 새로 수출을 하게 됐는데 무역서류를 어떻게 만들어야 하나요?"라는 질문을 종종 접한다. 수입사업을 오랫동안 해오다가 사업 영역을 수출로 확대하는 전형적인 형태로서 가장 바람직한 사업 형태 중 하나다.

하지만 이런 질문을 하는 사람은 문제가 있는 사람이다. 10년간 수입을 해오다가 수출로 사업 영역을 확대한다면 분명 비슷한 종류의 품목을 수출하게 됐을 것이다. 그러면 지난 10년 동안 수출자의 무역서류를 받아서 검토해왔을 것이다. 짧은 기간도 아니고 10년 동안 그렇게 업무를 해오면서 거래 상대가 어떤 식으로 무역서류를 작성해왔는지를 궁금해하지 않았다면 너무 안이하게 사업을 해온 것이 아닌가?

독자 여러분은 수입사업을 하든 수출사업을 하든 거래상대방이 나와 거래하면서 어떤 식으로 영업을 하고 서류를 작성하는지를 궁금해하기 바란다. 자꾸 궁금해하다 보면 그것을 배우게 된다.

수출은 무역서류 작성이 어려울 뿐만 아니라 구매자인 거래상대방을 만나는 데 시간과 비용이 많이 드는 것이 또 하나의 난관이다. 정말 그럴까? 맞다. 사업 초기에는 그렇다. 모든 거래선이 신규 거래선이니 사업 초기에는 시간과 비용이 많이 든다.

하지만 좀 더 길게 생각한다면 반드시 그렇지만은 않다. 국내에 구매자가 있는 경우에는 구매자를 자주 찾아가야 한다. 자주 찾아가지 않으면 구매자가 나를 게으른 영업인으로 생각한다. 가끔 "거기서 여기까지 거리가 얼마나 된다고 전화나 이메일만으로 판매를 하려고 해?"라는 비난을 받게 된다.

그러나 수출은 다르다. 수출은 현지를 방문하는 것 자체만으로도 대단한 열정을 가진 무역인으로 대접 받는다. 나는 일 년에 한 번 미국 본사를 방문한다. 비행시간이 14시간 정도 되고 8일간 체류하는데 비용은 비행기 삯을 포함해 5백만 원 정도 소요된다. 출장 한 번에 5백만 원이라니, 쉽게 결정하기 힘든 출장이다. 출장을 결정하기 전에는 이렇게 저렇게 다각도로 계산해 과연 5백만 원의 가치가 있는 출장인지 계속 고민해 보고 결정한다. 2012년에는 그랬다. 하지만 그 이후부터는 고민 없이 매년 때가 되면 미국 본사 담당자와 미팅 일정을 잡는다.

국내에서 거래처 담당자를 만나기 위해서 외근이나 지방 출장을 1년간 가면 과연 비용이 어느 정도 소요될까? 정확하게 계산해 보지는 않았지만 아마 5백만 원과 크게 차이가 나지 않을 것이다. 그럼 해외출장 효과는 어떨까? 나의 경우에는 매년 한 번밖에 안 되지만 해외출장의 효과는 매우 컸다. 왜냐하면 누구나 쉽게 결정하지 못하는 것을 했기 때문이다. 국내에서 거래처 담당자를 만나는 영업활동은 누구나 다 하는 것이고 나만 특별히 하는 일이 아니기 때문에 나의 영업활동이 크게 두드러져 보이지 않는다.

하지만 거래선 한 군데를 방문하기 위해서 5백만 원이나 되는 비용을 부담한다는 것은 분명 대단한 결심이며(대기업의 입장에서는 그리 큰 비용도 아니고 출장자 본인이 부담하는 것이 아니니까 대단하게 평가 받지 않는다) 그런 결심을 한 나를 사업에 열정이 있는 믿음직한 사람으로 보이게 한다. 아무리 내가 노력한다고 하더라도 누구나 하는 일을 하는 것은 그리 대단해 보이지 않는다. 하지만 다른 사람이 하지 않는 노력을 하는 것은 그 횟수가 몇 번 안 된다고 하더라도 대단한 열정으로 평가 받을 수 있다.

다른 사람들이 하기 어려운 일, 하기 꺼려하는 일에 기회가 있다. 내가 그런 일을 하면 나뿐만 아니라 상대방도 안다. 다른 사람들이 하기 어려운 일을 할 때는, 일이 힘들다고 생각하지 말고 경쟁자가 떨어져 나가고 있다고 생각하라.

다른 사람들이 불편해하고 시간과 비용이 많이 필요해서 하기 꺼려 하는 일을 하면서도 그렇게 생각해라. 내가 그런 일을 하는 가운데 어디선가 나의 경쟁자가 떨어져 나가고 나의 전체 랭킹이 올라간다. 스마트폰 게임 랭킹을 올리는 데 시간을 낭비하지 말고 사업에서 내 랭킹을 올리는 데 힘을 쏟기 바란다.

인천국제공항 · 인천항 통한 무역수지 50% 가까이 급증

2015년 인천국제공항과 인천항을 통한 무역수지 규모가 1년 전에 비해 50% 가까이 급증한 것으로 나타났다.

인천본부세관은 '2015년 인천세관 수출입 동향'을 분석한 결과, 인천세관(인천공항 + 인천항)을 통한 수출입교역액은 3,528억 5,200만 달러로 지난해에 비해 1.1% 줄었지만 무역수지는 147억 달러로 전년대비 48.3%가 증가한 것으로 집계됐다고 1일 밝혔다.

우리나라 국제 항공화물의 98.8%를 처리하는 인천국제공항을 통한 교역규모는 전년에 비해 2.1% 늘어난 2,531억 1,500만 달러로 사상 최대치를 기록했다.

수출은 1.7% 늘어난 1,381억 2,000만 달러로 2010년 이후 6년 연속 최대치를 경신했고 수입은 2.6% 늘어난 1,149억 9,500만 달러로 집계됐다.

우리나라 전체 교역규모가 감소했음에도 인천국제공항을 통한 수출입교역액이 지속적으로 증가한 것은 항공화물 특성상 부피가 작은 고가품인 반도체, 정보통신기기 등의 수출입이 지속적으로 증가한 데 따른 것으로 분석되고 있다.

2015년 우리나라 전체 수출입교역액은 9,634억 달러로 전년 1조 982억 달러에 비해 12.3% 감소했다. 반면 대부분 비행기를 통해 수출입되는 반도체 및 정보통신기기의 수출은 4.2%, 수입은 8.7% 증가했다.

인천국제공항을 통한 무역수지 흑자 규모는 수입 증가폭이 수출 증가폭을 웃돈 영향으로 전년대비 2.8% 감소한 231억 2,500만 달러로 집계됐다.

한편 인천항을 통한 수출입교역액은 456억 6,500만 달러로 1년 전에 비해 8.5% 감소했다. 그러나 수입 규모 감소폭이 수출 감소폭을 웃돈 영향으로 무역수지 적자 규모는 전년 139억 달러에서 84억 달러로 39% 줄었다.

파이낸셜뉴스, 2016년 2월 1일, 김기석 기자

흐름을 보는 눈 일반적으로 무역은 배를 통해서 이뤄진다. 원거리 운송이 기본인 무역은 전체 가격에서 운송비가 차지하는 비중이 크면 거래가 성사되기 어렵기 때문이다. 하지만 최근에는 고가의 항공운송을 통한 거래가 많이 증가하고 있는 추세다. 고가제품의 교역량이 증가한 이유도 있겠지만 소규모 소호무역이 증가한 것도 하나의 이유인 것으로 추측된다.

3장
결제조건

사업은 돈을 벌기 위해서 하는 것이다. 제품을 열심히 판매해 판매 실적을 올렸다 하더라도 판매대금을 제때 제대로 회수하지 못하면 사업을 계속할 수 없고 기업은 문을 닫아야 한다. 따라서 사업에서 제품의 판매활동 못지않게 판매대금의 회수도 중요하다. 무역은 다른 나라와 거래하는 것이므로 국내거래처럼 판매자에게 물품대금을 직접 전달하거나 구매자로부터 물품대금을 직접 받을 수는 없고 반드시 은행을 통해야 한다.

은행은 대금결제조건에 따라 그 역할이 다양하다. 단순히 중개 역할만 하면서 약간의 수수료만 취하는 경우를 '은행을 통하지 않는 거래'라고 하고, 은행이 서류를 검토하는 등 뭔가 중요한 역할을 하면서 적지 않은 금액의 수수료를 취하는 경우를 '은행을 통하는 거래'라고 한다. 이것은 이론서적에서 공식적으로 하는 분류체계가 아니라, 저자가 현장에서 업무 편의를 위해 혼자 사용하는 분류체계이니 이론적인 근거에 대해서는 논의하지 말아주기 바란다.

단순송금방식거래(CWO, Cash With Order)
전신환(T/T, Telegraphic Transfer)
상품인도결제방식(COD, Cash On Delivery)
서류인도결제방식(CAD, Cash Against Document)

환어음결제방식(B/E, Bill of Exchange)
지급도조건(D/P, Document against Payment)
인수도조건(D/A, Document against Acceptance)
신용장(L/C, Letter of Credit)

은행을 통하지 않는 거래

우리가 은행에 비치돼 있는 ATM기기를 이용해서 현금을 찾으면 은행을 통해서 현금을 찾았다고 할 수 있을까? 은행의 설비를 이용했지만 은행에서 한 업무가 단순 서비스 업무이기 때문에 은행을 통했다고 하지 않는다. 무역에서도 마찬가지다. 수출 · 수입의 무역대금이 은행을 통해서 이동된다 하더라도 은행의 역할이 그저 단순히 시스템 대여 정도의 수준이라면 그것은 은행을 통했다고 할 수 없다.

좌측의 표 상단에 있는 세 가지 형태의 단순송금방식거래(Cash With Order, CWO)는 은행을 통해 무역대금 이동이 이뤄지기는 하지만 은행을 통해 무역을 했다고 할 수 없으므로 '은행을 통하지 않는 거래'라고 한다.

단순송금방식거래(CWO, Cash With Order)

매매계약 체결 후 수입상이 상품의 대금 전액을 전신환송금(T/T), 우편송금환(M/T), 송금수표(D/D), 또는 현금으로 미리 수출상에게 보내면 수출상은 이 돈을 외국환은행에서 원화와 바꾸어(외화매입) 그 돈으로 계약물품을 조달한 후 선적하는 방식의 무역거래를 말한다.
이 방식에 의한 거래금액 한도 및 사후관리는 외환관리규정에서 따로 정하고 있다.

인터넷을 검색해보면 단순송금방식거래에 대해 이렇게 설명한다. 이론적인 설명으로 그 뜻은 이해하겠는데 피부에는 와 닿지 않는 경우가 많다. 단순송금방식거래는 한마디로 '현금박치기' 거래다. 우리가 시장이나 마트에 가서 물건을 살 때는 물건을 확인한 후 현금을 내거나 신용카드를 사용해 결제하고 물건을 가져오는 것과 비슷하다.

무역은 국내거래보다 조금 더 복잡해진다. 물건을 확인하는 방법이 좀 더 복잡하고 결제하는 방법도 좀 더 복잡하다. 그렇게 복잡해지는 형태에 따라 아래 세 가지 형태인 전신환(T/T), 상품인도결제방식(COD), 서류인도결제방식(CAD) 등으로 구분된다.

전신환(T/T, Telegraphic Transfer)

수출대금 전액을 현금, 수표 등 지정영수통화로 표시된 대외지급수단에 의해 미리 영수하고 180일 이내에 이에 상응하는 물품을 수출하는 거래방식이다.
상품견본, 시험용품 등 소액수출의 경우나 소량 고가품인 귀금속 수출 시 주로 이용된다. 특히 중소기업들의 소액 · 소량 수출방식으로 많이 활용되고 있다.

전신환(T/T)은 무역대금을 은행 창구를 통해 송금하는 것이다. 인터넷으로 해외로 송금이 가능하다는 얘기는 들었지만 한 번도 해본 적은 없다. 개인 간 소액송금이라면 몰라도 어느 정도 규모가 되는 무역대금을 송금할 때는 반드시 은행 창구를 통해야 한다. 단순송금이라 은행수수료도 그리 비싸지 않다. 전신환도 수출상과 협의해 기간을 달리 정할 수 있다.

'T/T 30 days from B/L date'처럼 특정 시점을 기준으로 해서 연불지급방식으로 조건을 만들 수는 있지만, 그렇게 되면 위에 나오는 상품인도결제방식이나 서류인도결제방식과 중복되는 부분이 있기 때문에 T/T는 대부분 선불지급방식(T/T in advance, T/T prepayment)을 의미한다. 위 표에 있는 인터넷 사전의 검색 내용을 읽어보지 않더라도 상식적으로 어떤 거래를 이러한 형태로 하는지 알 수 있을 것이다. 소액 샘플이나 소규모 거래의 경우에 주로 활용된다.

수출자는 수입자가 선적 후에 물품대금을 제대로 줄지 안 줄지 항상 불안할 수밖에 없다. 그래서 먼저 물품대금을 입금할 것을 요구하기도 한다. 수출자가 믿을 수 있는 세계적인 기업인 경우에는 수입자가 수출자를 믿고 물품대금 전액을 사전에 보내주기도 한다. 또한 수입자가 수출자를 완전히 믿을 경우에도 물품대금을 사전에 보내준다.

수입자는 자금력이 있는 큰 회사이고 수출자는 자금력이 부족한 작은 회사인데, 국내 제조업체는 사전에 물품대금을 받아야 선적해줄 수 있다고 요구하는 경우가 흔히 있다. 이럴 경우 수입자가 수출자를 믿고 물품대금을 사전에 수출자에게 송금하면 수출자는 그 금액을 다시 국내 제조업체에 송금해 수출용 물품을 확보하는 것이다. 저자는 주로 T/T in advance 방식으로 수출한다. 수입자가 저자를 믿기 때문이다. 처음부터 이렇게 시작한 것은 아니다. 이렇게 만드는 데 큰 노력이 필요했고 1년 이상의 시간이 걸렸다.

상품인도결제방식(COD, Cash On Delivery)

매도인이 상품을 선적한 후 상품이 목적지에 도착하면, 매수인이 상품을 인도받으며 검사한 뒤 대금을 결제하는 무역대금결제방식이다.
서류인도결제방식(CAD, Cash Against Document)과 함께 신용장이 필요하지 않은 무신용장 결제방식으로, Cash On Delivery의 머리글자를 따서 간략히 COD라고도 한다.
고가의 상품, 동일 상품이라도 색상이나 가공방법 · 순도 등에 차이가 있는 보석류와 귀금속, 기타 물품검사를 필요로 하는 경우에 주로 이용된다.
매수인은 대금을 결제하기 전에 직접 상품을 검사할 수 있는 장점을 지닌다. 그러나 매도인은 매수인이 물품에 만족하지 않을 경우 대금을 받을 수 없는 위험을 감수해야 한다.

상품인도결제방식(COD)은 영문 풀네임을 해석해 보면 더 이해가 쉬울 것이다. 배달 후 현금 지급, 즉 제품을 받고 제품을 확인한 후에 제품이 계약내용과 다름없다면 현금을 주는 것이다. 이론적으로는 보석이나 예술작품처럼 직접 확인하지 않으면 안 되는 제품들, 동식물처럼 특수한 목적을 가진 제품 등이 이에 해당된다.

하지만 소규모 무역업체의 입장에서는 그것보다 수입자가 '갑'일 때 해당되는 방식이라고 하는 것이 더 현실적일 것이다. 큰 회사와 어렵게 수출계약을 체결했는데, 수입회사에서 내 회사 규모가 작아서 믿을 수가 없으니 제품을 확인한 후에 물품대금을 주겠다는데 어쩔 수 없지 않은가?

이것은 국내거래에서도 마찬가지다. 큰 회사에 납품할 때 물품대금을 사전에 받는 것은 불가능하다. 납품 즉시 받는 경우도 거의 없다. 납품한 그 달 말에 마감해 납품한 다음 달 중순경에만 받아도 정말 빨리 받는 것이다. COD는 바이어가 물품대금을 안 주면 힘들어진다.

수입자가 아무리 세계에서 유명하고 안전한 회사라고 하더라도 담당자가 이런저런 핑계를 대고 물품대금을 안 주면 받기 힘들어진다. 소송할 능력이 있는 회사라면 이미 작은 회사가 아니고, 우리는 그렇게 큰 회사가 아니다. 특별한 경우를 제외하고는 선택하면 안 되는 거래 형태다.

서류인도결제방식(CAD)도 영문 풀네임을 해석해 보면 이해가 더 쉽

서류인도결제방식(CAD, Cash Against Document)

매도인이 화물을 선적한 후 선적서류를 매수인이나 그 대리인에게 인도하면서 대금을 결제받는 무역거래조건이다.
상품인도결제방식(COD, Cash On Delivery)과 함께 신용장이 필요하지 않은 무신용장 결제방식으로, Cash Against Document의 머리글자를 따서 간단히 CAD 라고도 한다.

신용이나 거래에 위험이 있을 경우, 특히 품질의 차이에 따라서 가격이 크게 바뀔 수 있는 귀금속 등의 거래에 이용된다.
대금을 결제해줄 대리인이나 은행이 있을 경우에만 가능하며, 매수인이 선적서류를 고의로 찾아가지 않아 대금 회수가 불가능한 경우도 발생하므로 매수인의 신용이 중요시된다.

만약 이 거래방식을 은행을 통하게 되면 추심결제방식인 지급도조건(D/P거래)과 비슷해진다. 지급도조건은 환어음이 필요한 반면 이 방식은 환어음이 필요하지 않다는 것이 다른 점이다.

다. 서류를 확인한 후에 현금 지급, 즉 무역서류가 제대로 발행됐다는 것이 확인되면 물품대금을 지급하겠다는 것이다. 여기서 말하는 무역서류는 선적 후 발행하는 선적서류, 그중에서도 특히 선하증권(Bill of Lading, B/L)을 의미한다.

그리고 원본이 아닌 복사본을 의미한다. 즉, B/L 복사본을 의미한다는 것을 꼭 명심하기 바란다. 어떤 바이어는 선적서류 전체의 원본을 달라고 요구하기도 한다. 저자도 가끔 CAD 거래를 한다. 계약서에 결제조건을 적을 때 'CAD'라고 적고 그 뒤에 괄호로 반드시 'against draft B/L copy'라고 풀어서 설명해 향후 논란의 소지를 없앤다.

수출자가 수입자를 의심하면 수출자가 수입자에게 물품대금을 먼저 달라고 한다. 그래서 T/T in advance가 있다. 반대로 수입자가 수출자를 의심할 경우에는 수입자가 제품을 확인하고 난 후에 물품대금을 주려고 한다. 그래서 COD가 있다. 하지만 COD는 수출자에게는 너무 위험한 거래다. 수입자가 제품을 가지고 사라져 버리면 어떻게 할 것인가? 그렇다면 T/T in advance는 수입자에게 너무 위험한 거래다. T/T는 현금인데 수출자가 현금을 받고 사라져 버리면 수입자가 그 돈을 어떻게 회수할 수 있을까?

CAD는 이 양자의 중간에 있는 거래 형태다. 완벽하지는 않지만 수출자의 위험과 수입자의 위험을 어느 정도는 상쇄시켜준다. 수출자는 제품을 선적하기 전에는 물품대금을 받을 수 없으니 수출자가 제품을 선적하지 않고 물품대금을 가지고 사라지는 일을 방지한다. 수입자는 선적서류 원본이 있어야 물품을 찾아갈 수 있는데 물품대금을 지급하기 전에는 선적서류 원본을 받을 수 없으니 수입자가 물품을 가지고 사라지는 일을 방지한다.

CAD의 D에 해당되는 B/L은 모든 선적서류 중에서 제일 중요한 서류다. 제품을 찾아갈 수 있는 유가증권에 해당되는 서류인데, 원본이 딱 한 번 발행되고 추가 발행은 절대로 안 된다. 단 1초라도 동시에 두 종류의 원본이 있을 수 없으며, 혹시 발행된 B/L에 문제가 있어서 재발행을 하려고 하면 반드시 먼저 발행된 원본을 파기한 이후에 가능하다. 거래와 전혀 상관없는 선박회사에서 발행하는 서류이므로 선적서류 중에서 공신력이 제일 높은 서류다.

B/L에서 그 제품이 선적됐다고 하면 그 제품은 이미 수출자의 손을 떠난 것이기 때문에 수출자가 그 제품을 다시 가져간다거나 의도적으로 훼손시키거나 할 수가 없다. 따라서 B/L이 발행되면 제품은 안전한 상태에 들어간 것이며 수입자는 약속된 날짜가 되면 안전한 상태의 제품을 넘겨받을 수 있다는 생각에 B/L 복사본을 확인한 후 물품대금을 수출자에게 송금한다. 송금 받은 후에 수출자는 B/L 원본과 함께 다른 선적서류의 원본 일체를 수입자에게 보낸다.

CAD로 수출하려면 수출자는 자금력이 있어야 한다. 일반적으로 국내 제조업체는 물품대금을 안전하게 확보하지 않은 상태에서는 선적을 이행하지 않는다. 국내 제조업체가 생각하는 안전한 물품대금 확보 방법은 T/T in advance와 내국신용장(Local L/C)이다. 수출자가 현금보유능력이 있다면 국내 제조업체에게 T/T in advance로 물품대금을 먼저 지급한 후 수출물품을 확보할 수 있을 것이다. 또한 담보 등을 가지고 주거래은행으로부터 무역금융한도를 부여받았다면 그것을 근거로 국내 제조업체에 내국신용장을 개설해줄 수 있을 것이다.

수출은 해외로부터 신용장만 잘 받으면 특별한 자금력 없이 해외신용장으로 충분히 수출이 가능하다고 하는 사람도 있다. 그래서 해외시장 개척 능력만 있다면 수입사업보다는 자금력이 크게 필요하지 않은 수출사업을 하라고 권하는데, 그것은 현장을 너무 모르고 하는 얘기다.

해외신용장은 담보제공능력이 없다. 은행에서 요구하는 담보를 제공하고 무역금융한도를 부여받는 것이 결코 쉬운 일이 아니기 때문에 수출 역시 자금력이 필요하다. 나 역시 사업 초기에는 자금력이 없어서 T/T in advance로 사업을 시작했고 내국신용장으로 거래를 시작하는 데는 4년 이상 걸렸다.

여기서 설명한 T/T in advance, COD, CAD, 이 세 가지 용어는 무역업을 시작하면 제일 자주 접하게 되는 용어들이니 그 의미를 정확하게 기억하기 바란다. 그 의미를 잘못 이해했다가 낭패를 보는 경우를 종종 봤다. 그리고 실제 사업을 하다 보면 이 세 가지 용어만으로 협상이 끝나지 않고 더 복잡한 협상이 필요한 경우가 종종 발생한다.

수출자는 T/T in advance를 요구하고 수입자는 COD를 요구할 때 그 차이가 좁혀지지 않으면 어떻게 해야 할까? 그 중간 형태로서 CAD를 요청해도 바이어 입장에서는 CAD나 T/T in advance나 별 차이가 없다고 하면서 거절하는 경우가 많다.

이런 일이 생겼다면 거래를 포기할 것인가? 용어의 의미를 제대로 이해한 뒤 협상력을 발휘해 상대방을 설득할 수 있어야 한다. 여기서 설명한 T/T in advance, COD, CAD는 전부 물품대금 100%를 대상으로 하는 것이다. 제대로 적는다면 '100% T/T in advance', '100% COD', '100% CAD'다. 그러니 수입자가 불안하지 않으면 수출자가 불안한 것이다.

양자의 불안함을 서로 섞는다면 수입자도 약간 불안하고 수출자도 약간 불안할 상태가 될 수 있다. 달리 표현한다면 수입자도 어느 정도 안심되고 수출자도 어느 정도 안심되는 방법을 만들어낼 수 있다. 50% T/T in advance+50% CAD 같은 것이다.

이것은 경우의 수가 워낙 다양하므로 독자 여러분이 사업에서 활용할 때 이 세 가지 형태와 그 비율을 해당 품목의 시장관습이나 거래상대방의 상황에 따라 적절하게 섞어서 거래를 성사시킬 수 있는 조건을 만들어내기 바란다. 그것이 실력이고 지식이다. 책에서는 절대로 얻을 수 없는 지식. 그래서 저자가 항상 주장하는 것이다. "지식은 발바닥에서 나온다!"

은행을 통하는 거래

은행이 얼마나 큰 조직인가? 은행원들은 연봉이 얼마나 높은가? 그런 은행을 사업의 가운데에 끼워서 서비스를 받는다면 그 서비스 비용은 얼마를 지불해야 할까? 그래서 국내 거래선이든 해외 거래선이든 가능하면 은행을 통하지 않는 거래를 하고자 한다. 어쩔 수 없이 은행을 통해 거래할 수밖에 없을 경우에는 은행의 역할을 최소화해 은행에 부담하는 비용을 최소화하고자 한다.

은행을 통할 수밖에 없는 경우는 어떤 경우일까? 앞에서는 수출자와 수입자가 서로 믿지 못해 T/T in advance, COD, CAD 등의 형태를 활용한다고 설명했다. 이 세 가지 형태에서는 은행에서 하는 역할이 전혀 없다. 그런데 이 세 가지 형태로는 도저히 거래상대방을 믿을 수가 없어서 거래상대방의 주거래은행에 거래상대방의 안전성을 문의하게 된다. 그러한 문의에 대한 은행의 역할 정도에 따라 대금지불방식을 나눌 수 있다.

우리가 흔히 사용하는 무역용어에는 약어들이 많다. 전문용어를 접하면 무조건 외우려 하지 말고 그 의미를 이해하려고 노력하기를 바란다. 지급도조건(D/P)이라는 용어를 들으면 제일 먼저 '누가 무엇을 지급한다는 뜻일까?'라는 의문을 가지기 바란다. 또한 '도'라는 글자는 '넘긴다'라는 뜻인데 '누가 무엇을 넘긴다는 뜻일까?'라고 의문을 가지기

지급도조건(D/P, Document against Payment)

선적서류와 상환으로 대금지급이 되는 거래를 말하는데 이러한 지급도거래의 경우는 서류상환불이기 때문에 엄밀히 따지면 외상거래가 아니다.
수입업자가 상품의 대금을 은행에 지급하지 않으면 은행은 선적서류를 내주지 않기 때문에 매도인은 부도를 걱정하지 않아도 된다.

바란다. 합쳐 보면 '지급도'라는 단어는 누가 누구에게 무엇을 넘기고, 누가 누구에게 무엇을 지급한다는 뜻이다.

누구에게 무엇을 넘기고 누구에게 무엇을 지급한다는 뜻일까? 바로 수출자가 수입자에게 선적서류를 넘기면 수입자가 수출자에게 물품대금을 지급한다는 뜻이다. 따라서 이것은 은행을 통하지 않는 거래에서의 CAD와 비슷한 의미로 해석된다.

다른 점이 있다면 CAD에서는 선적서류가 복사본이지만 D/P에서는 원본이다. 그리고 CAD에서는 수입자가 수출자에게 직접 물품대금을 송금하지만 D/P에서는 수입자가 물품대금을 은행에 지불한다. 수출자는 물품대금을 송금 받고 선적서류를 넘기려 하고 수입자는 선적서류를 받고 물품대금을 송금하려 하는데, 중간에 공신력 있는 은행이 개입해 수출자와 수입자의 대리인 역할을 수행하는 것이다. 무역거래에서는 선박회사만큼 은행도 공신력 있는 단체로 인정받고 있다.

인터넷 사전에서는 수출자는 수입자의 부도를 걱정하지 않아도 된다고 돼 있지만 실제로는 그렇지 않다. 수입자가 물품대금을 지불하기 전에는 수출자가 선적서류를 전달하지 않으니 수입자의 부도에 대해서는 어느 정도 안정성은 확보할 수 있다. 하지만 수입자가 부도나지 않았는데 마음이 변해 제품을 가져가지 않으면 어떻게 해야 할까? 물론 제품이 수출자의 관할권 내에 있으니 다른 수입업자를 찾아서 다시 판매하면 될 것이다.

그렇게 다시 판매하는 것이 쉽다면 문제가 없겠지만 대부분 그렇지 않다. 그렇게 판매가 잘 되는 제품이라면 수입자가 변심할 이유가 없을 것이다. 결국 D/P도 신용거래인 만큼 물품대금 지불에 대한 위험은 항상 있다. 그래서 일부 수출업체에서는 약간의 비용을 부담하면서라도 한국무역보험공사를 통해 보험을 부보해 위험을 회피하고 있다. 그 비용이 아깝기는 하지만 나중에 사고가 생길 경우를 가정한다면 결코 헛된 비용은 아니다. 모든 보험이 그렇듯이 무역보험 역시 마찬가지다.

유럽처럼 먼 거리에 있는 수입자는 D/P거래에 대한 불만이 있다. 선적서류는 아무리 오래 걸려도 2주일이면 수입자에게 도착한다. 하지만 제품은 아직 아시아를 벗어나지 못하고 있다. D/P거래조건에 의거해 물품대금을 지불하고도 한 달 이상 지나야 제품을 받을 수 있다.

컨테이너선의 경우, 한국에서 유럽까지 가는 데 보통 45~60일 정도가 걸린다. 수에즈운하를 경유하지 않고 남아프리카공화국을 거쳐 갈 경우에는 그보다 더 오래 걸린다. 그래서 수입자는 선적서류를 받고 일정 기간이 지난 후에 물품대금을 지불하고자 한다. D/A는 은행에서 수입자에게 선적서류가 도착했음을 통보하면 수입자는 그 선적서류를 검토한 후 문제가 있으면 되돌려 보내고 문제가 없으면 선적서류에 문제

인수도조건(D/A, Document against Acceptance)

화환거래에 있어서의 화물인도조건의 하나로서 기한부화환어음의 송부를 받은 은행이 어음지급인에 대하여 어음인수와 동시에 선적서류를 인도하는 조건을 말한다.
어음지급인인 수입상은 이러한 어음의 제시를 받았을 경우, 어음대전을 지급하지 않고 어음의 인수만으로써 선적서류를 인도받으며, 수입상은 어음기일 내에 수입상품을 매각하여 그 대전으로써 어음결제를 할 수 있기 때문에 금융상의 편의를 받게 된다.
그러나 수출상에게는 지급인의 어음인수라고 하는 어음상의 권리 외에 물권담보가 없고, 어음이 부도나면 손해를 회복할 방법이 없기 때문에 위험을 부담하게 된다.

가 없음을 통보해야 한다.

그리고 나서 약속된 날짜가 되면 물품대금을 지불해야 하는데 그 날짜는 'D/A 60 days', 'D/A 90 days' 등의 방식으로 표현된다. 여기서도 기준일은 B/L date다. D/A는 D/P에 비해 위험이 더 큰 거래이며 이 거래 역시 한국무역보험공사를 통해 보험을 부보해 위험을 회피할 수 있다.

한국과 중국 같은 아주 가까운 국가 간에도 D/A 90 days 같은 거래가 있다. 이는 수입자가 자금력이 부족해 물품을 받아서 자국 내에서 판매한 후에 그 판매대금으로 물품대금을 지불하는 것이다. 수출자와 수입자가 서로 잘 아는 관계이거나, 수출자가 수입자에게 시장을 개척해 달라고 부탁할 경우에도 제시할 수 있는 형태다. 이 외에도 수출자나 수입자의 사정에 따라 다양한 형태가 있을 수 있다.

지금까지 설명한 다섯 가지 형태의 지급방식을 다시 한 번 생각해보자. T/T, COD, CAD, D/P, D/A. 자세히 보면 CAD는 D/P와 같다. COD와 D/A는 같지는 않지만, 제품을 받은 후에 물품대금을 지급하는 점이 서로 비슷하다. 그리고 T/T를 제외한 네 가지 조건들은 은행 이용과 상관없이 수입자가 물품대금을 지불하지 않으면 수출자는 물품대금을 받을 방법이 없다. D/P와 D/A는 은행이 개입됐지만 은행은 서류를 검토하고 수입자에게 서류가 도착했음을 통보하고 물품대금의 지급을 독촉할 뿐이지 수입자가 끝까지 물품대금을 주지 않으면 받아줄 능력이 없다.

그런데 왜 수출자는 비용을 부담하면서까지 D/P, D/A를 하려고 할까? D/P, D/A가 CAD, COD와 다른 점은 크게 두 가지다.

첫째, 한국무역보험공사를 통해 보험 부보가 가능하다. 이것은 6장 가격조건에 설명할 운임보험료포함조건(Cost Insurance and Freight, CIF)에 있는 적하보험과는 다른 것이다.

한국무역보험공사를 통해 부보하는 보험은 수입자의 결제 위험을 회피하기 위해서 부보하는 수출보험이다. T/T, CAD, COD의 경우에는 수출자가 수입자를 믿고 여신을 제공하는 것이니 결제 위험은 수출자가 부담해야 한다. 한국무역보험공사에서는 이런 거래 위험까지는 막아줄 필요가 없다. D/P, D/A로 계약하면 한국무역보험공사를 통한 수출보험을 통해 payment risk를 상당부분 헤지(hedge)할 수 있다.

지금은 한국무역보험공사도 업무영역을 확대하여 T/T거래에 대해서도 수출보험을 받아준다. 모뉴엘 사태 이후에 해외거래선에 대한 사전

조사 및 국내 기업에 대한 조사 절차가 많이 까다로워졌다. 저자는 현재 일부 거래에 대해서 한국무역보험공사를 통한 T/T 90 days from B/L date를 활용하고 있으니 그 과정이 궁금한 독자는 저자를 직접 찾아와서 물어보기 바란다.

둘째, D/P, D/A거래를 하려면 일단 은행에 등록된 업체여야 한다. 앞에서 은행을 통한 거래방식을 환어음결제방식이라고 설명했다. 환어음은 은행에서 발행한다. D/P, D/A거래는 어음거래다. 국내거래에서 어음거래를 하는 경우를 생각해 보라.

물론 어음이 부도는 나지만 은행과 어음거래를 하는 업체라면 어느 정도의 규모가 있는 업체일 것이다. 따라서 단순히 은행계좌만 개설하고도 거래할 수 있는 CAD, COD 조건보다는 더 크고 안전한 업체일 것이다. 사업은 돈을 벌기 위해서 하는 것이다. 물품대금결제 부분을 허술하게 하면 열심히 일하고도 오히려 손해 보는 일을 당할 수 있으니, 이 부분은 여러 번 읽어서 자세하게 지식을 갖추기를 바란다.

신용장(L/C, Letter of Credit)

신용장이란 무역거래의 대금지불 및 상품수입의 원활을 기하기 위하여 수입상의 거래은행이 동 수입업자(신용장 개설의뢰인)의 요청으로 수출상으로 하여금 일정기간 및 일정조건 아래 선적서류를 담보로 하여 수입업자, 신용장개설은행 또는 동 개설은행이 지정하는 환거래 취결은행을 지급인으로 하는 화환어음을 발행하도록 하여 이 어음이 제시될 때는 인수 또는 지불할 것을 어음발행인(수출상) 및 어음수취인(어음매입은행)에 대하여 보증하는 수단, 즉 증서다.
다시 말하면 신용장이란 특정은행이 수입상의 지불능력을 특정조건 아래 보증하는, 즉 상업신용을 은행신용으로 전환시켜주는 금융수단이다.

위에 설명한 다섯 가지 거래형태 모두 수입자가 물품대금을 지불하지 않으면 대책이 없다. 그럼 정말 대책이 없는 것일까? 그래서 만들어진 게 바로 신용장(Letter of Credit, L/C)이다. 가장 안전하고 은행에서 요구하는 비용이 가장 많다. 결론부터 말한다면, 수출자는 수입자로부터 신용장을 받으면 수입자가 부도가 나도 아무 문제없이 은행으로부터 물품대금을 전액 받을 수 있다. 내국신용장도 마찬가지다. 국내 제조업체가 수출업체로부터 내국신용장을 받으면 수출업체가 부도가 난다 하더라도 국내 제조업체는 아무런 다툼 없이 은행으로부터 물품대금을 전액 받을 수 있다.

수출만 해온 업체라면 항상 신용장을 받아만 왔으니 해외에 있는 수입자가 어떤 절차를 거쳐서 신용장을 개설했는지를 잘 모를 수도 있다. 그런 경우에는 자신의 업체가 국내 제조업체에 내국신용장을 개설하기 위해서 어떤 절차를 거쳤는지를 생각해보면 된다. 수출업체가 국내 제조업체에 내국신용장을 개설해 주려면 주거래은행으로부터 내국신용장 개설 금액만큼의 무역금융한도를 부여받아야 한다.

무역금융한도를 부여받기 위해서는 주거래은행에 담보를 제공해야 하는데, 그 담보에는 크게 세 가지가 있다.

첫째, 현금 담보다. 현금이 무슨 담보냐고 생각할 수도 있다. 현금이 있으면 그냥 현금으로 지불하면 그만이지, 굳이 현금을 담보로 내국신용장을 개설할 필요가 있느냐고 생각할 수 있다. 하지만 기업에 따라서 내부규정상 현금보다 내국신용장을 더 강력한 지급수단으로 규정하는 곳도 있다. 그런 기업에는 주거래은행에 현금을 담보로 제공하고 국내 제조업체에 내국신용장을 개설해줘야 한다.

둘째, 부동산 담보다. 이것은 일반인들이 은행으로부터 자금을 대출받는 부동산 담보 대출과는 다르다. 부동산 담보로 무역금융한도를 부여받는 것은 내국신용장 개설을 위한 신용한도를 제공받는 것일 뿐 현금대출은 한 푼도 없다. 따라서 대출이자도 지불할 필요가 없다. 그저 신용한도 내에서 국내 제조업체에 내국신용장을 개설할 따름이다. 건전한 수출업무만 수행한다면 위험률도 0이다.

처음 무역업을 시작하는 사람들은 담보가 없어서 집안어른께 보증을 요청하는 경우가 있다. 집안어른께서 무역업을 아시는 분이라면 위험률이 0이라는 것을 알기 때문에 아무 걱정 없이 보증서에 사인을 해준다. 이런 절차를 거친 무역금융한도가 무역업을 처음 시작하는 사람에게는 천군만마 같은 큰 힘이 되는 것은 두말할 필요가 없을 것이다.

셋째는 기업 자체의 신용도다. 이것은 신생업체에는 해당사항이 없다. 기업이 매출이 크고 영업이득이 크면 은행에서 평가하는 신용도가 높아진다. 그러면 아무 담보도 제공하지 않아도 주거래은행에서 거래내역만을 기초로 평가해 무역금융한도를 제공해준다. 저자의 회사도 매출을 평가한 자체 신용도를 근거로 주거래은행으로부터 어느 정도의 무역금융한도를 부여받아서 국내 제조업체에 내국신용장을 개설해 주고 있다.

담보를 제공하는 것이 아닌 자체 신용도만으로 무역금융한도를 부여받는 경우에는 자체 신용도를 계속 유지해야 한다. 주거래은행에서는 기업체의 신용도를 매년 새로 평가하는데 만약 매출이 줄어들면 신용도 역시 낮아져서 무역금융한도가 줄어들고 그만큼 영업에 지장을 받을 수 있다. 그래서 기업들은 매출을 유지하거나 증가시키는 데 특히 신경을 많이 쓴다.

이렇게 해서 수출업체에서 개설한 내국신용장을 수령한 국내 제조업체는 정해진 절차에 의거해 제품을 선적하고 서류를 준비해 은행에 물품대금 지급 요청(우리가 흔히 얘기하는 네고[negotiation]가 바로 이것이다)을 하면 은행은 국내 제조업체에서 물품대금 지급 요청을 했다는 사실을 수출업체에 통보하고, 이 통보를 받은 수출업체는 3일 이내에 물품대금을 입금해야 한다.

만약 수출업체가 3일 이내에 물품대금을 입금하지 않으면 어떻게 될까? 그래도 은행은 국내 제조업체에 물품대금을 지급해야 한다. 그리고 수출업체에 구상권을 행사하게 되는데, 만약 수출업체가 버틴다면 담보물을 처분해서 물품대금을 회수한다.

현금 담보를 가지고 있었다면 이런 문제 자체가 발생하지 않겠지만 부동산 담보를 가지고 있었거나 누군가의 보증을 받았다면 그 담보물에 대한 권리를 행사할 것이다. 은행에서 기업체의 자체 신용도를 바탕으로 여신을 제공했다면 그것은 은행의 손실로 처리될 것이다. 그래서 은행에서는 웬만하면 담보물 없이 여신을 제공하려고 하지 않는다.

내국신용장의 이런 절차는 해외신용장과 비교해도 크게 다른 점은 없다. 대상 국가가 어디든 간에 수입자가 신용장을 개설했다는 것은 개설은행에서 수입자로부터 위와 같은 세 가지 형태의 담보물을 가지고 있다는 것을 뜻한다. 수출자가 선적 후 선적서류를 준비해 물품대금 지급 요청을 하면 신용장 개설은행은 일단 수출자에게 물품대금을 먼저 지급한 후에 수입자에게 물품대금을 청구할 것이다. 그리고 만약 수입자가 물품대금을 지급하지 못한다면 담보물을 처분해 그것을 보충할 것이다.

따라서 신용장은 그것이 해외에서 개설된 해외신용장이든 국내에서 개설된 내국신용장이든 구매자의 부도 여부와 상관없이 판매자가 물품대금을 안전하게 지급받을 수 있다는 점은 같다. 이 역할을 은행에서 수행해주니 비용을 많이 청구하는 것이다.

상대국가가 미국같이 payment risk가 크지 않은 선진국이라면 은행 비용이 아깝게 여겨지겠지만 아프리카같이 위험 요소가 상존하는 나라와 거래할 때는 무조건 신용장을 거래조건으로 제시해야 한다. 최근 경향은 미국과는 거의 T/T 거래를 많이 하고, 남미나 아시아 국가들처럼 신용도가 애매한 국가들과는 신용장을 우선적으로 선호하되 수입자의 사정으로 신용장 개설이 여의치 않은 경우에는 D/P, D/A 계약 후 한국무역보험공사를 통한 보험 부보로 payment risk를 최소화하고 있다.

신용장은 다른 결제조건과 다른 독특한 특성이 있는데, 바로 신용장의 독립성과 추상성이다. 무역학과 시험에 단골로 나오는 시험문제이고 내가 학생시절에는 아무리 읽고 또 읽어도 이해가 안 돼 종종 틀렸던 문제였는데, 직접 무역업체를 운영해보니 그 의미를 자세히 알게 됐다. 학교에서 가르치는 교육의 한계를 여실히 느낄 수 있는 것 중의 하나가 바로 신용장의 독립성과 추상성이다. 이것을 인터넷에 나오는 설명이나 대학교재에 있는 글로 이해하기에는 한계가 있기에 오랫동안 신용장으로 수출해온 내 경험을 중심으로 설명하겠다.

나는 신용장의 독립성과 추상성은 은행의 면책조항이라고 해석한다. 자신의 책임을 회피하려는 일종의 면피성 조항인데 나쁜 의미의 면책조항이 아니라 은행의 업무 방식에 따라 어쩔 수 없이 적용하는 조항이다. 이러한 조항이 없다면 은행은 억울한 일을 많이 당하게 될 것이며 그에 따른 손실 역시 적지 않을 것이다.

신용장 거래에서 은행은 수입자가 부도가 나더라도 수출자에게 물품대금을 지불해야 한다. 그 지불 조건은 수출자가 신용장의 각 조항에 맞는 선적서류를 제시할 경우를 전제로 한다. 무역용어로 무하자 대금지급 요청(clean negotiation)이라고 한다.

여기서 독립이라는 단어는 은행은 신용장의 조항만 유효한 것으로 판단하지, 거래의 이면에 있는 다른 내용은 전혀 고려하지 않는다는 뜻이다.

예를 들어 보자. 수출자와 수입자가 계약서에 사인을 했다. 그런데

신용장의 독립성

신용장은 수출자와 수입자 간에 체결된 매매계약 등에 의해 개설되지만 그 근거가 되었던 매매계약으로부터 완전히 독립되고 모든 다른 계약관계 또는 법률관계로부터 독립되어 신용장 자체만으로 판단하고 거래되어야 한다는 원칙이다. 즉, 신용장은 비록 무역계약과 같은 근거거래로 인하여 발행되지만 일단 신용장이 발행되면 그러한 근거거래로부터 독립되어 신용장 자체의 거래가 된다는 것이다.

수입자가 실수로 신용장 금액을 계약서의 금액보다 높은 금액으로 개설했는데 수출자가 모른 척 제품을 선적한 후 물품대금 지급 요청을 했다. 이럴 경우 수입자가 신용장 금액이 계약서 금액과 상이하다고 물품대금 지급을 거절하면 어떻게 될까?

수입자는 그런 이유로 물품대금 지급을 거절할 수가 없다. 신용장의 독립성에 의거해서 신용장은 그 신용장의 근거가 되는 계약서의 내용과는 별개이기 때문이다. 이것은 은행의 면책조항이 아니다. 당연히 인정해 줘야 할 조항인 것이다. 은행은 신용장이 개설되기 이전에 수출자와 수입자 사이에 어떤 대화가 오갔는지 알 수 없고, 설사 알고 있다고 하더라도 은행은 모든 업무를 개설된 신용장에 따라 해야 한다. 그것이 은행의 임무다.

신용장의 추상성

거래의 목적이 물품이나 서비스 그 자체나 계약의 이행 등에 있지 않으며 그 서류에만 국한된다. 즉 서류만으로 매매계약의 이행여부를 결정하게 되며 실질상의 물품, 용역 또는 계약의 불일치 또는 불이행에 따른 분쟁은 신용장과 전혀 별개의 문제다.

신용장거래는 물품매매거래에서의 대금결제를 위한 수단이지만 신용장거래에서 지급여부의 판단은 물품이 아니라 물품을 추상화한 서류로써 판단한다는 것이다. 추상성이란 물품의 상태에 관계없이 신용장은 서류만으로써 거래한다는 원칙이다.

따라서 지급여부가 서류만으로 판단되므로 실제 물품의 상태와는 관계없이 서류가 신용장조건과 일치하면 지급이 이뤄지고 서류가 신용장조건과 일치하지 않으면 지급이 거절된다.

신용장의 추상성은 독립성보다 더 황당한 경우다. 우리는 TV에서 중국 수출자가 불량제품을 선적한 후 물품대금을 지급받고 달아났다는 뉴스를 가끔 접한다. 어떻게 이런 일이 가능할까? 바로 신용장의 추상성 때문에 가능하다. 대한민국 수입자는 그런 불량수출자에게 확인도 안 해보고 물품대금을 지급했다고 은행을 탓하기도 하지만, 그것은 무역을 잘 몰라서 그런 것이다. 신용장의 추상성을 이해하기 쉽도록 설명한다면, '은행은 서류만 보고 일을 한다.'라는 뜻이다.

즉, 실제로 어떤 제품이 움직였는지는 은행에서 알 필요가 없고 그저 신용장의 각 조항에 맞는 서류가 제시만 되면 은행은 수출자에게 물품대금을 지급해야 하는 것이다. 그렇지 않다면 은행은 물품이 선적될 때마다 선적항에 가서 제대로 된 물품이 선적되는지 확인해야 하는데, 그건 불가능한 일이다.

그럼 위조서류를 제시해도 된다는 말인가? 된다. 능력이 있다면 그렇게 해도 된다. TV 뉴스에 나온 중국 수출자는 그런 능력이 있는 사람이다. 선적서류가 종류가 많아서 혼자 준비하기 힘들었다면 몇 명이 협력해서 사기를 쳤을 수도 있다.

그렇다면 이런 사기를 어떻게 방지할 수 있을까? 수입자가 서류를 좀 더 까다롭게 제출하는 것으로 신용장 조항을 까다롭게 하면 된다. 위조가 거의 불가능한 서류를 제출해야 은행에서 물품대금을 지급받을 수 있도록 신용장 조항을 까다롭게 해서 신용장을 개설하면 된다.

그런 서류는 품목에 따라 다르겠지만 저자의 회사가 주로 취급하는 화학제품 원료의 경우에는 세계적으로 공신력 있는 제3의 검정사를 통한 검정보고서(survey report)가 그에 해당된다. 물론 검정사를 매수할 수도 있겠지만 세계적으로 공신력 있는 검정사는 매수가 거의 불가능하다.

사업의 목적은 돈을 버는 것이다. 수입자는 제대로 된 제품을 받아야 자기 지역에 판매해 이익을 얻을 수 있고, 수출자는 선적 후 물품대금을 제대로 받아야 이익을 얻을 수 있다. 이 양자 간의 이해관계에 따라 결제조건이 결정되는데, 서로 피해를 보지 않는 한도 내에서 너무 불편하지 않은 결제조건을 선택하는 능력이 필요하다. 또한 상대방이 나의 의견에 따라주지 않을 때 상대방을 설득하는 능력도 필요하다.

여기서 설명한 여섯 가지의 결제조건은 무역에서 가장 기초가 되는 결제조건들이다. 그 내용을 완전히 숙지해서 사고당하지 않고 적절한 비용을 부담하면서 안정적인 무역 거래를 해나가기 바란다.

4장

수입 메커니즘

수입절차

우리는 평소 수입제품들을 자주 접한다. 길거리에서 흔히 접하는 천냥백화점이나 다이소 같은 잡화점의 일반 제품부터 시작해서 길을 달리는 고가의 수입 자동차까지, 수입제품과 접하지 않고는 길을 걷기 힘들 정도다. 그런데 독자 여러분은 그렇게 많은 수입제품들이 어떤 경로와 어떤 절차를 거쳐서 여러분 옆에 있게 됐는지 생각해본 적이 있는가? 무역은 나와 전혀 상관없는 남의 이야기라고 생각했다면 그런 궁금증을 가져볼 필요가 없다고 생각했을지도 모른다.

하지만 일반 소비자라도 '이 제품이 생산국 현지에서는 얼마에 팔리고 있으며, 무역을 통해 가격이 얼마나 변해 내 앞에 이 가격표를 달고 있는가?'라는 궁금증 정도는 가지고 있을 것이다. 평범한 가정주부도 백화점에서 주방용품을 살 때 국산 제품이 거의 없어서 중국산 또는 일본산 제품을 구매하는 경우가 종종 있다. 구매를 결정하기 전에 상품설명서를 확인하면 자연스럽게 그것이 수입제품이라는 것을 알게 될 것이고 가격을 확인하는 순간 그것의 현지 생산국 원가에 대한 궁금증을 가지게 될 것이다.

이러한 수입제품의 수입절차를 다음의 그림을 통해서 알아보자.

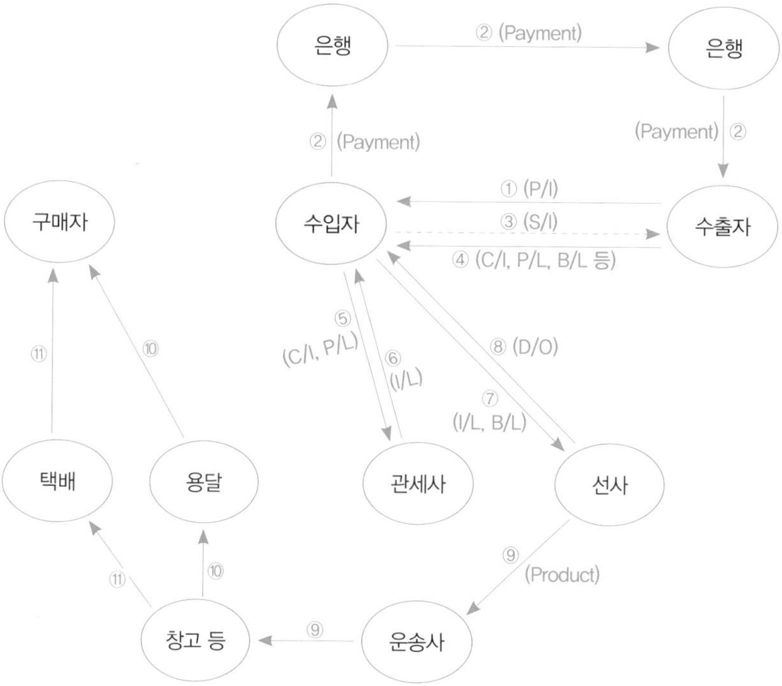

수입절차

① 수출자와 수입자가 거래 조건에 대한 협상을 마치면 수출자는 수입자에게 계약서를 발송해야 한다. 계약서의 종류로는 견적송장(Proforma Invoice, P/I), 판매계약서(Sales Contract, S/C) 등이 있다. 수입자는 그 계약서를 증빙서류로 해 주거래은행을 통해 수출자에게 물품대금을 결제한다. 결제방법은 이미 계약서 작성 전에 수출자와 수입자가 서로 합의하는 사항인데, 3장에서 설명한 바와 같다.

무역업을 처음 시작하는 사람은 거래규모가 그리 크지 않아서 신용장보다 전신환송금방식이 될 가능성이 높기 때문에 이 책에서는 전신환송금방식을 통한 선불방식을 중심으로 8장에서 견적송장 작성 방법을 설명할 것이다.

② 수입자는 수출자가 보내온 견적송장의 내용이 지금까지 수출자와 협상해온 내용과 일치하는지를 먼저 확인해야 한다. 내용이 일치한다고 확인한 후에 수입자는 주거래은행을 방문해 수출자가 견적송장을 통해 지시한 대로 물품대금을 송금한다.

수출자는 견적송장에 계약 내용뿐만 아니라 물품대금을 제대로 받기 위해서 자신의 주거래은행의 명칭, 주소, 계좌번호, 예금주 명칭과 함께 SWIFT code도 같이 기재해야 한다. SWIFT code는 일종의 은행인식부호 같은 것이다. 국내송금과 달리 해외송금에서는 SWIFT code를 반드시 알아야 물품대금이 정확하게 전달될 수 있으니 꼭 신경 써서 확인해야 한다.

그렇게 수출자가 송금한 물품대금은 수입자의 주거래은행을 통해 수출자의 계좌로 입금이 된다. 해외송금은 국내송금과는 달리, 확인하는 데 시간이 걸린다. 따라서 수입자가 송금 후 송금확인증을 스캐너로 스캔해서 수출자에게 보내주면 좀 더 빨리 입금을 확인할 수도 있다. 일종의 대고객 서비스인 셈이다.

③ 물품대금이 수출자에게 제대로 입금됐음이 확인되면 수입자는 수출자에게 선적지시서(Shipping Instruction, S/I)를 보내야 한다. 사전에 협상을 통해 제품, 포장 등에 대해서는 이미 합의했지만 세부사항들은 나

중에 통보되는 경우가 일반적이다. 그래서 선적지시서를 통해서 수입자는 수출자에게 수하인(Consignee), 통지선(Notify Party), 필요 선적서류(C/I, P/L, B/L, C/O 등)의 종류를 통보한다. 수출자로부터 선적지시서를 받은 수입자는 그 지시에 따라 선적서류를 준비하면 된다.

이 선적지시서는 신용장거래 시에는 필요하지 않다. 신용장거래의 경우에는 선적지시 내용을 별도의 선적지시서로 통보하지 않고 신용장의 해당 조항을 통해서 통보하기 때문이다. 즉, 신용장거래의 경우에 수출자는 수입자로부터 별도의 선적지시서를 받지 않고 수령한 해외신용장의 해당 조항에 따라 선적서류들을 준비한 후 은행을 통해 물품대금을 지급받는다.

하지만 무역을 처음 시작하는 사람의 경우에는 신용장거래를 경험하기까지 상당한 시간이 걸릴 것이므로 본서에서는 전신환송금방식에 따른 선적서류 작성법을 설명한다. 선적서류에 대한 자세한 설명은 8장 무역서류 작성법에서 상세하게 배우게 될 것이다.

④ 어느 정도 시간이 지난 후에 수출자는 수입자에게 선적서류 복사본을 보낸다. 수입자는 수령한 선적서류 복사본을 확인한 후에 본인이 발행했던 선적지시서의 내용에 맞게 본인이 원하는 대로 제대로 작성됐다고 생각되면 수출자에게 원본 발행을 요청한다. 그러면 수출자는 수입자에게 원본서류들을 DHL 같은 특송서비스를 통해서 보내주게 된다.

이렇게 수출자가 수입자에게 원본서류들을 보내주는 것은 물품대금 지급시기와 관련 있다. 만약 CAD 조건으로 계약했다면 수입자는 수출자에게 원본 발송 요청을 하기 전에 물품대금을 먼저 송금해야 한다. 선적서류와 물품대금 지급시기의 관계는 3장 결제조건 부분을 복습하기 바란다.

⑤ ⑥ 수입자가 수출자로부터 받는 선적서류의 종류는 품목별로 아주 다양한데 여기서는 거의 모든 거래에서 공통적으로 필요한 서류인 상업송장(Commercial Invoice, C/I), 포장명세서(Packing List, P/L), 선하증권(Bill of Lading, B/L), 세 가지만 가지고 설명한다. 이 세 가지 서류 중에서 수입자는 상업송장과 포장명세서를 관세사에게 전달해 수입신고필증(Import License, I/L)을 받게 된다.

수입신고필증을 교부받기 전에 먼저 관세와 부가세를 납부해야 하므로 이 시점이 되면 관세와 부가세 금액을 예상해 자금을 준비하고 있어야 한다. 관세를 부과하는 환율은 세관에서 자체적으로 관리하는 환율이 있는데 일반인이 그것을 예상할 수는 없으므로 가급적 여유 있게 자금을 준비하기 바란다. 관세와 부가세를 제대로 납부하지 못해 통관이 지연되면 선사에서 컨테이너를 제때 회수하지 못했다는 이유로 컨테이너 지체료(Demurrage)를 요구하는 경우가 가끔 있으니 주의해야 한다.

⑦ ⑧ 관세사로부터 수입신고필증을 수령한 수입자는 수령한 수입신고필증과 수출자로부터 받은 선하증권 원본을 선박회사에 제시하면서 물품을 수입자에게 양도해 달라고 요청할 수 있다. 수입자로부터 수입

신고필증과 선하증권 원본을 제시받은 선박회사는 먼저 제시받은 서류의 진위 여부를 확인한다.

수입자가 정상적인 수하인(Consignee)이라고 확인되면 도착항의 컨테이너 야적장(Container Yard, CY)에 보관 중인 컨테이너를 수입자가 가져갈 수 있는 운송지시서(Delivery Order, D/O)를 발급한다. 수입자는 이미 계약된 내륙운송사에 운송지시 내용을 통보해 컨테이너를 미리 준비해 놓은 창고로 이동시켜줄 것을 지시한다.

⑨ 수입자의 지시에 따라 내륙운송사는 수입된 컨테이너를 미리 준비해 놓은 창고로 이동시킨다. 수입자는 창고와 이미 계약돼 있으므로 도착한 컨테이너 문을 열고 컨테이너 내부에 있는 수입 물품을 자신의 창고로 옮긴 후에 빈 컨테이너를 지체 없이 선사에 되돌려줘야 한다. 이것을 업계 용어로 '컨테이너 까대기'라고 한다.

⑩ ⑪ 수입자는 수입 물품이 창고에 보관되면 비로소 본격적인 판매활동을 시작한다. 도매업체에 대량으로 판매하기도 하고, 방문판매나 인터넷 쇼핑몰을 통해 일반 소비자에게 직접 판매하기도 한다. 도매업체에 판매할 경우에는 소형 화물차량인 용달 서비스를 이용해야 할 것이고, 인터넷 쇼핑몰을 통해 일반 소비자에게 판매할 경우에는 택배 서비스를 이용해야 할 것이다. 최근에는 인터넷 쇼핑몰을 통한 판매가 가장 많은 형태이므로 택배 서비스를 위한 준비도 사전에 해두면 좋다.

수입 메커니즘

지금까지는 수입절차에 대해서 알아봤다. 수입절차는 수입 메커니즘에 비해서는 비교적 단순한 편이다. 수입절차는 정해진 순서에 따라 일하면 되는 것이니 순서만 뒤바뀌지 않으면 문제가 발생하지 않는다. 수입 메커니즘은 수입절차와는 달리 수입사업을 하는 당사자들 간의 역학관계를 말한다. 수입자인 독자 여러분과 거래조건을 협상하는 상대방의 관계, 그리고 그 관계에 따른 각자의 권리와 의무 등을 알아보는 것이 이 부분에서 내가 설명하고자 하는 것이다.

앞에서 설명한 수입절차와 지금 설명하는 수입 메커니즘은 순서가 바뀌어도 괜찮다. 수입 메커니즘을 먼저 배우고 수입절차를 나중에 배워도 괜찮다. 하지만 나는 독자 여러분이 관계당사자들의 역학관계를 먼저 배우면 어려운 얘기를 먼저 배우게 돼 수입업무를 이해하는 것이 힘들 것 같아서 상대적으로 조금 덜 어려운 수입절차를 먼저 설명한 것이다. 수입업무에서 관계당사자들 간의 역학관계를 설명하는 수입 메커니즘은 다음의 그림을 통해서 설명하고자 한다.

① ② 2장에서 수입과 수출을 설명할 때 '구매가 어려운가, 판매가 어려운가?'를 설명했던 부분을 기억할 것이다. 당연히 판매가 어렵다. 그러므로 뭔가 사업을 시작할 때는 판매가능성을 먼저 파악한 후에 사업

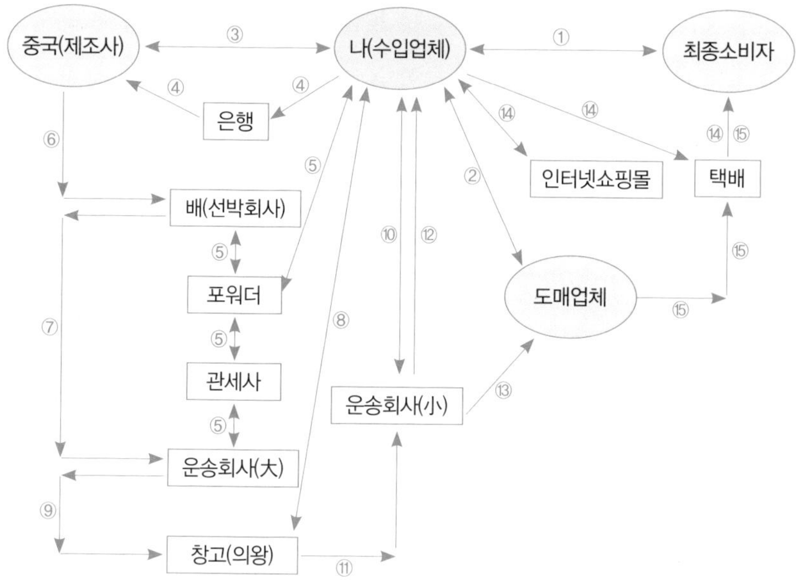

수입 메커니즘

을 결정해야 한다. 수입을 결정하기 전에 잠재적 소비자 또는 잠재적 도매업체와 상담해 내가 해당 제품을 수입하면 어느 정도 판매가 성사될지 준비한 후에 수입을 결정해야 한다.

뒤의 6장에서 품목결정 방법을 설명할 때 자세히 설명하겠지만 판매 방법을 사전에 어느 정도 준비해 놓지 않은 상태에서 무작정 제품을 수입하면 그로 인해 사업 초창기부터 매우 어려워질 수 있다. 사업을 실행하기 전에 먼저 어느 정도의 수요를 예측하는 것은 국가에서 집행하는 공공사업도 마찬가지 아니던가? 이는 사업의 가능성을 조사하는 단계(feasibility study)에서 반드시 거쳐야 할 절차다.

잠재적 소비자뿐만 아니라 잠재적 도매업체는 나보다 제품에 대해서 더 잘 아는 사람들이므로 그들과 협상을 시작하는 것이 결코 쉬운 일은 아닐 것이다. 어쩌면 그들과 상담약속을 잡는 것부터 난관에 봉착하게 될지 모른다. 하지만 그런 어려움이 사업 시작의 초기단계라는 마음가짐을 가지고 어려움을 헤쳐 나가면서 사업의 첫 발을 내딛기 바란다.

③ 중국 제조사와는 어떻게 협상을 시작해야 할까? 저자는 중국 캔톤페어를 방문해 직접 담당자를 만나서 협상했지만 독자 여러분은 사업도 시작하기 전에 그렇게 협상을 시작하는 것이 쉽지 않을 것이다. 뒤의 6장 정보취득 방법 부분에서 독자 여러분이 중국 제조사 또는 해외 공급자를 찾을 수 있는 여러 가지 방법을 제시할 것이다.

그 방법을 통해 해외에 있는 제조사 또는 공급자와 연락을 시작해 보기 바란다. 경우의 수가 너무 다양해 예를 들기 어렵지만 가격이 맞는 등 어느 정도 분위기가 무르익으면 샘플을 요청할 것이고, 샘플이 마음에 들면 정식으로 오더를 할 것이다. 당연히 샘플을 받으면 잠재적 소비자나 잠재적 도매업체를 만나서 판매가능성을 한 번 더 확인하는 것은 필수다.

④ 판매도 어느 정도 그림이 보이고 수입도 어느 정도 그림이 보이면 이제 계약을 하게 된다. 대부분 사업 초창기에는 거래 규모가 크지 않을 것이고, 독자 여러분은 무역의 초보자이므로 결제조건은 물품대금 전액을 선금으로 지급하는 전액 전신환송금방식(100% T/T in advance)으로 계약을 하게 될 것이다. 그러면 수출자가 보내온 견적송장을 가지고

은행으로 가서 물품대금을 송금해야 한다. 여기까지는 일반인들도 쉽게 경험할 수 있는 일이고 실제로 최근에는 많은 일반인들이 경험하고 있다.

바로 해외 직구매다. 본인이 소비자이면서 수입자이고, 해외 제조사는 해외 쇼핑몰이고, 해외 쇼핑몰 사이트에서 신용카드로 결제하는 순간이 바로 해외 제조업체에 물품대금을 지급하는 바로 이 단계인 것이다. 만약 수입사업이 여기서 마무리가 된다면 누구나 쉽게 수입사업을 할 수 있을 것이다. 하지만 여기까지는 아주 기초에 해당되는 것이고 앞으로의 단계가 진정한 수입사업의 단계이기 때문에 일반인들이 쉽게 수입사업을 벌이기 힘든 것이다.

⑤ 해외 쇼핑몰을 통해서 직구매를 하면 신용카드를 사용해 결제한 후 물품이 집으로 도착하기를 기다리면 된다. 하지만 수입사업을 하게 되면 많이 다르다. 수출자가 한국까지 물품을 보내주도록 계약했다면 수출자가 보낸 선박이 내가 지정한 항구로 도착하기를 기다리면 된다. 하지만 수입자가 수출국에서 물품을 가져오는 조건으로 계약했다면 내가 선박을 구해서 수출자가 지정한 항구로 보내 수출국 항구에 있는 계약된 물품을 선박에 싣고 한국으로 가져 와야 한다.

무역사업을 처음 해보는 사람이 해외에서 물품을 싣고 올 선박을 어떻게 구할 수 있을까? 우여곡절 끝에 선박회사를 구해서 물품을 한국으로 싣고 왔다 하더라도 한국에 도착한 물품을 수입신고도 해야 하고 창고로 이동도 시켜야 하는데 수입신고는 어떻게 하고 창고로의 이동은 또 누구에게 의뢰한단 말인가? 내가 20년 전에 직장에서 수입업무를 할 때는 이러한 일을 하는 관계당사자들과 일일이 통화해 업무를 처리했었다. 인터넷도 없고 스마트폰도 없던 시절에 오로지 유선전화와 팩스만으로 업무를 처리했으니 제품 하나가 한국에 도착하면 해야 할 일이 산더미였다.

하지만 이제는 세상이 좋아져서 그때만큼 힘들지는 않다. 바로 '포워더'라는 업종이 생긴 덕분이다. 수입업무를 전문으로 하는 포워딩업체 한 군데만 제대로 만나면 선박을 구하는 일부터 수입신고 및 국내운송 업무까지 한꺼번에 해결할 수 있다. 수입자가 포워딩업체와 계약하면 포워딩업체는 수입자와의 계약에 근거해, 수입자를 대신해 선박회사 · 관세사 · 운송회사 등과 계약을 체결한다.

물론 포워딩업체가 공짜로 그런 서비스를 해주는 것은 아니다. 당연히 대행수수료를 지급해야 하지만 수수료가 그리 높지 않기 때문에 수수료를 아끼기 위해서 선박회사, 관세사, 운송회사 등과 직접 업무를 진행하는 것보다 포워딩업체에 맡기는 것이 더 편리하다.

문제는 믿을 만한 포워딩업체를 만나는 것인데, 업무를 오랫동안 진행하다 보면 자연스럽게 믿을 만한 포워딩업체를 만나게 된다. 그러니 수입업무를 처음 진행해보는 독자 여러분은 너무 조급하게 생각하지 말고 천천히 하나씩 경험을 쌓아가기 바란다.

⑥ ⑦ ⑧ ⑨ 포워딩업체와의 계약에 의거 약속된 선박을 이용해 물품이 중국 선적항에서 인천항에 도착해 컨테이너 야적장에 보관된 후 수

입면허를 기다리게 된다. 수입자는 이미 준비된 관세사를 통해 수입신고 절차를 밟아 수입신고필증을 교부받는다. 수입신고필증이 교부되고 나면 비로소 그 물품은 국내 물품이 됐으니 수입자는 자신의 물품을 컨테이너 야적장에서 자신의 창고로 이동시킬 수 있다.

이것 역시 사전에 준비된 운송회사를 활용해 계약된 창고로 이동시킬 수 있다. 창고 비용은 원가와 직결되는 항목이므로 당연히 사업을 결정하기 전에 창고는 마련돼 있었다. 내가 지시만 내리면 즉시 컨테이너를 창고로 이동시켜서 컨테이너 안에 있는 물품을 창고에 적재시킬 수 있도록 준비돼 있었다. 내가 창고를 어떻게 준비했는지는 7장 실제 거래 사례에서 자세히 설명했으니 여기서는 자세한 설명은 생략하기로 한다.

⑩ ⑪ ⑫ ⑬ 내 사무실은 구로동이고 창고는 경기도 의왕에 있다. 보관 중인 물품은 수백 개지만 실제 주문은 낱개로 이뤄질 것이다. 창고업자는 물품을 보관만 할 뿐이지 주문에 따라 배송까지 대신 해주지는 않는다. 그렇다고 낱개로 주문이 들어올 때마다 내가 일일이 창고로 가서 배송하면 유류비가 이익을 상회할 것이다.

그러므로 당연히 물품을 나눠서 분산 보관해야 한다. 대량으로 주문하기로 한 도매업체에도 물품을 나눠서 보내야 하고 내 사무실에도 일부 보관해야 한다. 트럭을 사용해야 하는데, 나는 트럭이 없었기 때문에 내 개인 차량을 이용해 도매업체에 배송하고 사무실로도 제품을 일부 옮기기에는 무리가 있었다.

나는 인터넷 역경매를 활용하기로 했다. 네이버 지식IN의 고민 코너에 내가 옮길 물품의 크기와 무게 등을 상세하게 설명하면서 이동 동선과 개수 등을 같이 기재해 이 업무에 관심 있는 운송업자들을 모집한 것이다. 우리가 '용달'이라고 부르는 소규모 운송업체들이다.

서너 군데 업체에서 답글을 올렸는데 일일이 전화해서 문의했다. 운송비는 대부분 비슷했다. 내가 하려는 업무가 운송빈도가 그리 높지 않다 보니 큰 수익이 안 된다고 생각한 업체는 답변이 좀 불친절했다. 그 중에서 제일 친절하게 대해준 업체와 협약해서 운송 업무를 시작했다.

먼저 운송할 제품의 개수에 따라 그에 맞는 차량의 종류를 결정한 후 운송할 장소에 따라 운송비를 달리 책정하는 계약을 체결했다. 서면계약서를 작성하지는 않았지만 구두계약도 계약이고 어떤 경우에는 구두계약이 서면계약보다 더 강력하다.

그래서 일부 물품은 도매업체로, 일부 물품은 구로동의 내 사무실로 옮겼다. 의왕 창고에 남아 있던 일부 물품도 나중에는 모두 구로동 사무실로 옮겼다. 운송업체를 잘 만난 덕분에 자칫 까다로울 수 있는 운송 업무를 큰 불편함 없이 진행할 수 있었다. 그 운송업체와는 지금도 계속 거래관계를 유지하고 있으며 그 업체 사장과는 운송 업무가 없더라도 가끔 안부를 전하곤 한다.

⑭ ⑮ 나는 도매업체에 판매하는 것을 제외하고는 대부분 인터넷 쇼핑몰을 이용해 판매했다. 도매업체에 대한 판매량에 비해서는 판매량이 많이 적었지만 궁극적으로는 내가 스스로 판매하는 부분을 키워나

가야 하겠기에 멀리 내다보고 한 걸음씩 나아가기로 한 것이다. 하지만 내 생각과 달리, 맞추기 힘든 부분이 있었는데 택배회사를 통한 배송비였다. 물론 사전에 알고는 있었다. 배송비는 원가다. 인터넷 쇼핑몰에서 착불로 판매하면 거의 판매를 못한다. 왜냐하면 일반인들은 판매자가 아니기 때문에 판매자에 비해 거의 두 배에 가까운 배송비를 부담해야 하기 때문이다.

하지만 인터넷 판매 사업을 처음 시작하는 나는 일반인들과 별로 다르지 않았다. 나는 택배비용을 절감하기 위해서 제일 먼저 우체국을 방문했다. 아무래도 우체국은 공공기관이니 소비자들에게 믿음을 줄 수 있을 거라는 생각이었다. 하지만 이것은 너무 단순한 생각이었다. 우체국은 공공기관이다 보니 배송비 협상이 불가능했다. 한 달에 정해진 수량 이상이 되면 요금을 할인해주는 것은 어느 택배업체나 마찬가지였고, 그 원칙에 융통성이 없었다.

그래서 구로동 사무실 인근에 있는 택배회사 리스트를 만들어서 며칠에 걸쳐 직접 방문해 배송비 협상을 시도했다. 하지만 내가 할 수 있는 수량이 협상 가능한 최소 수량과 차이가 너무 많이 나서 어느 택배회사도 요율을 조정해주려고 하지 않았다. 마지막으로 구로동 사무실에서 가장 멀리 있는, 가산동에 위치한 CJ대한통운을 찾아갔다. 처음에는 CJ대한통운의 답도 마찬가지였다.

하지만 내가 만난 팀장은 다른 택배회사 담당자들과는 달리, 처음으로 사업하는 사람의 마음을 이해하려고 노력하는 것 같았다. 그래서 주문이 있을 때마다 CJ대한통운으로 직접 제품을 가져가서 배송을 접수하면서 갈 때마다 도움을 청했다.

내 노력을 가상하게 생각했는지 그 팀장은 드디어 팔팔통상을 기업고객으로 할 수 있는 방법을 제시했고, 그 방법에 따라 팔팔통상이 CJ대한통운의 기업고객이 됐다. 기업고객이 되면 배송비 요율이 좋아지는 것은 물론 송장출력 등의 업무도 많이 편리해진다. 지금은 이 업무를 아내가 맡고 있는데 나보다 훨씬 더 잘 해내고 있다.

수입가격 결정

대부분의 사업가들은 사업을 결정하기 전에 사업의 실현가능성을 먼저 분석(feasibility study)한다. 그 결과 실현 가능하다고 하면 추진하고, 실현 불가능하다고 판단되면 포기한다. 실현가능성은 음식물 같은 품목의 특성이나 특정 종교국가 같은 대상국의 문화 등에도 영향을 받지만 어떤 경우에서든 기본적으로 '수익성'이 제일 중요한 의사결정 요인이다. 아무리 훌륭한 제품이고 아무리 판매가능성이 높다 하더라도 수익이 발생하지 않으면 그것은 사업이 아니다.

사업가는 수익을 창출하기 위해서 사업을 하는 것이다. 따라서 추진하고자 하는 사업이 얼마의 수익을 보장하는가를 제일 먼저 분석해야 하는데 이는 크게 두 가지로 대별할 수 있다.

첫째, 수입하고자 하는 제품이 있는 경우에는 국내판매 가격이 어느 정도 될 것인가를 계산해 보고 과연 그 가격에 잘 팔릴 것인가를 생각한다.

둘째, 국내에 이미 팔리고 있는 제품이 있다면 그 제품을 내가 어느 정도의 가격으로 수입해야 경쟁사 대비 가격경쟁력을 가질 것인가를 생각해야 한다. 내가 판매하는 제품은 다른 업체들도 다 판매하고 있거나 판매할 수 있는 제품일 테니 사업을 하려면 내가 타 업체보다 가격경쟁력을 가지려고 노력해야 한다.

수입사업을 처음 하면서 타 업체에서 다루지 않는 제품 또는 국내에 없는 제품을 다루려고 하면 안 된다. 그런 제품은 있지도 않을 뿐만 아니라 찾으려고 해도 우리 같은 소규모 사업가의 눈에는 잘 안 보인다. 《블루오션전략》이라는 책 때문에 많은 사람들이 블루오션을 찾으려고 노력하는데 장담컨대 이 세상에 블루오션은 없다. 특히 우리 같은 소규모 사업가에게는 블루오션은커녕 레드 중에서도 아주 진한 레드오션이 있을 따름이니 현실성 없는 이론에 현혹되지 말기 바란다.

① 구매가격과 제조가격은 엄연히 다르다. 분명 구매가격은 제조가격보다 비쌀 것이다. 그래서 많은 사람들이 제조업체와 직접 거래하고 싶어 한다. 공장을 찾기 위해서 공장 주소를 검색하거나 직접 현지를 방문하기도 한다. 그런데 아이러니하게도 사업을 좀 오래 해온 사업가보다는 오히려 사업을 처음 시작하는 사람들이 더 그런 생각을 하는 것 같다. 사업을 오래 해온 사업가는 공장을 찾으려고 열심히 노력하지는 않는다. 물론 그들도 공장에서 직접 구매를 하고 싶기는 할 것이다.

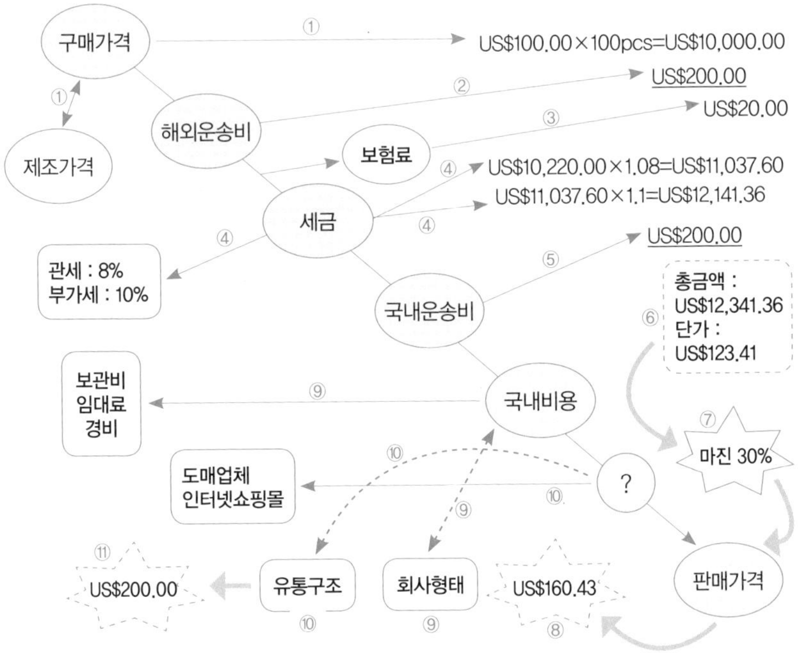

수입가격 구조

하지만 사업을 오래 해온 사람들은 안다. 공장에서 직접 구매한다고 해서 결코 가격이 싼 게 아니라는 것을. 그리고 사업의 수익은 구매가격을 낮추는 것도 한 가지 방법이지만 그게 전부는 아니라는 것을. 그리고 수익을 높이는 방법은 전체 프로세스 중 여러 번 있으니 어렵게 공장을 찾는 것보다는 다른 절차에서 비용을 절감하는 것이 더 현실적일 수 있다는 것을. 그런 마인드로 여기서는 제조가격과 구매가격의 차이를 고려하지 않고 개당 100불인 제품을 100개 수입하는 상황을 가정하고 수입제품의 가격구조를 살펴본다.

① ② ③ ④ ⑤ ⑥ 개당 100불인 제품을 100개 수입하면 전체 가격은 10,000불이다. 해외운송비는 200불 정도면 무난할 것이다. 중국에서 한국으로 수입할 경우 시황에 따라서 컨테이너 하나를 움직이는 데 50불까지 떨어지거나 심한 경우 공짜로 들여오기도 한다. 하지만 그런 특별한 경우를 일반적인 원가로 잡았다가는 의사결정에 실수가 있을 수 있으므로 200불로 계산한다. 200불이 넘는 경우는 거의 없기 때문이다.

여기서 보험은 적하보험을 의미한다. 적하보험료는 0.2% 정도면 충분하다. 한-중 간 무역에서, 특히 도착지가 인천인 경우에는 보험 부보할 시간도 없이 컨테이너가 도착항에 도착하기도 한다. 그래서 적하보험을 부보하지 않는 수입업자도 종종 있지만 일을 배우는 입장에서는 모든 절차를 정식으로 다 밟는 것으로 계산한다.

수입사업에서 세금은 크게 관세와 부가가치세로 나뉜다. 관세는 제품에 따라 다르므로 수입하기로 결정하기 전에 반드시 관세청 홈페이지나 해당 관세사를 통해 사전에 알아보기 바란다. 일반 제품은 관세율이 통상 8%이므로 여기서는 8%로 잡고 계산해 보기로 한다. 물품대금 10,000불 더하기 해상운송비 200불 더하기 적하보험료 20불을 더하면 관세 부과를 위한 수입기준금액인 CIF value(가격조건에 대해서는 6장에서 상세하게 설명한다)는 10,220불이다.

여기에 관세 8%를 곱하면 관세 부과 후 물품금액은 11,037.60불이 되고 여기에 부가가치세 10%를 곱하면 부가가치세 납부 후 물품금액은 12,141.36불이 된다. 이 금액은 인천항 도착가격이다. 여기서 경기도 창고로 이동하는 운송비 200불을 더하면 총 수입금액은 12,341.36

불이 된다. 국내운송비는 원화로 계산하는데 컨테이너 한 개를 인천항에서 경기도로 운송하는 금액은 통상 20만 원을 조금 초과하므로 200불로 계산하면 오류가 없을 것이다.

부가가치세는 환급받는 세금인데 왜 원가로 산입하느냐고 묻는 사람들이 있다. 맞다. 부가가치세는 납부 후 해당 시기가 되면 전액을 환급받는다. 그것을 잘 알고 있는 내가 왜 부가가치세를 원가로 생각하고 있을까? 그것은 나의 판매형태 때문이다. 나는 향후 인터넷 쇼핑몰을 통한 판매를 목적으로 하고 있는데, 그러면 당연히 판매가격은 부가가치세 포함 가격이 돼야 한다.

일반 소비자들은 부가가치세를 환급받을 수 없고 세금계산서 발행을 요청하지 않을 것이므로 나는 인터넷 쇼핑몰에 제품을 등록할 때 판매가격을 부가가치세 별도 가격으로 등록을 하면 안 된다. 도매업체에 판매할 때는 당연히 부가가치세 별도로 판매를 하고 세금계산서를 발행하겠지만 도매업체에 판매되는 양이 얼마나 될지, 또 그런 판매가 얼마나 지속될지는 알 수 없으므로 주 판매형태가 될 인터넷 쇼핑몰 판매를 중심으로 원가를 계산하고 의사결정을 해야 오류가 없다.

독자 여러분은 내가 여기서 예를 들어서 설명하고 있는 수입가격 구조는 나의 경우에 해당된다는 것을 잊지 말기 바란다. 독자 여러분은 나의 설명을 기본으로 하기는 하되 세부사항들은 각자의 상황에 맞게 변형해서 적용시켜야 한다. 품목별로 관세를 달리 적용해야 함은 물론이고 중국이 아닌 다른 나라의 경우에는 그에 맞는 해상운송비를 적용하고, 국내운송비 역시 지역 사정에 맞게 적용해야 한다.

이렇게 창고에 도착한 제품의 단가는 개당 123.41불이 된다. 중국 현지에서 개당 100불인 제품이 경기도 창고에 도착하면 개당 123.41불이 되는 것이다.

⑦ ⑧ 제품이 창고에 입고했을 때까지의 모든 비용을 합한 후 전체 개수로 나눈 123.41불은 기초 원가인데 여기에 마진을 얼마를 더하면 될까? 수입사업은 기본 마진으로 30% 정도는 책정해야 한다. 30% 마진이 과도하다고 생각하는 사람도 있을지 모르겠다. 그러나 저자의 경험으로 봤을 때, 수입사업을 처음 시작하는 사람의 입장에서 마진 30%는 거의 원가나 마찬가지인 수준이라고 생각된다.

왜냐하면 첫째, 처음 수입사업을 시작하면 샘플 비용이 많이 필요하다. 샘플을 들고 여러 곳을 찾아다니면서 제품을 보여주기도 해야 하고 어떤 업체에는 샘플을 남겨놓고 오기도 해야 한다. 수입 물량이 많다면 그렇게 소모되는 샘플을 무시해도 되겠지만 수입사업을 처음 시작하는 사람은 그리 많은 수량을 다루지는 않을 것이다. 100개를 수입해서 5개만 샘플로 소비해도 5% 손실이다.

둘째, 사업 초창기에 이리저리 영업활동을 다니다 보면 유류비, 식사비, 주차비 같은 비용도 적지 않게 필요하다. 또한 팔리지 않는 재고도 생각해야 한다. 수입해온 제품이 전량 제대로 판매된다면 좋겠지만 그런 일은 절대로 없다. 정도의 차이는 있겠지만 언제나 마지막에 재고는 남게 되고, 할인판매를 하더라도 결국 못 파는 제품이 있기 마련이다.

100개를 수입해서 마지막에 못 팔고 남게 되는 재고가 5개만 돼도 이 역시 5% 손실이다. 이 같은 계산을 이해한다면 저자가 초기 마진 30%는 원가나 다름없다고 한 말이 허언이 아님을 알게 될 것이다. 그래서 30% 초기 마진을 더하면 기초 판매가격은 160.43불이 된다. 이것은 판매 마지노선이라고 생각할 수 있는 금액이다.

⑨ ⑩ ⑪ 이제부터 계산되는 비용은 지금까지 발생한 비용보다 훨씬 더 개별성이 강하다.

첫째, 보관비 · 임대료 · 경비 등은 회사 상황에 따라 완전히 달라진다. 기존에 창고가 있는 업체는 추가 창고비가 소요되지 않겠지만 수입사업을 처음 시작하는 사람은 이번에 수입해온 제품으로 창고비 전액을 부담해야 한다. 또 사무실 임대료도 사업을 계속 해오던 사람은 새로 수입된 제품으로는 임대료의 일부만 부담하면 되지만, 처음 수입사업을 시작하는 사람은 이번에 수입한 제품으로 임대료 전액을 부담해야 한다. 경비 역시 마찬가지다. 기존에 판매망을 갖춘 사람은 새 품목을 판매하기 위한 영업비용이 많이 소요되지 않지만 사업을 처음 하는 사람은 영업비용이 기존에 사업하던 사람에 비해 두 배 이상 필요하게 될 것이다.

둘째, 일반적인 판매활동에 따른 비용 이외에 판매 형태에 따른 비용도 다르다. 도매업체에 판매할 때는 낮은 가격을 제시할 수밖에 없다. 도매업체는 한 번에 많은 양을 구매하기 때문에 좋은 가격으로 판매하는 것이 당연한데, 그 가격 차이 역시 우리는 비용으로 인식해야 한다. 또한 인터넷 쇼핑몰에 지불해야 하는 비용 역시 적지 않다. 품목마다 쇼핑몰마다 조금씩 다른데, 내가 판매하는 캠핑용품의 경우 옥션이나 11번가에서는 12~13% 정도를 판매수수료로 가져간다.

이런 일련의 과정을 거쳐서 생각해 보면 생산국 현지에서 개당 100불 정도 하는 제품을 국내로 수입했을 경우에는 개당 200불 이상으로 팔아야 판매자가 어느 정도 수익을 가져갈 수 있다. 200불에 판다면 조금 남길 것이고 160불 정도에 판다면 오히려 수입을 하지 않는 게 나을지도 모른다.

사업을 결정하는 데 제일 중요한 것은 품목결정이다. 이 품목결정의 근간을 이루는 것은 채산성이며, 그 채산성을 알 수 있는 방법은 가격구조다. 평소 해외여행을 다녀보면 국내에 있는 제품도 보게 되지만, 국내에 없는 제품도 상당수 눈에 띈다. 일반 여행객들은 그 제품의 가격을 보고 '괜찮은 제품인데? 수입하면 돈 좀 벌 수 있겠는데?'라고 생각한다.

하지만 위와 같은 가격구조를 염두에 두고 무역인의 마인드로 생각한다면 그렇지 않다는 것을 실감하게 될 것이다. 그 제품이 국내에 없는 것은 아무도 수입하지 않았기 때문이다. 수익성이 있는데도 아무도 수입하지 않아서 내가 돈을 벌 수 있는 그런 품목은 없다. 나보다 더 훌륭하고 더 경험 많은 무역인들이 수백만 명이 있는데 어찌 그런 품목이 남아 있겠는가? 분명 그 사람들도 저자처럼 계산을 해보고 수익성이 없다고 판단했기 때문에 손을 대지 않았을 것이다.

여행객은 최종 소비자이고 자신이 필요해서 현장에서 제품을 보고 직접 구매하기 때문에 샘플도 필요 없고, 재고 부담도 없고, 영업활동도 필요 없고, 임대료 등 고정비용도 필요 없다. 하지만 내가 그 제품을 수입해서 이익을 남기면서 누군가에게 판매해야 한다고 생각하면 상황이 많이 달라진다. 독자 여러분은 지금까지 여행객의 입장에서 생산국내 현지 가격과 국내판매 가격을 생각했지만 만약 여러분이 그 제품을 수입해 판매하는 수입업자라고 생각하고 그 제품을 다시 한 번 보기 바란다. 그렇게 싸게 보이던 가격이 결코 싸지 않다는 것을 느끼게 될 것이다.

그래서 내 눈에는 좋게 보이는 그 제품이 아직 국내에 없는 것이다. 그런 제품을 마치 귀한 제품을 '득템'한 것처럼 생각하고 섣불리 수입했다가는 두고두고 고생할 일이 생길지 모른다. 그래서 내가 이 책을 처음 시작할 때부터 누누이 강조한 것이다. 사업을 시작하려면 사업가 마인드가 필요하고, 특히 외국과 거래하려는 사람은 사업가 마인드를 초월한 무역인 마인드를 가져야 한다.

대형마트 병행수입 '나 홀로 성장'

경기불황과 영업규제로 대형마트 성장 정체 속에 병행수입이 '가뭄의 단비' 같은 역할을 하고 있다.

18일 관련 업계에 따르면 올해 이마트 병행수입 매출액은 지난해에 이어 무난히 800억 원을 돌파했다. 지난 2010년(40억 원)과 비교하면 20배 이상 증가한 액수다. 특히 이마트가 운영하는 창고형 할인매장 트레이더스의 병행수입 매출액이 크게 뛰었다. 올해 트레이더스 병행수입 매출액은 사상 처음으로 300억 원대를 기록할 것으로 보인다.

이마트 관계자는 "이마트는 PL(자체상표) 상품을 강화하고, 트레이더스는 병행수입을 확대해 경쟁사와 차별화하고 있다."라며 "병행수입 품목도 가전부터 고가 해외 브랜드 핸드백까지 다양화하고 있다."라고 말했다. 그는 이어 "불황에도 병행수입 매출이 급증한 것은 고가 수입품도 싸야 산다는 소비패턴 변화와 맞물렸기 때문"이라고 분석했다.

병행수입은 국내 독점판매권을 가지고 있는 수입업체가 아닌 일반 수입업자가 상품을 들여오는 것을 말한다. 대형마트는 막강한 구매력으로 수입품을 저렴한 가격에 대량으로 들여와 판다. 병행수입 상품은 대개 백화점 가격보다 20~40% 저렴하다.

롯데마트도 창고형 할인매장 빅마켓을 중심으로 병행수입 상품을 늘리면서 시장 규모를 확대하고 있다. 올해 롯데마트 병행수입 매출액은 400억 원에 이를 전망이다. 5년 전 매출액 45억 원과 비교하면 가파른 성장세다. 병행수입 상품도 30여 개에서 400여 개로 다양화했다. 최근 롯데마트는 패딩 한 벌 가격이 80~130만 원 수준인 해외 고가 브랜드 기획전을 열었다. 과거 저가 상품 위주로 기획전을 열었던 것과 상반된 모습이다. 기획전 내용만 보면 백화점과 별반 다르지 않다. 업계 관계자는 "앞으로 다양한 고가 수입품 위주로 대형마트 간 경쟁이 벌어질 것"이라고 내다봤다.

문화일보, 2015년 12월 18일, 윤정선 기자

'가격 거품' 부르는 유통구조
85만 원에 수입한 핸드백, 매장서는 179만 원에 판매

해외 명품업체들이 유독 한국 시장에서 고가 정책을 고수하며 '배짱 영업'을 한다는 비판이 끊이지 않고 있다. 해외에서 유통되는 상품을 독점 수입업체가 아니라 제3의 업자가 저렴하게 들여오게 하는 병행수입이 대안으로 떠오르고 있지만 제품 신뢰도나 사후서비스 등을 한층 개선해야 한다는 지적이 많다.

21일 관세청에 따르면 명품 핸드백과 지갑은 수입 원가보다 두 배 이상 높은 가격에 팔리고 있다. 100만 원을 넘는 고가 제품을 기준으로 수입 핸드백은 평균 85만 7,000원에 들여와 매장에서 179만 3,214원에 판매하며, 지갑은 평균 26만 8,000원에 수입해 62만 5,972원에 팔았다. 격차가 각각 2.09배, 2.34배에 이른다.

소비자교육중앙회가 유명 수입 핸드백과 지갑 49종의 국내외 오프라인 매장의 판매가격을 조사한 결과 41개 제품이 해외보다 적게는 3.9%, 많게는 56.3% 비쌌다. 코치 '키트캐리올토트'는 국내 평균가가 72만 3,600원이지만 해외에선 평균 46만 3,019원으로 격차가 56.3%에 달했다. 해외에서 평균 137만 7,070원인 루이비통 '키폴45'는 국내에선 204만 5,000원으로 48.5% 높았고, 구찌 '디스코백'은 34.2%, 페라가모 '사피아노더블간치니월렛'은 27.8% 비쌌다.

환율 변동, 원자잿값 상승 등 인상 요인은 신속히 반영하면서도 반대의 경우에는 웬만해선 값을 내리지 않는 '이중잣대'도 자주 도마에 오른다. 정부는 지난해 8월 소비 진작을 위해 고가 가방, 시계 등에 적용하는 개별소비세 과세 기준을 완화했지만 명품업체들은 가격을 내리지 않고 세금 인하분을 고스란히 챙겼다.

당시 정부가 가격 인하 현황을 조사했지만 샤넬, 디올, 구찌 등은 자료 제공조차 거부한 것으로 알려졌다. 결국 정부는 두 달 뒤 과세 기준을 '원위치'시켰다. 연례행사 같은 가격 인상 탓에 자유무역협정(FTA) 효과도 찾아보기 힘들다는 지적이 나오고 있다.

한국경제신문, 2016년 1월 22일, 임현우 기자

흐름을 보는 눈 위 두 개의 기사는 88쪽 그림 수입가격 구조의 ⑨에 해당되는 기사다. 같은 제품이라고 하더라도 병행수입 가격이 국내 독점판매권을 가지고 있는 수입업체보다 싼 이유는 회사 형태에 따른 비용 차이가 있기 때문이다. 하지만 병행수입이 금지된 제품의 경우에는 국내 독점판매권을 가진 수입업체로부터 구매할 수밖에 없기 때문에 '배짱 영업'이 가능하다. 그러한 국내 독점판매권을 보유하기 위해서 그 수입업체는 일반 수입업체보다는 훨씬 높은 대가를 해외 본사에 지불해야 할 테니 판매가격이 높을 수밖에 없는 것이다.

5장

수출 메커니즘

수출 관계당사자

4장에서는 수입에 대해서 설명했으니 5장에서는 수출에 대해서 설명하고자 한다. 수입으로 사업을 처음 시작했다고 하더라도 무역업을 계속 영위하다 보면 무역과 관련된 사람들을 계속 만나게 되고 자연스럽게 수출에 대해서 대화할 기회가 생긴다. 수출에 대한 얘기가 오갈 때마다 "저는 수입만 합니다. 수출은 몰라요."라고 할 수는 없는 것 아니겠는가? 어떤 사람은 "수출은 수입의 반대가 아닌가요?"라고 말하기도 한다. 맞다. 틀린 말은 아니다. 거래 방향은 그렇다. 수입은 외국에서 제품을 구매해서 국내에 판매하는 것, 수출은 국내에서 제품을 구매해서 외국에 판매하는 것이다. 따라서 수입과 수출은 반대다.

하지만 거래 방향이 반대라고 해서 하는 업무 역시 반대인 것은 아니다. 물품대금을 지급하는 수입자는 물품대금을 받아야 하는 수출자에 비해 업무가 비교적 단순하다. 대부분의 서류업무나 행정업무는 돈을 받을 사람에게는 까다롭고 돈을 줄 사람에게는 관대하다. 우리가 은행업무를 할 때도 돈을 은행에 적립할 때는 간단하지만 돈을 은행으로부터 받을 때는 복잡한 것과 같다. 세상의 모든 이치가 돈을 받을 때는 관대하고 돈을 줄 때는 까다롭다.

수입업무와 달리 수출업무에는 관계당사자도 많은데 그중에서 제일 복잡한 것이 신용장의 관계당사자다. 최근에는 거래에서 차지하는 은행 비용 때문에 신용장을 이용한 거래가 많이 줄기는 했지만 그래도 신용장거래가 무역 거래의 근간이면서 가장 큰 비중을 차지하는 것은 무시할 수 없다. 수출업무를 설명하면서 제일 먼저 신용장의 관계당사자를 설명하는 이유는 신용장의 관계당사자들 간의 관계가 제일 복잡하기 때문에 그것을 이해하면 다른 관계는 쉽게 유추할 수 있기 때문이다. 즉, 신용장의 관계당사자의 관계를 정확하게 이해하면 다른 관계는 특별히 공부할 필요 없이 짐작으로 알 수 있다.

단, 한 가지 단점이 있다면 이것은 물품대금 지급에 관한 관계만이라는 것이다. 독자 여러분은 물품대금 지급뿐만 아니라 다른 관계도 같이 알고 싶겠지만, 그것은 정형화된 룰이 없고 경우에 따라 수시로 변하기 때문에 여기서 획일화해서 설명할 수 없다는 점을 이해하기 바란다. 4

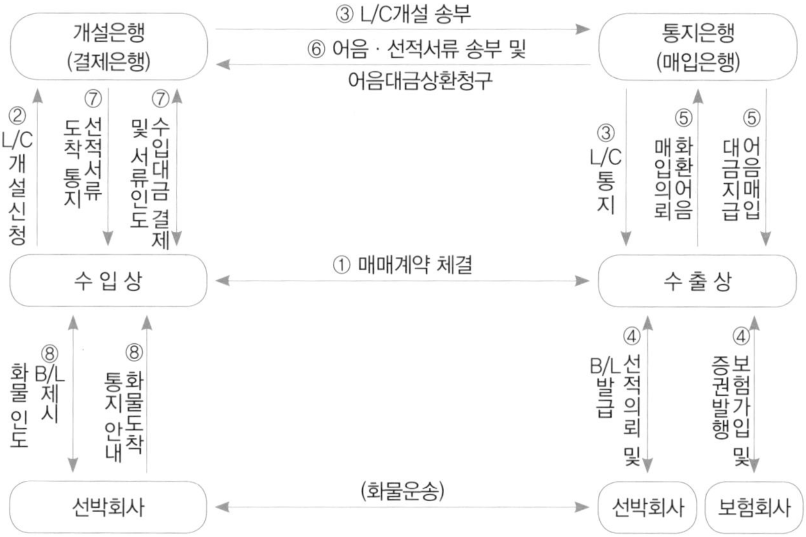

신용장의 관계당사자

장에서 수입절차를 설명했고 5장에서는 수출절차를 설명할 테니 그것으로 부족한 부분을 채우기 바란다.

앞 페이지의 그림은 신용장과 관련된 관계당사자들을 도식화한 것이다. 수입상이 물품을 수입한 후에 필요한 절차와 관계당사자는 4장에서 설명했고, 수출상이 물품을 수출하기 전에 필요한 절차와 관계당사자는 5장의 뒷부분에서 설명할 것이다.

① 수출상과 수입상은 협상을 통해 거래조건에 합의한다. 합의를 마치면 그 합의 내용에 따라 계약서를 작성한다.

② 수입상은 그 계약서를 근거로 주거래은행을 방문해 신용장 개설을 신청한다. 신용장 개설을 신청받은 주거래은행은 신청업체의 신용도, 담보상황 등을 확인한 후 신용장 개설 여부를 결정한다. 3장 결제조건에서 설명했듯이 수입상의 주거래은행은 만약 수입상이 부도가 난다 하더라도 수출상에게 물품대금을 지급해야 하므로 담보상황을 아주 까다롭게 심사한다.

③ 수입상의 주거래은행에서 수입상을 위해 신용장을 개설해도 좋다는 판단이 서면 신용장을 개설한 후 수출상이 지정한 은행에 신용장 개설을 통지한다. 신용장 통지 은행은 수출상이 수입상에게 사전에 통보하게 돼 있다. 수출상 역시 주거래은행이 있고 자금 흐름이 그 주거래

은행에 묶여 있으므로 신용장을 그 주거래은행을 통해 수령해야 나중에 수출자금을 활용해 국내 제조업체에 물품대금을 지급할 수 있다.

신용장 개설을 통지받은 수출상의 주거래은행은 그것을 수출상에게 통지하고, 통지 받은 수출상은 개설된 신용장을 수령한 후 그것이 계약 내용에 맞게 제대로 개설됐는지 확인해야 한다. 만약 계약 내용과 상이한 부분이 발견되면 그 사실을 수입상에게 즉시 알려서 신용장 수정을 요청해야 한다. 신용장 수정 요청을 받은 수입상은 수정 요청이 정당한지 확인한 후 정당하다고 판단되면 주거래은행에 신용장 수정 신청을 해야 한다. 그 절차는 신용장 개설 신청 절차와 같다.

신용장을 받은 수출상의 마음은 이러하다. '신용장 조항에 맞는 제품을 선적하고 선적서류를 작성한 후 주거래은행에 선적서류를 제시하면 물품대금을 받을 수 있겠구나.' 신용장은 은행이 물품대금 지급을 보증하는 것이므로 수입상의 부도를 고민할 필요가 없다. 그저 신용장에 기재된 내용대로 이행만 하면 물품대금을 받을 수 있는 지급보증서가 바로 신용장이기 때문이다. 그래서 신용장을 수령한 수출상이 제일 먼저 해야 할 일은 선적 준비다.

국내 제조업체로부터 수출 물품을 확보하는 것이 더 먼저 해야 할 일이 아니냐고 생각할 수도 있겠지만 그것은 선적 준비 다음이다. 수출 계약을 체결하기 전에 이미 수출상은 국내 제조업체와 기본적인 조건에는 합의를 했을 것이다. 제품명, 수량, 가격, 선적기일 등.

따라서 신용장을 수령하면 그때 국내 제조업체에 합의 조건에 맞는 수출 물품을 달라고 해야 한다. 수출 물품이 부피가 작고 가벼우면 수출상이 국내 제조업체에 가서 수출 물품을 가져오면 되겠지만 통상 컨테이너 단위로 수출하니 그것은 안 될 것이다. 그래서 국내 제조업체에 연락하면 국내 제조업체 담당자는 제일 먼저 "선적을 언제 하실 계획이세요?"라고 묻는다. 물론 수출상은 선적 조건 역시 수출 계약을 체결하기 전에 포워딩업체와 기본적으로 합의했을 것이다. 운임, 선적기일 등을 말이다.

하지만 그것은 수출 계약을 체결하기 위한 대략적인 조건이고 이제는 수출을 이행해야 하므로 정확한 일정을 받아야 한다. 선박명, 국내 제조업체의 공장 작업일, 선적일 등. 이러한 정확한 일정이 있어야 국내 제조업체에서 선적 준비를 할 것이다. 만약 수출상이 CIF 조건으로 수출하기로 했다면 적하보험 부보도 수출상이 해야 한다.

④ ⑤ 수출상은 정해진 일정에 따라서 선적을 마치면 선사로부터 선하증권(Bill of Lading, B/L)을 수령하고 적하보험에 가입하고 나면 적하보험증서(Insurance Policy)를 수령하게 된다. 그러면 수출상이 작성한 상업송장(Commercial Invoice, C/I), 포장명세서(Packing List, P/L) 등과 함께 선적서류 세트를 준비한 후 화환어음을 첨부해 주거래은행(같은 은행이지만 신용장을 통지받을 때는 통지은행, 수출서류 매입을 의뢰할 때는 매입은행이 된다)에 선적서류 매입을 의뢰한다. 주거래은행은 제시받은 선적서류 세트가 신용장 조항의 조건들과 일치하면 수출상에게 수출대금을 지급해야 한다.

⑥ ⑦ ⑧ 수출상의 주거래은행은 수입상의 주거래은행에 선적서류를 보내면서 수출상으로부터 선적서류가 접수돼 수출상에게 물품대금을 지급했음을 수입상의 주거래은행에 통보하고 물품대금 지급을 요청한다. 수입상의 주거래은행 역시 수출상의 주거래은행이 했던 방식대로 신용장 조항과 선적서류 내용을 확인한 후 틀림이 없으면 수출상의 주거래은행에 물품대금을 지급한다. 동시에 수입상의 주거래은행은 수입상에게 선적서류가 도착했음을 통보하면서 물품대금 지급 및 선적서류 수령을 요청한다.

이 통보를 받은 수입상은 주거래은행에 물품대금을 지급하면서 선적서류를 수령한 후 그 서류를 선박회사에 통보해 물품을 인도받는다. 물론 선박회사는 은행과는 별도로 화물이 도착지에 도착하면 화물이 도착했음을 수입상에게 통보한다. 지역에 따라서 배가 서류보다 먼저 도착지에 도착하면 선박회사가 수입상에게 먼저 알릴 것이고, 서류가 배보다 먼저 도착하면 수입상이 선박회사에 선박 도착 유무를 먼저 물어볼 수도 있다.

신용장으로 거래할 경우에 그와 관련된 관계당사자들의 역할과 관계를 설명했다. 신용장은 은행의 역할이 지대하므로 그 관계가 주로 은행을 중심으로 설명된다. 거래는 돈을 벌기 위한 것이기 때문에 돈의 흐름이 제일 중요하다. 그래서 독자 여러분이 수입사업을 하든 수출사업을 하든, 신용장을 사용하든 사용하지 않든, 돈의 흐름과 그와 연관된 물품의 흐름을 잘 이해하고 기억하기 바란다.

수출절차

아래에는 수출자와 국내 관계당사자들 간의 관계를 수출절차도를 이용해 설명한다.

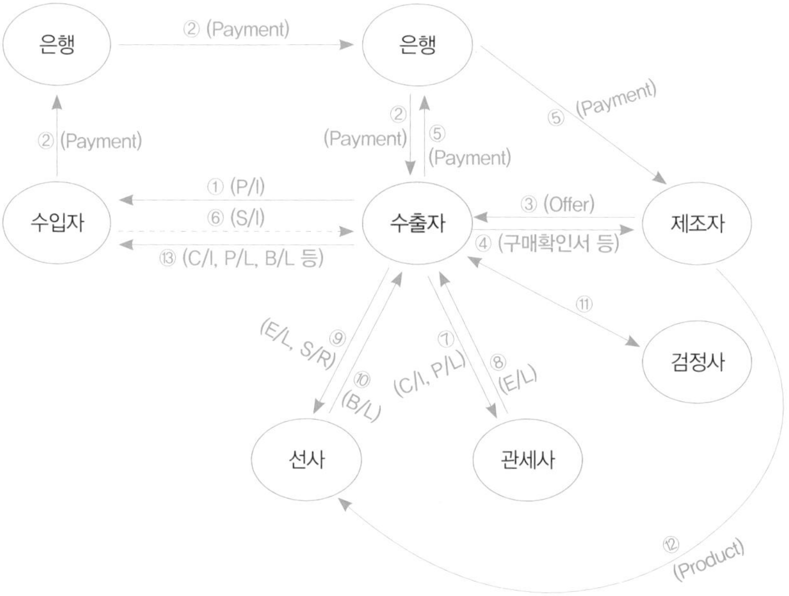

수출절차

① 수출자는 수입자와 거래관계 협상이 완료되면 물품대금 송금을 위한 견적송장(Proforma Invoice, P/I)을 발행한다. 그 견적송장을 기준으로 수입자는 물품대금 송금을 준비하는데 사전에 수출자와 협의한 바에 따라 신용장을 개설할 수도 있고 전신환송금방식으로 송금을 할 수도 있다. 독자 여러분은 처음에는 소규모로 사업을 시작할 테니 신용장

보다는 전신환송금방식을 기준으로 설명한다.

② 전신환송금방식으로 물품대금을 지급하기로 약속했으니 수출자가 발행한 견적송장에는 수출자가 물품대금을 받을 수출자 주거래은행의 상세 내역이 기재돼 있을 것이다. 그 지시에 따라 수입자는 물품대금을 지급할 것이고, 지역에 따라 차이가 있겠지만 대부분 이틀 이내에 수출자의 주거래은행으로부터 수출자에게 외화입금 통지가 이뤄진다.

수출자는 그런 통지가 오면 수출근거서류 사본을 주거래은행에 제시하면서 외화를 수령할 수 있다. 우리나라는 외국환관리법에 의거 개인별로 연간 1만 불이 초과되면 외화를 수령할 때 근거서류를 제시해야 한다. 따라서 수출근거서류인 견적송장 사본을 제시해야 외화를 수령할 수 있다.

③ ④ 수입자로부터 물품대금을 수령했으니 이제 수출을 준비해야 한다. 먼저 국내 제조업체에 연락해 물품대금 지급을 위한 물품매도확약서(Offer Sheet)를 발행해 달라고 요청해야 한다(우리가 흔히 말하는 오퍼상의 공식 명칭은 '물품매도확약서 발행업'이고, 수출절차에서 국내 제조업체가 무역상에게 발행하는 서류다. 지금까지 오퍼가 무슨 의미인지 정확하게 알지 못하면서 '오퍼상'이라는 단어를 썼던 독자들은 이번 기회에 오퍼의 정확한 의미와 그 위치를 알기 바란다).

국내 제조업체로부터 물품매도확약서를 받으면 수출자는 국내 제조업체에 제품의 국내 구매를 위한 근거서류를 발행해야 한다. 그것은 수출자와 국내 제조업체가 사전에 약속해야 하는데, 내국신용장(Local L/C) 또는 구매확인서가 그것이다. 수출을 위한 국내 구매용 근거서류가 없으면 국내 제조업체에서 수출자에게 제품판매 후 세금계산서를 발행할 때 부가가치세 10%를 별도로 발행해야 하는데, 그런 근거서류가 있으면 영세율 세금계산서를 발행할 수 있다. 기본적으로 수출은 부가가치세가 없는 영세율 세금계산서다.

⑤ 수출자의 국내 구매를 위한 물품대금 지급은 선적 전에 할 수도 있고 선적 후에 할 수도 있다. 이것은 수출자와 국내 제조업체 간의 약속이다. 이 책은 사업을 처음 하는 사람들을 대상으로 집필한 것이기 때문에 선적 전 물품대금 지급을 기준으로 한다. 회사 규모가 영세하면서 무역사업을 처음 하는 사람에게 국내 제조업체가 선적 후 물품대금 지급을 허락하지 않을 것이기 때문이다.

무역사업을 처음 시작하는 사람은 여러모로 불리한 조건만 계속 맞닥뜨리게 된다. 하지만 독자 여러분은 그것을 이해해야 한다. 독자 여러분이 상대방 업체의 입장이 돼 생각해 보라. 무역을 처음 한다면서 찾아온 조그만 업체를 어떻게 믿겠는가? 선불조건으로라도 거래가 성사된다면 그나마 다행일 것이다.

⑥ 수입자로부터의 선적지시서(Shipping Instruction, S/I)는 물품대금 지급과 동시에 받을 수도 있고 국내 제조업체와의 절차가 마무리되고 난 후에 받을 수도 있다. 하지만 어쨌든 선적 준비 전에는 받아야 한다. 수

입자의 선적지시서 안에는 선적서류 작성 요령과 준비서류 종류, 그리고 포장 표시(Shipping Marks) 등 특이사항이 기재돼 있다. 만약 신용장 거래라면 그런 내용이 신용장의 조항으로 표현이 돼 있겠지만 전신환 송금방식에서는 신용장과 같은 절차가 없으니 수입자에게서 별도로 선적지시서를 받아야 한다.

⑦ ⑧ ⑨ ⑩ 수입자에게서 선적지시서를 받으면 수출자는 그 내용에 맞게 서류를 준비해 관세사에게 두 가지 서류(C/I, P/L)를 보내 수출신고필증을 교부받아야 한다. 가끔 “관세사에게 포장명세서까지 보내야 합니까?”라고 묻는 사람이 있는데, 그것은 수출신고필증의 내용을 보면 이해가 될 것이다. 세관직원이 수출신고필증을 교부하려면 그 내용을 모두 채워야 하는데 그 내용 중에는 제품의 품명, 가격, 결제조건 등 상업송장에 기재하는 사항도 있지만 포장방법, 포장단위 등 포장명세서에 기재하는 사항도 있다. 따라서 상업송장과 포장명세서, 두 가지 서류를 모두 관세사에게 보내야 수출신고필증의 내용을 기재할 수 있다.

그렇게 받은 수출신고필증과 선적의뢰서(Shipping Request, S/R)를 선박회사(실제적으로는 포워딩업체)에 보내야 한다. 선박회사와의 조건은 수출자가 수입자와 계약을 체결하기 전에 이미 결정돼 있었고 지금은 정확한 선명과 선적일정 등을 결정해야 한다. 선명은 선박회사와 결정하고 작업일정은 국내 제조업체와 결정한 후 그 내용을 기재해 선적의뢰서를 작성하면 된다. 국내 제조업체의 공장에서 컨테이너 작업이 완료

되면 그 컨테이너를 항구에 있는 컨테이너 야적장(CY)으로 옮기게 되는데, 이때 수출신고필증이 없으면 그 컨테이너는 컨테이너 야적장에 들어가지 못한다. 컨테이너 야적장은 수출이 허가된 물품만 반입이 가능하기 때문이다.

따라서 컨테이너가 컨테이너 야적장으로 옮겨지기 전에 수출신고필증을 발급받는 것은 매우 중요한 일정이니 시간을 잘 지켜서 늦지 않게 업무를 수행해야 한다. 그렇게 컨테이너 야적장에 반입된 컨테이너가 최종적으로 정해진 선박에 선적되면 선사에서는 선하증권(B/L)을 발행해 수출자에게 전달한다. 물론 수출자는 해상운임을 선박회사에 지급해야 선박회사로부터 선하증권을 받을 수 있다.

⑪ 제품에 따라 다르지만 꼭 체크해야 할 사항이 있는데, 바로 선적 전 검사다. 내가 수출하고자 하는 제품이 선적 전 검사대상인지 아닌지는 이미 수출계약 이전에 확인했을 것이다. 선적 전 검사대상이 아니라면 이 과정은 생략해도 된다. 하지만 선적 전 검사대상이라면 그 어느 과정보다 이 과정이 중요하다. 만약 선적 전 검사 결과가 계약과 다르다면 그 제품은 선적하면 안 된다. 그 제품이 목적지에 도착한다 하더라도 수입자가 그 제품을 사용할 수 없기 때문이다.

저자의 주요 수출품목인 화학제품은 모든 제품이 선적 전 검사대상이다. 국내 제조업체의 공장에서 컨테이너 작업을 마치면 항상 최우선적으로 검사결과표를 보고 제품이 계약 내용과 일치하는지 확인한다. 물론 국내 제조업체도 그 사실을 잘 알고 있기 때문에 자신들도 선적

전에 품질검사를 하고, 품질이 계약과 일치하지 않으면 컨테이너 작업을 하지 않는다. 그래서 지금까지 한 번도 이 과정에서 문제가 생기지 않았다. 하지만 그것은 저자가 상대하는 국내 제조업체가 모두 대기업이어서 그렇지, 만약 소기업이라면 등한시할 수도 있는 과정이니 수출자가 반드시 꼼꼼하게 살펴야 한다.

⑫ ⑬ 제품이 국내 제조업체의 공장에서 컨테이너 작업을 마친 후에 정해진 국내 운송수단을 이용해 약속된 출발 항구로 이동해 약속된 선박에 선적되면 그 제품은 이제 수입자가 지정한 목적지를 향해 출발한다. 수출자는 이 모든 과정을 거쳐서 받은 선적서류들(상업송장, 포장명세서, 선하증권 등)을 모아서 수입자에게 송부하며 이로써 수출자는 역할을 다한 것이다. 선적서류를 전달받은 수입자는 자신이 해야 할 절차를 진행해야 하는데, 그것은 4장에 설명한 수입절차다.

4장에서 설명한 수입절차와 방금 설명한 수출절차를 잘 비교해 보라. 수입자는 선적지시서를 수출자에게 보내고 난 후 수출자가 선적서류를 보내주기만 기다리면 된다. 그리고 받은 선적서류를 가지고 해야 할 일은 그리 어렵지 않다. 하지만 수출자가 수입자로부터 선적지시서를 받은 이후에 해야 할 일들을 보라. 수입자의 업무에 비하면 난이도가 두 배 이상이다.

그래서 대부분 처음 무역사업을 시작하는 사람들은 수입을 먼저 시작하고, 나 역시 그것을 권하는 것이다. 무역업을 처음 하는 사람이 수출자로서 각종 서류를 만들고 복잡한 절차를 수행하다 보면 놓치는 부분이 있을 수밖에 없고, 이것이 사고로 이어진다. 노하우와 경험이 필요하다.

수입사업을 어느 정도 해보면 자연스럽게 수출자가 보내온 서류를 취급해 절차를 진행하게 되고, 그러면 자연스럽게 서류의 내용을 배우게 될 것이다. 그래서 나도 무역업을 처음 하는 사람은 특별한 이유가 없는 한 수입사업을 먼저 시작하기를 권한다. "10년간 수입만 하다가 이번에 처음으로 수출을 하게 됐는데 수출 서류를 어떻게 만들어야 하는지요?"라고 묻는 사람은 10년간 수입을 하면서 수출자로부터 받은 서류에 관심을 가지지 않았거나, 공부를 하지 않았거나, 아니면 직원에게 맡기고 본인은 서류에 손을 대지 않은 경우일 것이다.

개인적인 사정 때문에 반드시 수출사업을 해야 하는 사람도 있을 것이다. 그런 사람들은 경력사원을 채용해야 하는데, 하고자 하는 사업이 경력사원의 급여 등(직원을 채용하면 급여만 필요한 게 아니라는 점은 독자 여러분도 잘 알고 있을 것이다)을 부담하고도 남는 것이 있을 만큼 수익이 높은 사업이라면 다행이지만, 그렇지 않다면 본인이 공부하고 노력해야 한다. 무역협회 교육이나 공공기관 교육 또는 사설기관 교육을 통해 본인의 실력을 향상시키는 것 말고는 달리 해결책이 없다.

플로차트 vs 마인드맵

우리는 어릴 때부터 단계별 교육 또는 절차적 교육을 많이 받아왔다. 그런 교육방식은 학문에 따라 꼭 필요한 경우도 있다. 구구단을 먼저 배운 후에 수학을 배우고, 알파벳을 먼저 배운 후에 영어를 배우는 것처럼 말이다. 그러다 보니 우리는 거의 모든 활동에서 단계 또는 절차적인 생각을 많이 한다. 무역사업을 시작할 때도 예외는 아니어서 많은 무역실무 교재들이 무역절차를 순서적으로 설명하곤 한다.

수출 절차를 예로 들면, 계약체결 → 신용장 접수 → 물품준비 → 운송준비 → 수출신고 → 내륙운송 → 수출통관 → 물품선적 → 사후관리. 이런 식이다. 이 절차는 맞다. 수출은 이 순서대로 이뤄진다.

이러한 절차를 어떤 사람은 가로로 나열해 아래와 같이 설명한다.

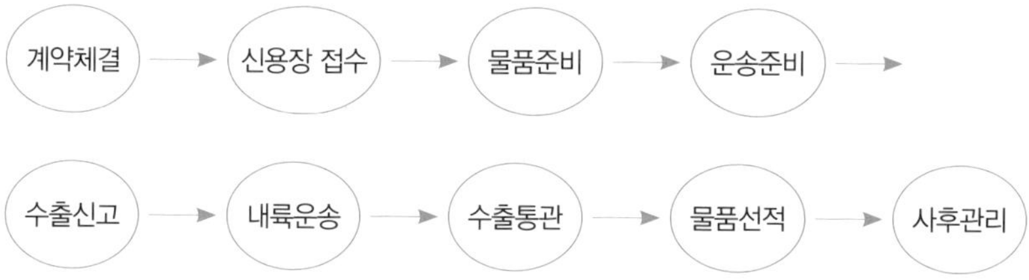

또 어떤 사람은 아래와 같이 세로로 나열하고 관련 서류를 첨가해 설

명하기도 한다.

- 계약체결 → 견적송장(Proforma Invoice, P/I)
- 신용장 접수 → 해외신용장(Master L/C, Letter of Credit)
- 물품준비 → 내국신용장(Local L/C)
- 운송준비 → 선적의뢰서(Shipping Request, S/R)
- 수출신고 → 상업송장(Commercia Invoice, C/I), 포장명세서(Packing List, P/L)
- 내륙운송 → 운송지서서(Delivery Order, D/O)
- 수출통관 → 수출신고필증(Export License, E/L)
- 물품선적 → 선하증권(Bill of Lading, B/L)
- 사후관리 → 물품대금 수령, 추가 오더 등

가로로 나열하든 세로로 나열하든 이것은 플로차트(flow chart, 절차도)라고 부른다. 어떤 문제를 해결할 때 생각을 정리하는 방법 중의 하나인 로직 트리(logic tree)와 비슷한 형태로서 순서대로 일을 처리하는 것에 익숙한 사람들이 주로 사용하는 방법이다.

문제는 이것을 읽는 사람들이 이것을 절차적으로 이해한다는 것이다. 계약체결 단계에서는 신용장 접수만 준비하면 되고, 물품준비 단계에서는 운송준비만 하면 된다는 식이다. 그러다 보니 나중에 물품선적 단계에서 문제가 생기면 해결책이 없어서 사고로 이어지는 것이다.

분명 순서는 맞다. 하지만 무역은 이런 식으로 순서적으로 생각하면 안 된다. 일은 순서대로 해야 하지만 생각은 순서대로 하면 안 된다. 이러한 선형적인 순서도에 따라 일을 생각하면 첫 번째 단계에서 생각지 못했던 문제점이 중간 또는 마지막 단계에 나타나서 문제가 되곤 한다. 무역클레임이 발생한 사례를 분석해 보면 이런 이유 때문에 발생한 경우가 많다.

내가 수출의 절차도를 그린다면 아래와 같이 그릴 것이다.

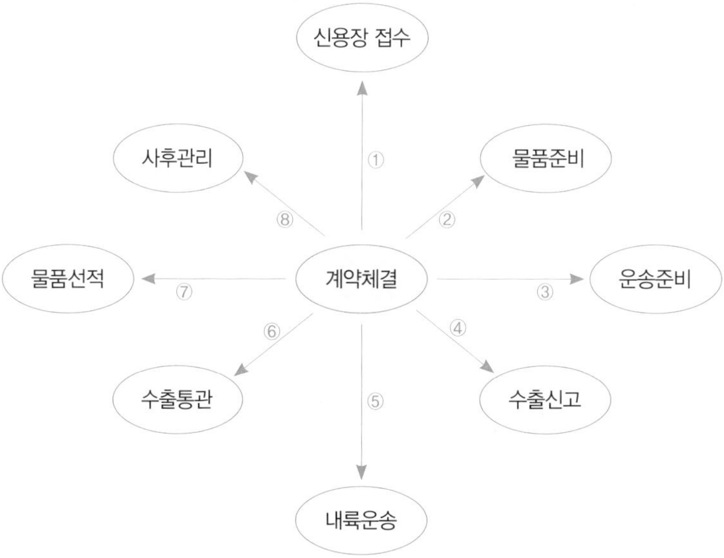

수출절차 마인드맵

계약 체결 후의 업무는 ①부터 ⑧의 순서대로 하는 것이 맞다. 하지만 처음에 계약을 체결할 때부터 마지막 ⑧까지의 모든 절차를 준비해야 한다. 마지막 ⑧단계의 업무를 제대로 처리할 수 없으면 계약을 하지 말아야 한다. 무역업을 제대로 영위하고 있는 사람은 내 말을 잘 이해할 것이다.

하지만 무역업을 처음 시작하는 사람들은 무역업무를 해본 경험이 없기 때문에 일반적인 순서만 믿고 ①단계의 업무만 실행할 수 있으면 계약을 체결해 버리는 실수를 범한다. 그렇게 한 단계 한 단계 일을 수습하듯이 진행해 나가다가 ⑤단계 또는 ⑥단계에 도달해 본인이 처리할 수 없는 일이 발생하면 사고가 생기는 것이다. 따라서 업무 진행은 ①부터 ⑧까지 순서대로 진행하되, 업무 준비는 위 그림처럼 순서를 정하지 않고 한꺼번에 동시에 준비하는 방사형으로 해야 한다.

방사형으로 생각하는 것을 마인드맵(mind map)이라고 한다. 무역을 새로 배우다 보면 외워야할 것이 너무 많다. 그것을 일직선적으로 단순히 외우려고 하면 잘 안 외워진다. 어렵게 외웠다 하더라도 금방 잊어버린다. 내가 얘기한 방사형 생각을 한번 해보기 바란다. 머릿속으로 마인드맵을 한번 그려보기 바란다. 무역은 관계당사자가 많고 그 관계가 복잡하게 얽힌 종합예술과 비슷하다. 그것은 단순히 일직선적인 절차도로 이해하고 외우면 외우기도 어렵고 오래 기억하기도 어렵다. 학생이라면 한 문제 틀리면 그만이겠지만 사업하는 사람은 그것이 사고로 이어진다는 것을 꼭 명심하기 바란다.

수입 · 수출절차 종합

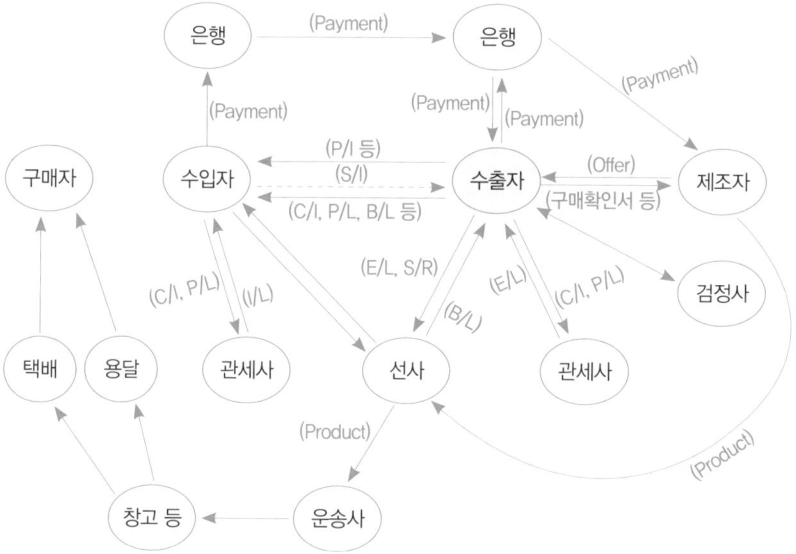

수입 · 수출절차 종합

이 그림은 4장의 수입절차와 5장의 수출절차를 합쳐놓은 것이다. 수입자는 수출자가 일을 어떻게 처리하는지 알 필요가 있고, 수출자는 수입자가 하는 일을 알 필요가 있다는 생각에 내가 만든 그림이다. 물론 4장의 수입절차와 5장의 수출절차 역시 내가 만든 그림이다.

4장의 수입절차는 수입자가 수출자에게 선적지시서(S/I)를 보내고 일정기간이 지난 후에 선적서류(C/I, P/L, B/L 등)를 받으면 수입자의 본격적인 업무가 시작됐다. 5장의 수출절차는 수출자가 수입자로부터 선적지시서를 받은 후에 본격적인 업무가 시작됐다가 선적 후 선적서류를 수입자에게 보냄으로써 업무가 마무리됐다.

수입자는 자신이 수출자에게 선적지시서를 보낸 후에 수출자가 어떤 업무를 어떤 과정을 거쳐서 하는지 알게 되면 나중에 본인이 수출사업을 할 때도 그 과정을 차질 없이 수행할 수 있다. 따라서 수입사업을 제대로 한다면 어느 정도 기간이 지나면 수출 실무지식도 자연스럽게 습득하게 된다. 수출자도 마찬가지로 수입자가 자신이 보낸 선적서류 등을 가지고 어떤 식으로 업무를 하는지 알게 되면 나중에 여력이 생기면 수입으로까지 사업을 확대할 수 있다.

이 그림을 보면서 4장에서 배운 수입절차와 5장에서 배운 수출절차에 대한 기억을 더듬어보기 바란다. 기억이 잘 나고 앞의 그림이 이해가 잘 된다면 어느 정도 무역실무 지식이 쌓인 것이고 그렇지 않다면 공부를 조금 더 하기 바란다.

6장

무역 시작하기

학생은 높은 점수를 얻기 위해 공부한다. 하지만 사업가는 학생이 아니다. 사업가는 돈을 벌기 위해 공부해야 한다. 아무리 훌륭한 이론이라도 돈을 버는 데 도움이 되지 않는다면 사업가를 위한 이론이 아니다. 나는 그런 마음으로 5장까지 글을 썼고 6장 이후도 그런 마음으로 계속 글을 쓸 것이다. 5장까지의 내용들은 대부분 내 경험을 바탕으로 쓴 글이며 6장 이후부터도 마찬가지다.

이런 글에는 단점과 장점이 있다. 글의 내용이 일반 이론서적처럼 광범위하게 많은 부분을 커버하지 못하는 것이 단점이다. 하지만 실제 경험과 사례를 중심으로 쓴 글이어서 현장감이 있고 독자가 쉽게 따라할 수 있다는 것이 장점이다. 내가 글을 쓰는 목적은 광범위하게 많은 것을 가르치고자 하는 것이 아니다. 독자 여러분이 따라할 수 있는 것들을 내 경험을 바탕으로 씀으로써 독자 여러분이 돈을 벌 수 있도록 도와주고자 하는 것이다. 6장부터의 내용은 범위가 좁고 제한적이라는 점을 이해하면서 읽어주기 바란다.

품목결정 방법

사람의 몸이 100이라고 하면 눈은 90이라고 한다. 나는 사업 전체를 100이라고 하면 품목은 90이라고 할 수 있을 정도로 품목은 사업에서 핵심이라고 생각한다. 일반적으로 소비자들은 가격에 매우 민감해 품질이 비슷한 제품이라면, 조금이라도 저렴한 제품을 구매하려고 노력한다. 더욱이 인터넷의 발달로 정보 획득이 용이해 이제는 조금이라도 가격이 저렴해야 제품이 인기가 있고 판매가 잘 된다. 이런 추세에 대응하기 위해 판매자들도 소비자가격을 낮추기 위해 노력해야 살아남을 수 있다.

수입제품에서 '소비자가격 = 수입원가 + 유통마진 + 판매자 수익'이다. 인터넷 쇼핑몰에서 같은 제품인데도 소비자가격이 다른 이유는 무엇일까? 분명 수입원가가 다르고 유통마진이 다르고 판매자가 생각하는 수익이 다르기 때문일 것이다. 따라서 우리는 판매자가 소비자가격을 낮추기 위해서는 수입원가와 유통마진을 낮추고 적당한 수익을 취해야 한다는 아주 단순한 원리에 도달하게 된다.

하지만 정보가 공개되고 경쟁이 치열한 사회에서 판매자가 수익을 그리 높게 책정할 수 없으므로 결국 소비자가격에 영향을 미치는 주요인은 수입원가와 유통마진, 두 가지일 것이다. 그럼 어떻게 하면 수입원가와 유통마진을 낮출 수 있을까?

"직거래가 답이다"

해외 제조업체에서 제품을 직접 수입해 국내 소비자에게 직접 판매할 수 있다면 아주 기본적인 유통마진만 지불하면서 거래를 할 수 있을 것이다. 나는 오랜 기간 동안 화학원료를 국내 제조업체에서 직접 구매해 해외 거래처에 직접 수출해왔다. 화학원료는 유통구조가 그리 복잡하지 않다는 제품의 특성도 있기는 하지만, 어쨌든 오랜 기간 쌓아온 나의 무역 노하우를 일반 제품의 수입에도 충분히 적용 가능할 것으로 생각하고 그 가능성을 검토하기 시작했다.

품목결정

사업을 하는 데 제일 중요한 것은 품목결정이다. 나는 대기업 종합상사에서 7년간 직장생활을 하면서 많은 동료와 선후배를 봐왔다. 어떤 이는 실적이 좋아서 승승장구하고 어떤 이는 실적이 나빠서 항상 상사에게 지적을 받는 게 다반사였다.

그런데 대학을 졸업하면 실력이나 능력이 서로 비슷할 텐데 왜 사람마다 차이가 날까? 회사 내 인사평가 담당자는 '실력 차이'라고 말할지 모르지만, 영업 현장에서 같이 근무하는 사람이 봤을 때는 '담당 품목에 따른 차이'라고 보는 게 더 정확한 경우가 많다.

입사해 부서를 배치 받고 담당 품목을 맡는 것은 본인의 선택사항이 아니다. 그런데 품목에 따라서 그저 술 잘 마시고 노래 잘 부르면 실적이 나오는 품목이 있는 반면, 열심히 외근을 다니고 매일 야근을 해도 실적이 잘 안 나오는 품목이 있다. 따라서 직장에서는 어떤 품목을 담당하느냐에 따라 직장생활의 희비가 결정된다고 해도 과언이 아니다.

직장을 그만두고 자기 사업을 시작해서는 이런 경향이 더 심하다. 직장생활에서는 실적이 좀 안 좋더라도 인센티브의 혜택을 좀 적게 받을 뿐 급여는 그대로 지급되지만, 자기 사업을 하는 사람은 실적이 안 좋으면 그것이 소득에 직접적인 영향을 미쳐서 결국 생활이 힘들어질 수도 있다. 그래서 자기 사업을 할 때 품목 선택은 매우 중요한데, 품목을 결정할 때는 반드시 명심해야 할 것이 있다.

"내가 하고 싶은 일을 하는 것이 아니라 내가 할 수 있는 일을 하는 것이다"

'거름지고 장에 간다'라는 속담처럼 '누가 어떤 사업을 해서 돈을 많이 벌었다더라.'라는 말을 듣고 그 사업에 손을 대서는 안 된다. 다른 사람이 그 사업에서 돈을 많이 번 것은 그 사람 나름대로의 이유가 있는 것이고, 그 이유가 내게 그대로 적용되는 경우는 극히 드물기 때문이다. 따라서 나는 내가 잘할 수 있는 사업을 선택해야 한다.

그럼 내가 잘할 수 있는 사업은 어떻게 알 수 있을까? 나는 SWOT 분석기법을 종종 활용한다. SWOT 분석기법은 이미 세계적으로 가치를 인정받은 유명한 분석기법이다. 맥킨지 컨설팅 그룹이나 보스턴 컨설팅 그룹 같은 곳에서 기업을 분석할 때도 자주 활용하는 분석기법이니 자신에게 한번 적용해서 스스로를 분석해 봐도 괜찮을 것이다.

다음 그림은 내가 수입사업을 시작하기 전에 나 자신을 분석한 SWOT 분석 내용이다.

SWOT분석

Strength	Weakness
· 종합상사 출신으로 무역실무 지식이 풍부하다. · 2001년에 중국산 욕실용품을 수입대행했던 경험이 있다. · 2001년에 나와 같이 수입대행 업무를 했던 중국 친구가 지금도 현지에서 사업을 하고 있다. · 중국에 다녀본 경험이 많다. · 주변에 조언을 구할 사람이 많다.	· 자금력이 부족해 재고 보유 사업을 하기 어렵다. · 회사 규모가 작아서 전담 직원이 없다. · 수입업무에서 오랫동안 손을 놓아서 현장감각이 무뎌졌다. · 일반 상품을 직접 취급해본 경험이 많지 않다. · 인터넷 판매 경험이 부족하다.
Opportunity	**Threat**
· 인터넷이 많이 발달해 정보 수집 · 비교 등이 용이하다. · 인터넷 판매가 활성화돼서 초보자도 쉽게 판매를 시작할 수 있다. · 무역전시회 등 행사를 통해 해외 제조업체와 직접 만날 기회를 쉽게 가질 수 있다. · 스마트폰의 기능이 다양하다.	· 높은 실업률로 젊은 사업가들이 인터넷 판매를 많이 하고 있다. · 소량판매의 경우에는 배송비가 높게 책정된다. · 저가 상품은 치열한 경쟁으로 마진율이 낮다. · 자체 홈페이지 없이 인터넷 쇼핑몰을 통해서만 판매를 하는 데는 한계가 있다.

Solution

· 품목 선택을 신중하게 해야 한다.
· 많은 재고를 보유하지 않아도 되는 품목을 연구하자.
· 악성 재고가 발생하지 않는 품목을 연구하자.
· 기존 업무에 지장을 주지 않고 여유 시간에 할 수 있는 사업을 연구하자.
· 규모가 작고 마진율이 낮더라도 리스크가 작은 사업을 연구하자.
· 주변에 이미 그런 사업을 하고 있는 사람들에게 조언을 구하자.
· 현재의 자금 상황과 미래의 자금 계획을 꼼꼼하게 작성하자.
· 2013년 11월에 중국 광저우에서 개최하는 추계 캔톤페어를 관람하자.
· 작은 규모로 시작하자.
· SNS 마케팅을 공부하자.
· 인터넷 쇼핑몰 운영 방식을 공부하자.

SWOT 분석(1)

이러한 분석 결과에 따라 나는 아래와 같은 품목결정 기준을 정했다.

① 품목결정 기준 1: 악성 재고 부담이 있는 품목은 피하자

사업에서 재고의 위험은 모든 사업가가 동의하는 부분일 것이다. 어쩌면 판매보다 더 중요한 게 재고관리일지도 모른다. 우리 주변에 보이는 품목을 보면서 재고가 있으면 어떤 위험을 안게 되는지 한번 짚어보자.

- 식음료: 식음료는 유통기한이 지나면 버려야 한다.
- 신발: 신발은 다양한 사이즈를 보유해야 하는데, 비인기 사이즈는 오래도록 안 팔린다.
- 의류: 의류는 대부분 유행에 민감한데, 유행이 지나면 그 계절이 다시 돌아와도 안 팔린다.

위와 같은 위험이 있는 제품을 취급할 때는 재고 위험까지 원가에 반영해 소비자가격을 결정하고 판매해야 한다. 하지만 인터넷 판매를 처음 시작할 때 나는 그런 판매전략을 구사할 능력이 없으므로 처음에는 재고 위험이 있는 제품은 취급하지 않기로 하고, 나중에 경험이 쌓이고 능력이 향상되면 취급하고 싶은 품목으로 보류했다.

② 품목결정 기준 2: 지나친 저가나 고가의 품목은 피하자

나는 중국산 제품을 취급하고자 한다. 우리나라에서는 중국산 제품이라고 하면, 일단 나쁜 품질과 낮은 가격을 생각한다. 그래서 품질이 낮은 중국산 제품을 샀다가 금방 고장이 나거나 부서지면 "중국산 제품이 다 그렇지, 뭐." 하면서 쉽게 버린다. 대신 가격이 저렴해야 한다. 내가 중국산 욕실용품 수입대행사업을 했던 2001년에도 그랬고 지금도 그런 인식이 남아 있는 듯하다.

하지만 이제는 중국산 제품에 대한 인식이 많이 바뀐 것 같다. 하이얼 같은 전자제품은 그리 낮지 않은 가격대에서 그리 나쁘지 않은 품질로 국내시장을 잠식하고 있으며, 겨울에 사용하는 선풍기형 히터 같은 제품은 국산은 거의 없고, 중국산도 수년간 사용할 수 있을 정도로 품질이 괜찮다.

내가 2001년에 중국산 욕실용품 수입대행사업을 할 때 중국에 20차례 이상 출장을 갔었는데, 중국산 제품 중에서도 세계 일류 제품들과 어깨를 나란히 할 수 있는 품질의 제품이 많이 있었다. 하지만 그것들은 가격이 높아서 국내로는 수입이 잘 되지 않고 주로 유럽으로 수출되는 제품들이었다. 국내에서는 중국산은 비싸면 잘 안 팔리기 때문에 수입업체에서 감히 수입하지 못했고, 나와 같이 일했던 업체 역시 그랬다. 하지만 십수 년이 지난 지금 다시 중국산 제품에 대해서 알아보니, 이제는 국내 소비자들의 중국산 제품에 대한 이미지가 많이 변했음을 알 수 있었다.

이제 우리나라는 중국산 제품이 없으면 생활이 어려울 정도로 중국산 제품들이 생활 깊숙이 스며들었다. 국내 소비자들도 중국산 제품 중에서 품질이 좋은 것을 찾고, 그런 분위기 속에서 수입업체들이 품질이 좋은 중국산 제품을 많이 수입해온 결과일 걸로 생각한다. 십수 년 전과는 달리 이제는 수입대행이 아닌 내가 직접 수입사업을 하고자 하는 지금, 나는 이러한 분위기에 편승해 너무 저가인 소모성 제품은 취급하지 않기로 했다. 그렇다고 고가의 고급제품을 취급하기에는 자금력이 부족하니 중저가의 제품을 취급하기로 마음먹었는데, 판매가격이 5만 원에서 10만 원 사이 정도면 적당할 거라고 생각했다.

③ 품목결정 기준 3: 파손 우려가 있는 제품은 피하자

수입은 해외 제조업체에서 국내 지정장소까지 오랜 시간 동안 운송된다. 국내에서 단거리 택배 운송을 하는 경우에도 제품이 파손되는 경우가 종종 발생하는데, 하물며 장거리 수입 운송의 경우 파손 가능성은 더욱 클 수밖에 없을 것이다.

그렇다고 인천항에 제품이 도착한 후에 제품이 파손됐다고 중국 제조업체나 해상운송업체에 손해배상을 청구할 수 있을까? 물론 법적으로는 가능하다. 하지만 해결하는 데는 시간이 아주 오래 걸리므로 매우 고가의 제품이 아니면 대부분 손해배상을 청구하지 않는다.

물론 중국 제조업체와 거래관계가 오래됐거나 상호 관계가 좋다면 다음 거래에서 단가를 조정하는 등의 상업적인 방법으로 손실을 보전받는 경우도 있기는 하다. 하지만 나는 아직 중국 제조업체와 그렇게 할 수 있는 처지가 못 된다. 만약 파손되는 부분이 있다면 그 부분을 그대로 감수해야 할 것이다. 따라서 나는 파손 우려가 있는 제품을 수입한다면 힘들어질 것이다.

위와 같은 세 가지 품목결정 기준을 가지고 내가 최종적으로 결정한 제품은 캠핑용품과 피트니스 용품이었다. 이제 우리나라도 캠핑 인구가 많이 늘어나고 있다. 나도 마찬가지지만, 휴가철에 가족 단위로 휴가 계획을 짜다 보면 제일 힘든 부분이 숙박이다. 숙박시설 예약도 힘들 뿐만 아니라 힘들게 예약을 한다 하더라도 하루 숙박비가 20만 원 이상이다. 실제로 우리는 숙박시설을 오래 이용하지 않는다. 저녁 늦게까지 외식하고 늦은 시각에 숙소에 들어와서 잠시 맥주 한 잔 정도 하고 잠만 자는데 20만 원 이상을 내려니 속이 쓰리다. 하지만 어쩔 수가 없지 않은가? 길에서 잘 수는 없는 노릇이니 말이다.

그래서 최근 몇 년 사이에 오토캠핑장이 저렴한 비용으로 인기를 끌고 있고, 점차 그 숫자가 늘어나는 추세다. 차만 있으면 조그만 공간을 하루에 5만 원 이하에 빌려서 텐트 치고 자면 된다. 오토캠핑장이 늘어나면서 이제 캠핑족들도 늘어나고 있다. 가족과 함께 보내는 시간이 부족한 아빠들은 텐트치고 아이들과 같이 자면서 한동안 나누지 못했던 가족애도 나눌 수 있으니 나 스스로도 적극 추천하는 휴가 방법이다. 그래서 향후 캠핑이 지속적으로 발전할 것으로 예측했고, 나는 캠핑용품을 수입하기로 결정했다. 캠핑용품은 유행성도 적고, 오랫동안 재고로 보유하더라도 품질이 변하지도 않을 뿐만 아니라 장거리 운송 시의 파손 가능성도 낮다.

건강은 모든 이의 관심사지만 생활이 바빠서 건강을 챙기기가 힘든 것이 사회적인 분위기다. 하지만 최근 십수 년 사이에 문화가 많이 바뀌었다. 웰빙이나 힐링이 삶의 큰 부분으로 부각되면서 건강에 대한 관심이 지속적으로 높아지고 있다. 하지만 문제는 장소와 시간이다. 시간적인 여유가 있다면 피트니스 클럽에 등록해 이른 아침이나 늦은 저녁에 피트니스 클럽에서 운동하면 되겠지만 그렇게 하는 것이 힘든 사람이 많다.

그래서 이런 사람들은 집에 피트니스 기구를 구비해 두고 자신이 편한 시간에 집에서 운동하면서 건강을 관리한다. 건강에 대한 관심과 더불어 피트니스 용품에 대한 수요도 지속적으로 유지될 것이라고 예측했고, 그래서 나는 캠핑용품과 더불어 피트니스 용품을 수입하기로 결정했다. 피트니스 용품 역시 캠핑용품처럼 유행성이 적고 오랫동안 보유한다고 하더라도 품질이 변하지 않을 뿐만 아니라 장거리 운송을 해도 파손될 가능성이 낮다.

인터넷 판매가능성 분석

품목을 결정했으니 이제 '내가 이 제품을 인터넷으로 직접 판매할 수 있을까?' 하는 것을 알아봐야 한다. 그래서 나는 먼저 국내 소비자에 대한 직접판매 가능성 분석부터 시작했다.

내가 가지고 있는 사업의 기본 이념은 '바이어가 왕이다'라는 것이다. 일반적으로 파는 것이 어렵지 사는 것은 쉽다. 내가 뭔가를 사는 바이어의 입장이 돼서 판매자와 상담하는 것은 쉽다. 물론 제조업체가 하나뿐인 독점제조 제품이라면 그렇지 않겠지만 우리 같은 소규모 사업가들이 앞으로 취급하고자 하는 제품에는 그런 독점제조 제품은 없을 것이다. 우리 같은 소규모 사업가들에게는 그런 귀한 제품을 취급할 수 있는 기회는 거의 오지 않을 것이기 때문이다.

일단 직접판매가 가능하다는 결론에 도달하면 품목을 선정해 구매하는 것은 그리 어려운 과정이 아니니 먼저 판매가능성을 체크한 후 출발하면 나중에 실패할 확률도 낮출 수 있다. 일반적으로 큰 문제는 판매과정에서 주로 발생한다. 구매과정에서도 문제가 발생하기는 하지만 구매과정에서 발생하는 문제는 대부분 큰 문제가 아니며, 내가 결정권을 가진 바이어이므로 내 능력으로 해결 가능한 경우가 많다.

먼저 인터넷 카페 회원들에게 자문을 구했다. 내가 국내 소비자에게 직접 판매할 수 있는 방법은 인터넷 판매뿐이다. 매장을 열면 좋겠지만 그 비용을 감당하기에는 아직 능력이 부족하고 부담도 크니 어쨌든 비용을 최소화하면서 판매를 해야 하기 때문이다. 그래서 이미 그렇게 사업을 영위하고 있는 사람들이 과연 어떻게 하고 있는지 벤치마킹을 하기로 했다.

나는 인터넷 카페 두 군데의 회원인데 카페 활동을 열심히 해서 몇몇 회원들과는 개인적인 친분이 있었다. 그래서 내가 하고자 하는 형태의 사업이 가능성 있는지를 정기모임 때 물어보기도 했고, 이미 그런 형태의 사업을 안정적으로 운영하고 있는 회원 몇 명을 개인적으로 만나 조언을 구하기도 했다. 어떤 사업이든 내가 할 수 없는 사업은 없겠지만 그래도 시행착오를 최소화하고자 노력하는 과정이었다.

인터넷 카페 회원들은 "이미 많은 사람들이 하고 있는 일이니 못할 이유가 없어요.", "나중에 좀 더 크게 하려면 쿠팡이나 위메프 같은 곳과 접촉하는 것도 고려해 보세요." 등의 조언을 아끼지 않았다.

둘째, 인터넷 쇼핑몰을 꼼꼼히 조사했다. 시장조사를 위해서는 당연히 해야 할 일이라 생각했다. 인터넷 카페 회원들 역시 이구동성으로 "기존의 쇼핑몰을 먼저 꼼꼼히 살펴보세요."라고 했다. 내가 다룰 품목에 대해서 기초 지식은 있었기 때문에 해당 품목에 대한 것을 중심으로 기존에 내가 주로 사용하던 인터넷 쇼핑몰을 먼저 뒤져보았다.

나는 평소 인터넷 쇼핑몰에서 제품을 구매할 때 판매가격뿐만 아니라 이벤트나 할인 등 추가 조건들을 모두 고려해 제품을 구매한다. 구매가격이 조금 높은 금액의 제품은 어느 쇼핑몰의 무이자할부 기간이 더 긴지, 내가 이용하는 통신사의 멤버십은 어느 쇼핑몰에서 사용 가능한지 등의 사항이 판매가격에 영향을 미치는 요소들이었다.

하지만 이제는 내가 판매자가 돼야 하니 지금까지 소비자의 입장에서 봐왔던 사항들을 판매자의 입장에서 거꾸로 볼 필요가 있었다. 과연 무이자할부 이자는 누가 부담하는 것인지, 통신사 멤버십 포인트 할인은 전적으로 통신사에서 부담하는 것인지, 신용카드 결제 시 쇼핑몰에 납부해야 하는 수수료는 얼마인지 등, 그동안 소비자로서 신경 쓸 필요가 없던 사항이 판매자의 입장이 되니 중요한 요소로 다가왔다.

며칠 간의 검토 끝에 이 모든 요소가 그리 중요한 사항이 아니라는 결론에 도달했다. 물론 그 모든 요소들은 가격과 연계돼 있으니 중요사항인 것은 틀림없다. 하지만 그것은 사업을 하고 난 다음에 수익률에 영향을 미치는 것들이지, 사업을 할 것인지 말 것인지를 고민하는 단계에서 사업의 성패를 결정할 만큼 중요한 사항은 아니었던 것이다.

그래서 나는 일단 한번 저질러 보기로 마음먹고 다음 단계를 진행하기로 했다. 나는 내 나름대로 최선을 다해서 조사했다고 생각한다. 하지만 기존의 수출업무를 하면서 추가적으로 하는 일이라 전력을 기울일 수 없었고, 그래서 그 결과가 그리 만족스럽지는 않았다. 독자 여러분은 수입사업을 본업으로 생각하고 본격적으로 매진할 테니 그 결과가 나와는 많이 다를 것이다. 아니, 많이 달라야 한다.

직수입 가능성 분석

본 사업의 성패는 바로 직수입 가능성에 달려 있다고 해도 과언이 아니다. 국내판매는 인터넷으로 팔든 발품으로 팔든 국내에서 할 수 있는 일이니 어떻게든 해낼 수 있다. 하지만 직수입은 해외에서 제품을 직접 수입해야 하기에, 단순히 열심히 움직인다고 해서 가능한 일이 아니다. 그렇다고 해서 중간에 무역상을 통하는 것은, 어쩔 수 없는 경우를 제외하고는 피하고 싶었다. 나도 무역업을 하고 있지만 무역상을 통해 거래할 때는 두 가지 불편함이 있다.

첫째, 가격이 왜곡된다.
둘째, 제품의 품질과 공급의 안정성이 보장되지 않는다.

대부분은 첫 번째 불편함만 생각하지만 사업을 오래 하다 보면 두 번째 불편함이 첫 번째 불편함을 능가하는 경우도 가끔 생긴다. 처음에 단순히 '한 건 하고 말아야지.'라는 생각으로 사업을 하는 사람은 없을 것이다. 따라서 처음 시작할 때부터 두 번째 불편함까지 고려해서 시작해야 한다. 사업을 빨리 시작하고 싶어서 서둘러 시작했다가 나중에 두 번째 불편함이 발생했을 때 그것을 극복하는 것은 매우 어렵다.

① 중국 친구에게 연락하다

2001년에 욕실용품 수입대행을 할 때 같이 일했던 중국 광저우에 있는 L사장에게 연락을 했다. 사업이 중단된 지는 오래 됐지만 가끔 안부를 전하곤 했기 때문에 개인적인 친분이 있었다. 당시 욕실용품 수입대행 사업은 불미스러운 사건으로 중단됐지만 L사장과 나의 신뢰에는 금이 가지 않았기에 계속 안부를 전하면서 연락을 취해왔고, 만약 L사장이 지금도 광저우에서 비슷한 사업을 하고 있다면 분명 도움을 받을 수 있을 거라고 생각했다. 그러나 그는 내가 하고자 하는 사업을 지금은 안 하고 있었다. 하지만 나의 계획과 부탁을 듣고는 시간을 할애해서 도와주겠다고 했다. 천군만마를 얻은 기분이었다.

사실 내가 처음에 이 사업을 계획할 때는 중국 L사장의 도움을 필수 조건으로 생각하지는 않았다. 나는 어쨌든 이 사업을 하고 싶었고, 처음 해보는 사업이라 실수나 시행착오를 최대한 줄일 목적으로 주변의 여러 사람들로부터 최대한의 도움을 이끌어내는 것이 계획 초기의 목적이었다. 하지만 세상만사가 모두 내 계획대로 움직이지는 않는다는 것을 나는 잘 알고 있었다.

주변의 도움을 받지 못하는 부분이 생긴다면 그것은 나 스스로 헤쳐 나가야 할 부분이 된다. 만약 중국 L사장이 나를 도와줄 여유가 없다고 했다면 나는 스스로 해결책을 찾았을 것이고, 그랬다면 시간도 많이 걸렸을 것이고 진행과정이나 결과 또한 매끄럽지 못했을 것이다. 따라서 실행 초기에 L사장의 도움은 여러 면에서 내게 아주 큰 도움이 됐으니 천군만마나 다름없는 것이었다.

② 국내 포워딩업체와 상담하다

2001년에 욕실용품 수입대행 사업을 할 때 도움 받았던 포워딩업체에도 연락을 했다. 오랫동안 연락을 안 했기에 전화번호도 바뀌었고 사무실도 옮겼지만 다른 분의 도움으로 전화번호를 알아내 연락했더니 흔쾌히 시간을 내줬다. 새로 옮긴 사무실을 방문해 옛 얘기를 나누다보니 긴 공백 기간이 느껴지지 않을 정도로 옛 친분관계를 금방 회복할 수 있었다.

10년이면 강산도 변한다고 하는데, 이 포워딩업체는 업무 영역이 많이 넓어져서 단순 해상운송 업무를 넘어서 통관 등 수입업무 전반에 대한 모든 서비스를 제공하고 있었다. 가히 토털 서비스라 할 만했다. 이제 수입자는 해외 거래처와 계약만 하면 나머지 서비스는 포워딩업체에서 모두 해결할 수 있는 시대가 된 것이었다.

내가 하려는 사업에 대한 개요를 얘기했더니 자신이 도와줄 수 있다고 하면서 걱정하지 말라고 했다. 포워딩업체로부터 받는 도움이라는 것이 그리 어려운 것은 아니다. 합리적인 견적, 그리고 업무 도중의 원활한 커뮤니케이션과 빠른 업무 진행이 주를 이룬다. 하지만 그리 어렵게 느껴지지 않는 이런 서비스 업무를 큰 수익이 나지 않는다는 이유로 가벼이 여기고 등한시하는 업체들이 적지 않은 게 현실이다.

예전 포워딩업체와의 상담을 마치니 큰 숙제를 하나 푼 듯한 기분이 들었다. 이제 중국 친구의 도움도 확인했고 포워딩업체의 도움도 확인했으니 순조롭게 다음 단계로 넘어갈 수 있게 됐다.

최종 품목결정

나는 품목결정을 위해 중국 출장을 다녀왔다. 출장 전후에 교육도 몇 차례 받았다. 통신판매업 신고도 했고 사업자등록증도 정정했다. 그럼 이제는 실행에 옮겨야 한다. 하지만 무작정 실행해서는 안 된다. 돌다리도 두드려 보고 건너라고 했듯이 실행하기 전에 먼저 알아볼 건 알아보고 챙길 건 챙겨야 사고가 생기지 않는다. 우리는 평소 "일이 뜻대로 잘 안 된다."라는 말을 자주 한다. 살다 보면 계획을 최대한 꼼꼼하게 세우고 빈틈없이 준비하고 진행해도 결과가 뜻대로 되지 않는 경우가 종종 생기기 마련이다.

나는 두 가지 목적을 가지고 중국 광저우로 갔다. 첫째, 캔톤페어를 방문해 캠핑용품과 피트니스 용품을 둘러보고 그중에서 내가 할 수 있는 품목을 결정하는 것. 둘째, 광저우 인근 불산에 있는 욕실용품 전시장을 둘러보고 샘플 몇 가지를 구매한 후 서울에 있는 욕실용품 도매업체에 제시해 2001년에 경험한 바 있는 욕실용품 수입대행 사업을 다시 한 번 시도해 보는 것.

욕실용품 수입대행사업은 가능성이 희박하다고 결론을 내리고 일단 접었다. 출장 전에 지인을 통해 서울에 있는 욕실용품 도매업체를 소개받아 두세 차례 만남을 가졌었다. 그 업체에서는 이미 다른 수입업체를 통해 중국산 욕실용품을 구매하고 있었는데, 충분한 자금력이 있는데도 다른 업체에서 수입한 제품을 다시 구매하는 게 못마땅해서 직접 수입을 하고 싶다는 의사가 있어서 나를 소개시켜준 것이었다.

중국 출장을 가기 전에 그 업체를 방문해 그 업체에서 구매하고자 하는 제품 리스트와 필요한 사진을 찍어서 중국 출장 중에 하루 동안 시간을 내서 불산에 있는 욕실용품 전시장을 둘러보기로 한 것이었다. 2001년에 욕실용품 수입대행 사업을 해본 경험이 있었기 때문에 제품이 괜찮고 가격만 맞으면 진행하는 것은 그리 어렵지 않은 일이었다. 하지만 결과는 좋지 않았고, 지금은 장기 보류 상태다.

앞으로도 내가 하게 될 가능성은 별로 없어 보인다. 독자 여러분은 그 원인이 중국산 제품의 품질이나 가격에 있다고 생각할지 모르지만, 품질이나 가격의 문제가 아니라 '해당 업체가 답답하지 않기 때문'인 것이 문제였다. 샘플을 구매해 와서 제시하는 가격이 당장 마음에 드는 경우는 드물다. 그래서 제품의 품질이나 가격이 마음에 안 들 경우 깊은 관심을 나타내면서 집중적으로 협상하면 조율이 가능할 수 있다. 그런데 그 업체는 '지금 하고 있는 사업이 잘되고 있고 별로 어렵지 않은

데 힘들게 그런 일을 왜 하느냐?'라는 분위기였다.

내가 좋은 품질의 제품을 좋은 가격에 제시하면 고민해볼 수 있는 상황인데, 수입대행업자가 외국에 나가서 샘플을 구매해 와서 샘플 가격을 제시했을 때 그 가격이 당장 맞을 리는 없다. 그렇다면 그 업체에서 자신이 원하는 가격을 제시하면서 "이 가격에 맞춰주면 사겠습니다."라는 확실한 구매의사를 표현해야 하는데 애매하게 "제시한 가격이 지금 다른 수입업체를 통해 구매하는 가격과 별 차이가 없는 것 같습니다."라는 말로 얼버무려 버리는 것이었다.

그 업체에서는 현재 하고 있는 사업이 잘 되고 있었고, 따라서 새로운 공급처 발굴이 그리 절실하지 않았다. 우리 같은 소규모 사업자들이 하는 대부분의 사업이 그렇듯, 구매자가 관심을 깊이 갖지 않는 사업을 과감하게 진행하는 데는 위험이 있다. 그러니 이 정도 선에서 욕실용품 수입대행 사업은 접고, 향후 뭔가 특별한 계기가 생기기 전에는 다시 시작하기 어려울 것 같다고 생각을 정리했다.

피트니스 용품은 좀 더 시간을 두고 보기로 했다. 캔톤페어에서 샘플을 몇 종류 사왔지만 주로 작은 크기의 제품들로 가볍게 사용할 수 있는 것들이었다. 그러다보니 중국 제조업체에서 최소 발주 수량(Minimum Order Quantity, MOQ)을 너무 크게 얘기해서 인터넷 판매 사업을 처음 시작하는 나로서는 부담스러웠다. 게다가 귀국 후 인터넷 쇼핑몰을 검색해 기존에 판매되고 있는 유사 제품들과 비교해보니 수많은 유사 제품들이 이미 판매되고 있었고 가격경쟁이 치열하다는 것을 알 수 있었다. 피트니스 용품은 박리다매 전략이 아니면 판매가 어려울 것 같다는 생각이 들었다.

그런데 박리다매 전략은 아무나 할 수 있는 것이 아니다. 이미 인터넷 판매를 왕성하게 하고 있어서 거기에 한 품목을 추가해서 판매하는 것이 어렵지 않은 업체에서는 박리다매 전략을 구사할 수 있겠지만, 나처럼 이제 갓 인터넷 판매 사업을 시작하는 사람은 쇼핑몰이 아직 알려지지도 않았는데 단기간에 판매량이 늘어나는 것은 기대하지 말아야 한다. 그래서 피트니스 용품은 내가 캠핑용품을 판매하면서 인터넷 판매 사업에 어느 정도 내공이 쌓인 후에 취급하기로 했다.

내가 사온 샘플은 욕실용품, 피트니스 용품 그리고 해먹이었다. 그런데 최종적으로 결정한 품목은 해먹과 샘플을 구매하지도 못한 이동식 양변기가 됐다. 사람이 하는 일이란 게 참으로 신기한 경우가 많아서, 관심을 가지고 신경을 많이 기울였던 방향으로는 길이 막히고 크게 관심을 두지 않았던 방향으로는 뜻밖에 길이 열리기도 하는 것 같다. 관심을 많이 기울였던 욕실용품은 결국 정리를 하게 됐고 샘플을 구매하고 가격표까지 가져온 피트니스 용품은 보류하게 됐다. 그리고 중국 출장 마지막 날 우연히 샘플을 구매한 해먹과 제품 구경만 하고 샘플은 구매하지도 못한 이동식 양변기로 사업을 하게 됐다.

체크리스트 작성

모든 일에는 순서가 있고 그 순서는 여러 단계로 구성돼 있다. 뭔가 사업을 하려고 하면 그 단계별로 체크리스트를 작성해 위험 요소는 어떤 것이 있으며 챙겨야 할 것은 어떤 것이 있는지 사전에 꼼꼼하게 점검해볼 필요가 있다. 지식과 경험이 풍부하고 사업을 깊이 알면 알수록 체크리스트는 꼼꼼할 것이고, 지식과 경험이 부족하고 사업을 잘 알지 못하면 체크리스트는 부실할 수밖에 없을 것이다.

① 수입통관 전에 챙겨야할 항목에는 어떤 것들이 있는가?

수입 전에 과연 이 제품이 수입이 가능한가를 먼저 알아봐야 한다. 당연히 마약이나 무기류 등은 수입이 안 된다. 그러면 내가 하고자 하는 캠핑용품은 어떨까? 먼저 유명 브랜드 제품은 상표권 등의 제약이 있어서 수입통관이 안 될 가능성이 있다. 그렇다고 모든 유명 브랜드가 다 제약이 있는 것은 아니어서 어떤 유명 브랜드 제품은 병행수입 같은 경로를 통해서 수입이 되기도 한다.

하지만 나는 지금 어떤 유명 브랜드 제품은 수입통관이 가능하고 어떤 유명 브랜드 제품은 수입통관이 안 되는지 조사할 시간적인 여유가 없다. 또한 내가 지금 추구하고 있는 품목은 유명 브랜드 제품과는 거리가 먼 제품들이니 이 부분은 지금 단계에서는 신경을 쓰지 않아도 되는 부분이었기에 접어두기로 했다.

2001년에 중국산 욕실용품을 수입 대행할 때 취급했던 제품 중에서 월풀이 있었다. 월풀에는 전기 모터가 들어가기 때문에 사전에 전기제품에 대한 안전인증을 받아야 한다는 얘기를 관세사에게 들어서 한국산업기술시험원(http://www.ktl.re.kr/)을 방문해 상담 후 절차대로 사전에 전기제품 안전인증을 득한 후에 수입통관을 한 적이 있었다. 하지만 지금 내 입장은 그런 복잡한 절차를 수행할 만큼 자금력이나 조직력이 갖춰져 있지 않기 때문에 전기 관련 제품은 취급하지 않기로 했다.

내가 처음 수입하기로 결정한 것은 유명 브랜드가 아닌 평범한 중국산 제품으로, 플라스틱으로 만든 이동식 양변기와 나무와 천으로 조합된 해먹이었다. 유명 브랜드도 아니고 사전 인증이 필요한 제품도 아닌 것들이었다. 따라서 통관 전에 특별히 챙겨야 할 것은 없었다. 사전에 HS Code를 알아서 관세청 사이트(http://portal.customs.go.kr/main.html)를 방문해 관세율을 알아보는 것이 내가 수입하려는 제품에 대해 사전에 챙겨야 할 것을 다 챙긴 것이나 다름없었다.

② 수입통관 후에 챙겨야 할 항목에는 어떤 것들이 있는가?

수입 후 통관해 수입신고필증을 받았다고 가정하면 그 다음에는 어떤 일이 필요할까? 당장 제품을 보관할 창고가 필요하고, 인터넷 쇼핑몰에 등록할 사진이 필요하고, 판매 시 포장 및 배송을 위한 준비가 필요할 것이다. 지금 인터넷 쇼핑몰을 운영하고 있는 사람이라면 이미 그렇게 하고 있으니 특별히 사전에 챙길 필요가 없는 항목들이지만 인터넷 판매 사업을 처음 하는 나는 모든 걸 처음부터 다 새로 챙겨야 한다.

첫째, 창고는 주변에 많다. 2001년에 경험했듯이 서울 변두리로 조금만 나가면 창고는 많다. 하지만 나는 그중에서 접근성이 좋고 내가 감당할 수 있는 비용에 맞는 창고를 찾아야 했다. 물건 하나를 배송하려고 30분씩 차를 타고 창고에 가야 한다면 시간 낭비는 물론이고 유류비도 많이 들 것이다. 또한 물건이 하나가 있든 백 개가 있든 창고보관비는 고정비로 지출되니 결국 원가 부담도 커질 수밖에 없을 것이다.

인터넷을 활용해 경기도 지역에 있는 창고임대업체를 검색해 봤더니 내가 부지런히 찾아만 다니면 원하는 조건에 맞는 창고를 찾는 것이 그리 힘든 일은 아닐 거라는 생각이 들었다. 그래서 창고 문제는 일단 보류해 두고 물건이 도착하기 한 달 전에 창고를 찾아보기로 했다.

둘째, 제품 사진이다. 제품을 수령한 후 인터넷 쇼핑몰에 제품을 등록하는 과정에서 예상치 못한 비용이 발생해 제품 원가가 상승한 얘기다. 그 내용은 본 저서에서 다루기에는 지루하고 지엽적인 것이니 저자의 전작인 《직수입부터 인터넷 판매까지 한 방에!》를 참고하기 바란다.

셋째, 포장 부분이다. 포장은 기본적으로 박스 포장을 해야 한다. 이동식 양변기는 이미 중국 제조업체에서 수출할 때 박스 포장을 하기로 했으니 운송 도중에 문제가 생기지만 않는다면 그 상태 그대로 박스 표면에 국내 택배회사 송장만 부착해 배송하면 될 것이다.

하지만 해먹은 내가 포장용 박스를 새로 제작해야 했다. 포장용 박스라면 을지로 광장시장이 제일 유명하기에 광장시장을 한번 둘러볼 계획부터 세웠다. 그리고 인터넷 카페 회원 중 이미 인터넷 판매 사업을 활발하게 하고 있는 회원에게 조언을 구했다. 그들은 내가 다룰 수량이 너무 적기 때문에 광장시장에서 직접 박스를 제작한다고 해서 단가가 낮아지지 않을 것이라고 했다. 그러면서 인터넷 쇼핑몰에서 박스를 사는 게 더 저렴할 것이라고 조언했다.

생각해 보니 그 말이 맞는 것 같았다. 포장용 박스 200개 정도의 오더를 갖고 광장시장 박스 제작 전문업체와 단가 협상을 하기는 좀 어려울 것 같았다. 그래서 인터넷 쇼핑몰에서 박스를 알아봤더니 적은 비용으로 며칠 내 제작이 가능할 것 같았다. 그래서 포장용 박스 제작은 제품이 수입통관돼 창고에 입고된 후 제품 사이즈를 정확하게 확인한 다음에 인터넷 쇼핑몰에서 주문하기로 했다.

넷째, 배송 부분이다. 독자 여러분도 상식적으로 알고 있겠지만 배송비는 월 판매수량과 직결된다. 배송비는 통상 월 단위로 배송업체와 계약하는데, 월 계약수량을 정하고 그 계약수량의 규모에 따라 기본요금에서 할인이 적용된다. 따라서 월 판매수량이 많은 판매업자는 배송비 부분에서도 혜택을 보게 되니 가격경쟁력이 더 높아져, 소규모 업체는 이래저래 대규모 업체와의 경쟁에서 질 수밖에 없는 게 현실이다.

내 마포 사무실 옆에는 CJ대한통운 사무실이 있고 또한 마포우체국이 근처에 있어서 일단 CJ대한통운과 마포우체국 홈페이지를 방문해 배송비 기본요금표를 확인했다. 나는 두 군데 배송업체에서 제시하는 기본요금에서 전혀 할인 혜택을 받을 수 없다는 전제 하에 기본요금을 기준으로 원가를 계산하기로 했다.

마지막으로 예상 밖의 비용이 발생할 수 있는 항목에는 어떤 것들이 있는지 알아봐야 한다. 수입사업을 직접 하는 건 처음이지만 대행을 해 본 경험이 있으니 웬만한 항목들은 체크리스트에 다 잡혔을 것 같다는 생각이 들었다. 창고 문제가 남아 있지만 그것은 돈으로 해결될 수 있는, 원가 산정상의 문제였다. 이는 초반에 원가를 산정할 때 숫자를 좀 보수적으로 잡기로 했으니 그 외에 예상 밖의 비용이 발생할 수 있는 항목은 더 이상 없다고 생각하고 다음 단계로 넘어가기로 했다.

정보취득 방법

중국 광저우에서는 매년 봄과 가을에 두 차례 세계무역박람회가 열린다. 우리나라도 삼성동 코엑스에서 세계무역박람회가 열리지만 그 규모나 내용 면에서 코엑스의 세계무역박람회와 비교가 되지 않을 정도로 중국 광저우 세계무역박람회의 규모가 훨씬 크다.

중국식 표현으로는 '교역회(交易會)'라고 하며, 중국 광저우 시의 별칭인 '캔톤(Canton)'을 사용해 '캔톤페어(Canton Fair)'라고 부르기도 한다. 품목을 불문하고, 중국산 제품을 수입하는 수입업자라면 대부분 한 번 정도는 가봤을 정도로 유명한 무역박람회다.

나는 2001년에 한번 가본 적이 있었지만 당시는 수입대행업자로서 내가 품목을 결정하는 것이 아니라 실제 수입업자의 업무를 도와주러 간 것이었으니 당시 기억은 내게 큰 도움이 될 것 같지 않았다. 그래서 먼저 캔톤페어에 대한 정보를 새로 얻을 필요가 있다는 생각에 정보취득부터 시작하기로 했다.

사전준비

나는 해외출장을 여러 번 다녀본 경험이 있어서 출장을 가려면 무엇부터 준비해야 하는지 잘 알고 있기에 캔톤페어를 관람하는 사전준비 단계에서는 큰 어려움이 없었다. 하지만 독자 여러분은 해외출장 경험이 많지 않을 테니 내가 해외출장을 준비했던 과정을 자세히 설명하고자 한다.

국내출장과 달리 해외출장은 법이 다른 나라로 가는 것이기 때문에 사전에 철저하게 준비하지 않으면 현지에서 매우 곤란한 상황에 처해질 수도 있다. 그런 곤란한 상황이 출장 전체를 망칠 수 있다. 적지 않은 비용을 들여서 어렵게 실행한 출장이 성과 없이 돈만 낭비하게 되는 경우도 생길 수 있으니, 해외출장은 꼼꼼하게 챙길수록 좋은 결과를 가져올 수 있다는 점을 명심해서 사전준비를 철저히 하기 바란다.

나는 제일 먼저 캔톤페어 홈페이지를 방문해 품목리스트를 만들었다. 출장 날짜를 결정하기 위해서는 캔톤페어의 전체 일정을 확인해야 했다. 캔톤페어의 홈페이지를 방문해 보니 2013년 추계 캔톤페어는 114회였다. 전체 3기에 걸쳐서 진행되는데, 내가 보려는 품목은 3기에 전시될 예정이었다.

둘째, 중국 출장을 위한 명함을 특별히 준비했다. 2001년에 욕실용품 수입대행 사업을 할 때였다. 당시 내 회사의 상호는 지금처럼 '록켐(ROK-Chem)'이었는데, 중국 제조업체 담당자와 상담할 때 명함을 내밀면 "화학제품 무역회사가 왜 욕실용품을 취급하려 하죠?"라는 식으로 선입견을 가지는 것을 느낄 수 있었다. 제조업체 담당자와 상담할 때는 첫 인상이 매우 중요한데 명함 때문에 첫 인상에서 신뢰를 주지 못했고, 그 질문에 해명하느라 시간을 허비했다. 물론 실제 수입업자가 아닌 수입대행업체라는 설명으로 오해를 풀 수 있었다.

그래서 이번에는 명함을 새로 만들기로 마음먹고 상호도 새로 하나 더 만들기로 했다. 지난 2001년에 있었던 일을 겪지 않으면서 판매자에게 신뢰를 심어줄 수 있는 상호는 어떤 게 있을까 고민했다. 그래서 결정한 상호가 '팔팔통상'이다.

'팔(8)'이란 숫자는 중국어로 '발전'을 의미하는 '발(發)' 자와 발음이 같아서 중국 사업가들이 제일 선호하는 숫자라고 한다. 그래서 8이 많이 들어가는 전화번호는 비싸게 팔리기도 한다고 한다. 일단 '팔팔'이라는 단어를 선택한 후 그 뒤에 붙는 단어를 뭘로 할지 고민하면서 인터넷을 검색했더니 '팔팔상사', '팔팔무역' 등은 쉽게 검색되는데, '팔팔통상'은 쉽게 검색되지 않아서 비교적 희소한 '팔팔통상'을 사명으로 결정했다.

그리고 영어로는 '팔팔트레이딩(PALPAL Trading)'으로 정했다. '펜팔(PENPAL)'이라는 단어에서 알 수 있듯이 영어로 '팔(PAL)'은 '친구'라는 뜻이다. 중국어로 팔은 '발전', 영어로 팔은 '친구', 괜찮은 상호인 것 같다는 생각이 들었다. 또한 한국이 올림픽을 개최한 해도 1988년 아닌가? 88올림픽까지 곁들여서, 지금 다시 생각해 봐도 상호는 잘 지은 것 같다.

이제 명함 도안을 생각해야 한다. 수많은 사람들이 방문하는 장소에서 명함은 매우 중요한 역할을 하므로 상호와 동시에 명함 도안도 매우 중요한 역할을 할 게 틀림없었다. 앞면은 한글로 '팔팔통상'이라고 적고, 뒷면은 영어로 '팔팔트레이딩(PALPAL Trading)'이라고 적었지만, 한글 '팔'을 보고 중국인들이 내가 뜻하는 발전의 의미인 '발(發)'로 이해해 주지 않을 것 같았다. 또한 영어로 '팔(PAL)'은 친구라는 의미이지, 발전이라는 의미는 아니지 않은가?

그렇다고 해서 명함 앞면에는 한글로 '88통상', 명함 뒷면에는 영어로 '88 Trading'이라고 적을 수도 없었다. 그래서 앞면에는 한글로 팔팔통상, 뒷면에는 영어로 PALPAL Trading을 그대로 놔두고 회사 로고를 88로 디자인해 명함 좌측 상단에 추가했다. 그리고 인터넷 판매를 할 예정이므로 명함 전체를 컴퓨터 모니터가 연상되도록 디자인했다.

팔팔통상은 처음에는 사업자등록을 하지 않았다. 나는 이미 내 집을 주소지로 해 록켐을 사업자등록한 상태였고, 내가 일하고 있는 마포 사무실은 사업자등록을 하지 않는다는 조건 하에서 임대료를 더 저렴하게 계약했기 때문에 마포 사무실로는 어떠한 사업자등록도 할 수 없는 상황이었다. 내 집을 주소지로 해 또 다른 사업체인 팔팔통상의 사업자등록을 할 수 있는지를 인터넷을 비롯해 여러 방면으로 알아봤는데, 그것은 안 된다는 답을 얻었다.

업태나 종목이 추가되면 기존의 사업자등록을 정정해야지, 같은 주소지에 같은 대표자 명의로 또 다른 업체의 사업자등록을 추가로 낼 수는 없다는 것이었다. 굳이 내 집을 주소지로 해 팔팔통상 명의의 사업자등록을 하나 더 내고 싶다면 아내 명의로 하면 되긴 했다. 그러나 그렇게 하면 아내가 별도 사업자로 분리되기 때문에 건강보험이나 국민연금 등을 별도로 납부해야 하는 문제가 생기기 때문에, 내 집을 주소지로 한 팔팔통상 명의의 새로운 사업자등록은 안 하기로 했다.

사업자등록은 거래를 위해 필요한데, 일단은 팔팔통상 명의로 제조업체 담당자와 상담한 후에 실제 거래가 이뤄져서 해외송금이나 수입통관 등을 준비할 때는 록켐을 수입대행업체로 소개해 진행하면 될 것이다. 2001년에도 록켐은 욕실용품 수입대행사업을 했었으니까 그때와 같은 맥락이다. 그러다가 나중에 거래 규모가 커져서 팔팔통상 명의로 직접 구매를 해야 할 필요성이 생기면 그때 별도로 임대료가 저렴한 조그만 사무실을 오픈하거나, 아니면 사업자등록이 가능한 공동사무실의 한 칸을 사용하면 될 것이다.

나는 1999년 가을에 직장생활을 그만두고 독립한 후 지금까지 남의 사무실을 무료로 사용하면서 사업도 해봤고, 공동사무실의 손바닥만 한 한 칸을 사용하면서도 사업을 해봤다. 그래서 사업을 할 때 사업자등록이 어떻게 이뤄지고, 사업자등록을 하려면 무엇이 필요한지를 잘 알고 있었기 때문에 그런 문제는 전혀 고민거리가 되지 않았다.

캔톤페어 관람

출장 날짜를 정하고 명함을 준비했으니 이제 본격적인 출장 준비에 들어가야 한다. 먼저 비행기 좌석을 예약하고 비자를 준비하고, 중국 광저우 L사장과 세부 일정을 맞춰야 한다. 그중에서 제일 중요한 게 비행기 좌석이다. 비행기 좌석이 없으면 다른 계획은 무용지물이니 일단 제일 먼저 내가 원하는 날짜와 시간대에 비행기 좌석이 있는지부터 확인해 좌석 예약이 확정돼야 다른 일정을 확정할 수 있다.

① 비행기 좌석을 저렴하게 예약하다

해외출장을 준비할 때 고려해야 할 사항 중 첫 번째는 '과연 이 출장이 그만한 가치가 있는가?'다. 적지 않은 비용을 투자해야 하는 결정인 만큼 '나중에 그만한 결과를 얻어낼 수 있을 것인가?' 하는 것을 제일 먼저 고려해야 한다. 나는 반드시 이 사업을 해야 하므로 이 출장은 가치 있는 투자이며, 반드시 좋은 결과를 창출해야 한다는 굳은 각오를 가지고 이 사업을 시작했다. 따라서 '이 출장을 갈 것인가, 말 것인가?'는 더 이상 고민거리가 아니었고, '어떻게 하면 좀 더 적은 비용으로 갈 수 있을까?'를 고민해야 했다.

나는 신용카드를 항공사 제휴카드를 사용하기 때문에 그동안 모인 항공사 마일리지를 사용해 보너스 항공권을 예약하려고 항공사 홈페이지를 방문했다. 하지만 언제나 그렇듯이 항공사 마일리지를 사용해 보너스 항공권을 발급하려고 하면 내가 원하는 시간대에는 좌석이 없다.

특히 세계적으로 유명한 무역박람회이고 한국에서도 많은 사람들이 관람하러 가기 때문에 그 기간의 좌석은 더욱 부족한 상황이었다. 하지만 어쨌든 나는 이 시점에서 두 마리 토끼를 모두 잡아야 했다.

- 기존의 화학제품 수출업무에 지장을 주지 않는 시간대의 해외출장
- 항공사 마일리지를 사용한 보너스 항공권 발권

내가 가려는 캔톤페어 3기의 전체 일정은 2013년 10월 31일 목요일부터 11월 4일 월요일까지였고, 내가 사용하려는 항공사의 인천-광저우 간 항공편은 하루에 한 편이 있었다. 나의 주 거래처는 미국에 있기 때문에 미국과의 시차 때문에 월요일은 한가하므로 일단 일정은 11월 2일 토요일 오전에 인천을 출발해 11월 4일 월요일 오후에 인천으로 돌아오는 것으로 하고 항공편 검색을 시작했다.

예상대로 내가 원하는 시간대에 보너스 항공권은 여유 좌석이 없었다. 11월 2일 토요일 오전에 인천을 출발해 광저우로 가는 항공편은 보너스 항공권 좌석이 있었지만 11월 4일 월요일 오후에 광저우에서 출발해 인천으로 돌아오는 항공편의 보너스 항공권은 좌석이 없었다. 11월 3일 일요일 오후 항공편도 보너스 항공권 좌석이 있었고 11월 5일 화요일 오후 항공편도 보너스 항공권 좌석이 있었다. 내게 필요한 11월 4일 월요일 오후 항공편만 보너스 항공권 좌석이 없었다. 갑자기 짜증이 나기 시작했다.

11월 3일 일요일 오후에 광저우를 출발해 인천으로 돌아오는 항공편

을 이용하면 내가 업무를 볼 수 있는 시간이 11월 2일 토요일 오후와 11월 3일 일요일 오전밖에 없는데, 캔톤페어 관람 이외에 광저우 인근의 불산을 방문해 예전에 봤던 욕실용품을 한 번 더 조사할 시간은 부족했다.

광저우에서 불산까지는 자가용으로 1시간 거리, 그리고 불산에서 욕실용품 전시장을 둘러보려면 최소한 4시간 이상은 소요될 텐데, 아무리 계획을 수정해 봐도 11월 3일 일요일 오후에 광저우를 출발하는 항공편을 이용해서는 업무를 제대로 볼 수가 없었다. 그렇다고 불산을 안 갈 수는 없었다. 어렵게 시간을 내서 가는 해외출장이니 가능하면 불산도 꼭 둘러보고 싶었다.

만약 11월 5일 화요일 오후에 광저우를 출발하는 항공편을 이용하면 중국에서의 업무는 여유 있게 보겠지만 인천으로 돌아오는 시간이 화요일 저녁이어서 기존의 화학제품 수출업무에 지장을 주게 되므로 그 역시 내가 바라는 바가 아니었다.

그래서 항공사 홈페이지를 이리저리 둘러보던 중 마침 11월 5일 화요일 새벽에 광저우를 출발해 인천으로 오는 항공편이 있는 것을 발견하게 됐다. 정확하게 말하면 11월 4일 월요일 야간 항공편이었는데 시간이 애매해 검색을 하면서도 자세히 보지 못했던 항공편이었다. 매일 있는 항공편이 아니고 일주일에 몇 차례 있는 항공편인 것 같았다.

만약 이 항공편을 이용하게 된다면 11월 4일 월요일 오후 늦게까지 여유 있게 업무를 보고 공항으로 가도 시간 여유가 있을 것이며, 인천 도착이 11월 5일 화요일 새벽이니 미국 거래처와의 업무를 이행하는 시간도 어느 정도 가질 수 있는 좋은 시간대였다.

그래서 더 늦기 전에 그 시간대로 보너스 항공권을 예약했다. 보너스 항공권의 의미는 운임 보너스이므로 유류할증료까지 무료는 아니기에 유류할증료 139,400원은 신용카드로 결제했다. 나는 이런 식으로 항공사 마일리지를 사용해 미국 로스앤젤레스 1회, 인도네시아 자카르타 1회, 중국 광저우 2회 등 출장비용을 절감했고, 가족과 제주도 여행도 2번 다녀왔다. 지금도 남아 있는 항공사 마일리지가 있어서 나중에 출장이나 가족여행에서 유용하게 사용할 것이다.

② 중국 비자를 발급 받다

외국을 방문하려면 입국 비자가 필요할 수도 있고 필요하지 않을 수도 있다. 그런데 해외여행 경험이 많은 사람 중에서도 비자에 대해서 잘못 알고 있는 사람이 있기에 간단하게 설명하고자 한다.

비자는 상호주의 원칙이 적용된다. 즉, 대한민국 국민이 중국에 무비자로 입국하려면 중국 국민 역시 대한민국에 무비자로 입국할 수 있어야 한다. 중국은 아직 정치적으로 좀 불안한 국가다. 그래서 중국인이 대한민국에 무비자로 입국할 경우에 위험한 일이 생길 수도 있기에 대한민국 정부는 아직 중국을 무비자 국가로 허용하지 않고 있다. 그런 까닭에 어쩔 수 없이 대한민국 국민도 중국에 입국하려면 비자를 발급 받아야 한다. 한국과 중국 간에 많은 국민이 왕래를 자주 하는데 아직도 일일이 비자를 받아야 한다고 불평하는 사람들은 이 점을 이해하기 바란다.

항공권을 예약했으니 이제 중국 입국 비자를 발급받아야 한다. 비자는 본인이 직접 중국대사관을 방문해 발급받을 수도 있는데, 몇 년 전부터 필수 제출서류로 중국 현지의 초청장이 추가됐다. 물론 나는 중국 L사장에게 말하면 초청장을 받을 수 있겠지만 그러려면 중국 L사장이 많이 불편할 것 같아서 그냥 여행사를 통해 비자를 발급받기로 했다. 웬만한 국내 여행사는 중국 비자발급 대행서비스를 하는데, 여권과 6개월 이내에 찍은 여권용 사진 한 장만 주면 일주일 만에 비자를 발급받을 수 있다.

비용은 여행사마다 조금씩 차이가 있는데 대부분 55,000원 정도다. 본인이 직접 대사관을 방문할 경우에는 비자 발급 비용이 35,000원인데, 여행사에서는 초청장 발급 비용 5,000원과 교통비 등 수수료를 합해 20,000원 정도를 더 받는 것이다. 복잡한 비자발급신청서도 여행사에서 대신 작성해 주니 20,000원 정도의 수수료 가치는 충분히 있는 것 같다. 비자는 신청 후 일주일 정도 뒤에 발급되는데, 급할 때는 급행료를 추가로 지급하면 3일 만에 발급 받을 수도 있다(지금은 20,000원이 인상되어서 75,000원 정도다).

나는 시간 여유가 있었기 때문에 마포 사무실 근처의 여행사를 방문해 천천히 비자를 발급 받으려고 했다. 그런데 예상 외의 추가비용이 들었다. 6개월 이내에 찍은 사진을 한 장 제출해야 하는데, 여권용 사진이 여권에 붙인 사진밖에 없어서 그걸 가져간 것이 문제였다. 여권 발행일자가 이미 6개월이 넘었는데 여권에 붙어 있는 사진을 제출해서는 비자 발급이 안 된다는 것이었다.

그래서 여권용 사진을 새로 찍었는데 거기서 또 하나 재미있는 형태의 사업을 봤다. 병원 옆에 약국이 있듯이 여행사 옆에 사진관이 있는 것이었다. 여권용 사진 촬영 비용은 기본 20,000원이었는데, 어쩔 수 없이 여행사 옆에 있는 사진관에서 여권용 사진을 찍은 후에 20,000원을 지불하고 사진이 나오면 옆의 여행사에 전달해 달라고 부탁했다.

다른 여권용 사진이 없으니 사진은 찍어야 했고, 그렇게 사진을 찍으니 시간도 절약되고 기다리다 사진을 찾아서 여행사에 갖다 주는 불편함도 없으니 여러모로 편했다. 또 하나의 사업 형태를 경험한 순간이었다.

③ 세부 시간표를 작성하다

이제 일정이 결정됐으니 세부 시간표를 작성해야 한다. 토요일 점심경에 중국 광저우 백운공항에 도착해 월요일 저녁에 다시 백운공항으로 돌아가는 일정이니 내가 일할 수 있는 시간은 토요일 오후, 일요일 하루 종일, 월요일 하루 종일, 이렇게 세 번이다. 하지만 이 중 월요일 하루 종일은 불산에 있는 욕실용품 전시장으로 가야 하니 토요일 오후와 일요일 하루 종일, 이렇게 하루 반이 내가 캔톤페어에서 일할 수 있는 시간이다.

하지만 세부 일정은 전적으로 중국 L사장의 일정에 달려 있었다. 나는 기본적인 계획만 세워서 그 계획을 L사장에게 이메일로 알렸더니 L사장의 회신이 왔다.

가. 11월 2일 토요일 오후

1) 비행기 도착 시간에 맞춰 백운공항으로 마중 나옴

2) 백운공항에서 캔톤페어로 가는 도중에 간단하게 점심 식사

3) 오후에 캔톤페어에 도착해 등록한 후 캔톤페어 관람

4) 향후 거래하고 싶은 업체 몇 군데를 마음속으로 결정함

나. 11월 3일 일요일 하루 종일

1) 캔톤페어를 한 번 더 관람함

2) 전날 결정한 업체를 다시 방문해 집중적으로 상담 및 협상함

3) 가능하면 적은 양이나마 오더를 함

4) 캔톤페어에서는 샘플을 구매할 수 없음

다. 11월 4일 월요일 하루 종일

1) 불산으로 이동해 욕실용품 전시장을 둘러봄

2) 서울에 있는 욕실용품 도매업체에 제공할 샘플을 구매함

3) 이곳저곳 이동하면서 충분히 둘러본 후 저녁에 백운공항으로 이동

4) 백운공항에서 L사장과 저녁 식사 후 헤어짐

이런 세부 일정에 맞춰 준비물을 준비해야 한다. 캔톤페어 현지 등록을 위해 사진을 한 장 준비해야 하고, 불산에서 어떤 샘플을 구매해야 할지 결정하기 위해 서울에 있는 욕실용품 도매업체를 방문해 어떤 샘

플이 필요한지 샘플 리스트와 사진을 준비해야 한다. 그리고 샘플 구매를 포함해 현지에서 사용할 중국 화폐를 환전해야 한다. 나는 여유 있게 5,000위안을 환전했다.

세부 일정을 계획하면서 중국 L사장에게 참으로 미안했다. 옛 정으로 나를 도와주기는 하지만 귀한 주말에 자신에게 전혀 도움이 안 되는, 오로지 나만을 위해 시간을 할애한다는 것이 선뜻 결심하기 쉽지 않은 일이었을 것이다. 물론 L사장이 한국에 왔을 때 나도 시간을 할애하기는 하지만 L사장은 한국말을 잘하고 서울 지리도 어느 정도 알기 때문에 특별한 경우가 아니면 내게 시간을 내달라고 하지 않는다.

그런데, 나는 중국 광저우 백운공항에 도착할 때부터 백운공항을 떠날 때까지 L사장이 계속 나와 같이 있어야 하니 잠시 짬을 내는 것과는 차원이 다른 도움이었다. 그렇다고 내가 추진하는 사업이 L사장과 관련 있는 사업도 아니고 오히려 내가 L사장의 도움을 받아서 진행해야 하는 사업이었다. 같은 서울에 있는 친구도 선뜻 베풀기 힘든 도움을 중국인인 L사장에게 받을 생각에 마음이 무거웠지만, 나로서는 L사장 말고는 달리 대책이 없었으니 나중에 신세를 갚을 마음으로 이번에는 크게 신세지기로 했다.

④ 시간 계획을 세울 때는 항상 변수를 염두에 둬야 한다

해외출장을 자주 가본 사람은 잘 알겠지만 원래 출장이라는 게 계획대로 되는 경우는 드물다. 어디선가 갑자기 무슨 일이 생겨서 계획과 다르게 진행되는 경우가 다반사다. 그래서 출장 계획을 짤 때는 그것이

틀어질 수도 있다는 마음가짐과 함께 그렇게 틀어졌을 때의 차선책을 머릿속에 그리고 있어야 한다.

그리고 시간 계획 역시 너무 타이트하게 작성하면 안 된다. 비행기가 늦어질 수도 있고, 교통편이 뜻대로 움직여주지 않을 수도 있고, 또한 상담시간이 생각보다 길어지는 등 예상치 못한 시간 소비가 있을 수 있기 때문에 항상 시간을 여유 있게 잡아야 한다. 시간이 모자라서 서두르다가 일을 제대로 마무리 짓지 못하는 것보다는 시간이 남아서 커피 한 잔을 더 마시는 게 훨씬 낫기 때문이다.

나는 해외출장 시 웬만하면 가방을 항공사 데스크에 맡기지 않고 직접 들고 비행기에 탑승한다. 좀 불편하지만 목적지 공항에 도착한 후 짐을 찾는 시간이 길어지는 경우가 종종 있기 때문이다. 이번에도 가방을 가지고 출국 수속을 밟고 있는데 수화물 검사에서 내 가방이 검색에 걸렸다. 가방 안에 1리터가 넘는 액체가 있다면서 세관원이 가방을 열어보라고 해서 열어봤더니 아차, 중국 L사장의 부탁으로 구매한 비염 치료제가 액체라는 걸 깜빡했던 것이다. 그래서 가방을 가지고 다시 항공사 데스크로 가서 가방을 맡기고 다시 출국 수속을 밟았다.

인천공항에는 여유 있게 시간을 잡고 갔기 때문에 이런 예상치 못한 상황이 문제가 되지 않았다. 하지만, 중국 광저우 백운공항에서는 도착해서 바로 터미널로 나가지 못하고 짐을 찾느라 시간을 허비하는 바람에 중국 L사장이 터미널에서 차를 타고 내가 나올 때까지 기다리는 불편함이 있었다. 시간 낭비라고 할 수 없을 정도의 짧은 시간이었지만, 만약 인천공항에서 시간을 타이트하게 잡고 갔었다면 곤란한 상황에 처할 수도 있었을 것이다.

일반적으로 항공사에서는 출국 승객들에게 출국 3시간 전에 공항에 도착해 출국 수속을 밟으라고 안내한다. 하지만 해외출장 경험이 많은 사람 중에는 시간을 타이트하게 잡는 경우가 종종 있는데, 그러다가 만약 예상치 못한 일이 발생하면 곤란한 상황에 처할 수도 있다. 그러니 독자 여러분은 3시간은 아니더라도 꼭 최소한 2시간 전에는 공항에 가기 바란다.

첫날은 그럭저럭 순조로웠다. 중국 광저우 백운공항에 도착해 짐을 찾고 L사장을 만나 그의 차를 타고 캔톤페어로 가는 도중에 한국식 설렁탕집에 들러 간단하게 점심 식사를 하고 오후에 캔톤페어에 도착해 등록을 했다. 전체 3기의 기간 중에 내가 간 것은 마지막 3기, 그것도 3기의 첫날인 목요일이 아니라 끝나갈 무렵인 토요일이어서 등록접수대가 한산했다. 한창 붐빌 때는 몇십 분 기다려야 한다고 하는데 나는 금방 등록을 마쳤다. 등록증 발급 비용은 100위안이었는데, 이렇게 한 번 발급받아 놓으면 평생 사용할 수 있다고 한다.

박람회장에 입장해 내가 보고자 하는 캠핑용품과 피트니스 용품이 있는 코너의 위치를 확인한 후 관람을 시작했다. 처음 계획했던 대로 관심 있는 품목은 카탈로그를 수취하고, 담당자와 명함을 주고 받고, 사진도 찍는 등 하나하나 진행해 나갔다. 세계적인 무역박람회고 입점 업체의 담당 직원들이 기본적인 영어를 구사해서 큰 불편 없이 이것저것 궁금한 것을 물어가면서 기록해 나갔다.

여기까지는 중국 L사장의 도움이 많이 필요하지는 않았다. 하지만 마음속으로는 '내일 여기 다시 와서 구매 협상을 할 때는 미묘한 부분까지 얘기해야 할지 모르니 그때는 L사장의 역할이 큰 도움이 되겠지.'라고 생각하면서 일요일 협상 테이블까지 상상해 가면서 기록해 나갔다.

하지만 역시 이번 출장도 미리 세운 계획대로 되지 않았다. 토요일 첫날 일정을 마치고 중국 광저우에서 사업을 하고 있는 J선배를 만나 저녁을 먹기로 하고 이동하는데 L사장이 누군가와 계속 전화 통화를 하는 것이었다. 그러더니 저녁식사를 마치고 호텔로 돌아가는 길에 갑자기 자신에게 중요한 일이 생겨서 월요일에 심천에 가야 한다는 것이었다. 그래서 월요일에 가기로 했던 불산 욕실용품 전시장 관람 일정을 일요일로 앞당기고 캔톤페어의 일요일 일정을 월요일에 진행하면 안 되겠냐고 했다.

내가 안 된다고 할 수 있는 입장도 아니고, L사장의 일에 지장을 주고 싶은 마음도 없어서 괜찮다고 했다. 단, 일요일에 불산 욕실용품 전시장이 문을 여는지 물어봤더니 전시장은 일부 업소를 제외하고는 일요일에도 평일처럼 일한다고 했다. 그렇다면 일요일 일정과 월요일 일정을 맞바꾸는 건 별로 문제가 되지 않았다.

그러나 전혀 문제가 없는 것은 아니었다. 월요일에 캔톤페어에 나 혼자 가야 하니 교통편도 알아봐야 하고, 캔톤페어 내에서 내가 참가업체 직원들과 직접 미묘한 부분까지 세밀한 협상을 해야 하는 상황이 된 것이다. 하지만 달리 방법이 없었다. 스스로 대책을 찾을 수밖에. 마침 호텔에서 투숙객을 대상으로 캔톤페어를 오가는 미니 셔틀버스 서비스를 한다고 해서 셔틀버스 시간에 맞춰서 움직이기로 해 일단 교통편은 간단하게 해결됐다.

그래서 일요일에 불산 욕실용품 전시장을 무사히 다녀왔으며, 서울에 있는 욕실용품 도매업체에 보여줄 샘플을 몇 가지 구매했다. 그리고 그날 밤에는 대형 사우나에서 L사장과 몇 년 만에 만난 반가움과 이제는 헤어져야 하는 아쉬움을 전하고, 도와줘서 고맙다는 인사까지 한꺼번에 했다.

⑤ 박람회는 마지막 날을 잘 활용하면 좋다

드디어 월요일, 내 출장의 마지막 날이 됐다. 캔톤페어에 갔다가 바로 백운공항으로 가야 하기 때문에 짐을 모두 싼 후 호텔에서 체크아웃을 하고 호텔에서 제공하는 미니 셔틀버스를 타고 박람회장으로 갔다. 가방은 언제나 가지고 다니는 기내용 여행용 가방이니 가방을 끌고 다니는 것은 불편하지 않았다. 오히려 박람회장에는 내 가방보다 더 큰 여행용 가방을 끌고 다니는 외국인들이 많이 보였다. 전체 3기인 박람회 중 마지막인 3기, 그리고 그 3기의 마지막 날이니 추계 박람회 전체의 마지막 날이었다. 그런데 '이게 정말 세계무역박람회가 맞나?'라는 의문이 들 정도로 한산했다.

박람회의 마지막 날은 어디든 마찬가지인 모양이다. 참가한 업체 직원들은 마지막 날이니 빨리 마치고 집으로 돌아가고 싶을 것이고, 참관하는 관람객들은 대충 일을 마치고 마지막으로 둘러보는 길이니 중요한 일을 마지막 날에 남겨놓지 않았을 것이다. 그래서 그런지 호텔에서 제공하는 미니 셔틀버스를 타고 현장에 도착한 것이 9시를 조금 넘긴 시각인데도 관람객이 그리 많지 않았다. 오히려 박람회를 마무리 짓는 직원들이 더 많은 것 같았다. 박람회장에 들어가는 입구는 물론 박람회장 내에도 관람객이 별로 많지 않고 직원들은 마치 퇴근을 준비하는 듯한 분위기였다.

긴 일정에서 마지막 날에 일을 남겨 놓는 사람은 업무 능력이 부족한 것일지 모르겠지만 나는 마지막 날 뜻하지 않은 수확을 얻었다. 그것은 바로 샘플 구매였다. 대부분의 참가 업체들은 전시를 위해 샘플을 가져오지만 박람회 도중에는 팔 수가 없다. 왜냐하면 박람회 도중에 샘플을 팔아버리면 계속 오는 다른 관람객들에게 제품을 보여줄 수가 없기 때문이다.

하지만 마지막 날은 상황이 정반대로 변한다. 이제는 그 샘플이 참가 업체들에게 애물단지로 전락해 버리는 것이다. 며칠간의 박람회 동안 수많은 관람객이 만지고 시연해 보느라 이미 중고 제품으로 전락해 버렸으니 다시 회사로 가져가 팔 수 있는 제품도 못된다.

대부분은 전시회가 끝나면 회사로 다시 가져가서 가격이 싼 제품의 경우에는 직원들이 나눠 가지기도 하고 비싼 제품은 원가로 사내 판매를 하기도 한단다. 그러니 만약 박람회 마지막 날에 박람회장에서 판매한다면 적은 금액이나마 수익이 생길 뿐만 아니라 회사로 다시 가져가야 하는 수고도 덜 수 있게 되는 것이다.

물론 모든 제품이 다 그렇지는 않다. 일부 회사는 신제품이라 복사 우려가 있다면서, 박람회 마지막 날이고 제품에 손때가 상당히 묻어 있는데도 샘플을 판매하지 않았다. 하지만 평범한 제품들은 현장에서 구매할 수 있었고, 어떤 참가업체는 아예 판매한다는 쪽지까지 붙여 놓고 있었다. 물론 가격은 도매가격이었다.

그래서 그런지 세계무역박람회와 상관없어 보이는 중국 소비자들도 드문드문 눈에 띄었고, 대형 여행용 가방을 펼쳐놓고 구매한 제품들을 담는 외국인 바이어들도 군데군데 보였다. 아마도 그 외국인들은 박람회에 여러 번 참관한 경험이 있어서, 샘플 구매를 목적으로 거의 비어 있는 대형 여행용 가방을 가지고 온 듯했다.

2001년에는 실수요자를 도와주는 수입대행업자의 자격으로 관람했으니 그런 것을 느낄 수 없었는데, 이번에는 내가 실제 수입자로 관람을 하니 그런 것들이 느껴졌다. 그래서 다음에 다시 캔톤페어를 관람하게 된다면 이런 점을 고려해 일정을 짤 것이다. 첫날 관람할 때도 마지막 날 어느 업체에서 샘플을 구매할 것인지를 사전에 염두에 두고 관람한다면 좀 더 알찬 출장이 될 것이라는 생각이 들었다.

⑥ 혼자 한번 해볼 필요가 있다

사실 처음에 출장을 결심할 때는 만약 중국 L사장이 도와줄 수 없다고 하면 나 혼자라도 다녀올 생각이었다. 내가 구상 중인 사업을 위해서는 반드시 이번 2013년 추계 캔톤페어를 관람해야 했기 때문이다. 캔톤페어 기간에는 국내 여행사에서 캔톤페어 관람업체를 대상으로 하는 여행상품을 많이 판매하지만, 여행사에서 주관하는 여행상품은 여러 사람이 단체로 움직이기 때문에 내가 일정을 짜고 시간을 분배해 원하는 제품을 집중적으로 보기에는 어려움이 있다. 그래서 나는 애초에 여행상품이 아닌 직접 관람을 계획했다.

그러다가 중국 L사장이 도움을 줄 수 있다고 한 덕분에 내 계획이 훨씬 집중적이고 알차게 됐던 것이다. 2001년에 중국 욕실용품 수입대행 사업을 할 때 중국 출장을 몇 번 다녀보니 약간의 중국어는 배울 필요가 있다는 걸 느껴서 여의도 소재 외국어학원에서 9개월간 중국어 공부를 한 것이 자신감을 높여줬는지도 모른다.

물론 세계무역박람회니까 모든 참가업체 직원들이 영어를 사용하지만 박람회장 밖에서 식사를 하고 잠을 자는 부분들은 영어만으로 해결하지 못하는 경우가 있다. 이때 약간의 생활 중국어만 할 줄 알아도 보디랭귀지를 섞으면 웬만한 상황은 극복할 수 있다.

마지막 날 혼자 박람회를 관람하면서 나는 느꼈다. 역시 뭔가를 하려면 타인의 도움을 받는 것도 중요하지만 직접 한번 해볼 필요가 있다는 것을. 중국 L사장이 갑자기 중요한 일이 생겨서 심천으로 가는 바람에 어쩔 수 없이 혼자 박람회장을 둘러봤지만 어쨌든 나는 처음에 계획할 때는 생각하지 못했던 귀한 경험을 얻었다.

마지막 날인 11월 4일 월요일 아침, 9시가 조금 넘은 시각에 박람회장에 도착해 토요일에 봤던 업체를 찾아가는 길은 좀 어수선했다. 내 관심물품은 캠핑용품과 피트니스 용품인데, 포장이 어렵고 시간이 많이 걸리는 캠핑용품의 경우에는 벌써 철수하기 위해 제품을 포장하는 곳이 보였고, '혹시 늦으면 제대로 상담을 못하는 것 아닌가?' 하는 걱정에 발걸음이 빨라졌다. 토요일에는 중국 L사장 차에 내 가방이 있어서 몸이 가벼웠지만 이제는 가방까지 끌고 다녀야 해서 마음은 더 급한 상황이 된 것이다.

그렇게 사전에 점찍어놨던 업체를 찾아 상담하고 샘플을 구매하고 견적서를 받았다. 그런데 수출용 견적 가격과 샘플 가격이 달랐다. 샘플 가격은 수출용 견적 가격의 2배를 받으면서 나중에 오더를 하게 되면 절반을 돌려주겠다는 것을 견적서에 명기하는 것이었다. 혼란한 틈을 타서 저가에 구매하려는 사람들을 막으려는 영업 스킬인 것 같았다.

하지만 그 가격도 시중 가격에 비하면 상당히 저렴한 수준이었고, 내가 만약 중국 광저우에 살고 있다면 이 날을 쇼핑의 날로 정해 필요한 것들을 좋은 가격에 구매할 수 있을 것 같았다. 군데군데 그런 식의 쇼핑을 하는 중국 사람들이 보였다.

전체 샘플 가격은 RMB 51.00인데 영수증 중간에 수기로 'sample charge RMB 100.00'이라고 적어준다. 나중에 실제 오더를 하게 되면 잔액인 RMB 49.00를 오더 금액에서 할인해 주겠으니 나중에 실제 오더를 할 때 영수증을 제출하라고 했다. 혹시 독자 여러분 중에서 나중에 캔톤페어를 관람할 때 참가업체 직원으로부터 이런 제의를 받으면 당황하지 말기 바란다. 일반적인 경우니까 말이다.

나는 처음부터 작은 샘플만 몇 가지 구매할 생각이었기 때문에 여행용 가방 하나와 백팩 하나만 가져갔다. 그리고 계획대로 불산에서는 욕실용품 샘플을 몇 가지 샀고 캔톤페어에서는 피트니스 용품 몇 가지를 샀다. 그렇게 샘플 구매를 마친 뒤 박람회장 한 구석에서 가방을 열고 샘플들을 모두 꺼냈다가 다시 차곡차곡 담았다.

공항으로 가서 비행기를 타려면 이동이 편해야 하기 때문에 여행용 가방과 백팩에 적절하게 샘플을 나눠 담았다. 샘플은 무게가 많이 나가는 제품이 아닐 뿐만 아니라 쉽게 깨지는 것들도 아니고 그저 부피만 차지하는 것들이기 때문에 어떻게든 여행용 가방과 백팩에 제대로 넣기만 하면 준비가 완료되는 것이었다. 그렇게 이동이 편하도록 짐을 정리해 백팩을 매고 여행용 가방을 끌면서 남은 시간 동안은 마음 편히 박람회장을 둘러보기로 했다. 적지 않은 비용을 들여, 귀한 시간을 쪼개 온 출장에서 단 하나라도 더 보면 더 볼수록 그만큼 이익이라는 생각이었다.

그렇게 돌아다니다가 해먹 업체가 철수 준비를 하면서 해먹을 파는 것을 보았다. 역시 피트니스 용품과 상황이 같았다. 샘플 가격은 수출 견적 가격의 2배였다. 이미 피트니스 용품 샘플을 구매할 때 경험한 바가 있어서 가격은 전혀 문제가 되지 않았는데 내가 이것을 어떻게 한국까지 가져가느냐가 고민됐다. 해먹은 침대형 해먹과 의자형 해먹, 두 종류인데 천으로 돼서 가볍기는 하지만 모두 긴 나무가 있어서 갖고 다니기에 불편할 것 같았다. 하지만 나는 해먹을 꼭 샘플로 가져오고 싶었다.

그래서 침대형 해먹 하나와 의자형 해먹 하나를 샘플로 구매하고 수출 가격을 받고 영수증을 달라고 하니 영수증을 끊어줄 수 없다고 하는 것이 아닌가? 그래서 "나중에 수출 오더할 때 무엇을 기준으로 하죠?"

라고 따졌더니 카탈로그에 손으로 가격을 적어주는 것이었다.

그래서 "한국에 도착해 입국 수속 받을 때 영수증이 없으면 관세를 부과할지도 몰라요."라고 했더니 "어느 누가 보더라도 이 제품이 고가가 아닌 걸 뻔히 알 수 있는데 무슨 관세를 부과해요?"라고 되레 따지는 게 아닌가? 그래서 '만약을 대비해서 달라고 한 것인데, 절대로 줄 수 없다고 하면 어쩔 수 없지.' 하면서 그냥 물러설 수밖에 없었다. 영수증이 없다고 해서 인천에서 입국 수속할 때 문제가 생기지는 않으리라고 생각하면서.

그렇게 캠핑용품 코너를 돌면서 토요일에 점 찍어놨던 이동식 양변기 제조업체의 부스를 찾아가서 샘플을 구매하려고 했다. 이미 해먹 샘플이 있어서 이동이 불편하긴 했지만 샘플을 살 수만 있다면 가져갈 수 있는 방법은 어떻게든 찾을 수 있을 거라는 생각에 이동식 양변기 샘플을 구매하려고 했는데, 예상대로 이동식 양변기 제조업체는 샘플을 팔 수 없다고 했다. 신제품이라 복사가 우려된다면서 귀국 후 오더를 하라는 것이었다. 몇 번 더 부탁해 봤지만 안 될 것 같아서 그냥 그렇게 알고 가격표와 카탈로그만 받고 돌아섰다. 예상했었기 때문에 실망은 하지 않았다.

⑦ 큰 샘플과 여행용 가방을 끌면서 지하철을 타고 공항으로 가다

시간은 어느덧 오후 1시를 넘어서고 있었다. 스낵바에서 가볍게 점심을 해결한 후 지하철을 타러 가야 했다. 여행용 가방도 꽉 찼고 백팩도 꽉 찼다. 거기다 긴 나무로 구성된 해먹 두 개를 들고 지하철을 타야 했다.

서울에서도 그렇게 하면 힘이 들 텐데 여긴 중국, 그리고 나는 중국에서 지하철을 처음 타본다. 물론 한자를 알기 때문에 그곳이 어디인지 역 이름은 알 수 있지만 지하철 티켓을 구입하는 것부터가 숙제였다. 택시를 타면 박람회장에서 공항까지 한 시간 정도 걸리면서 비용은 100위안 이상 나온다. 하지만 지하철은 2번 환승하면서 비용은 8위안. 지리를 모르는 나에게 시간은 2시간 이상 걸리리라.

하지만 내 귀국 비행기의 출발시각은 밤 12시이니 시간은 충분했다. 혹시 내가 지하철을 잘못 타서 다른 곳으로 간다고 하더라도 돌아와서 다시 공항으로 가기에도 충분한, 아니 몇 번 시행착오를 겪어도 괜찮을 정도의 시간 여유가 있었다. 이때가 아니면 내가 이런 경험을 언제 한번 해보겠는가?(게다가 100위안을 절약할 수 있지 않는가?) 충분히 가치 있는 일이라고 생각하고 나는 홀로 지하철 타기를 시도해 보기로 마음먹었다.

먼저 캔톤페어 앞 지하철역 개찰구로 가서 백운공항으로 가는 지하철 티켓을 하나 달라고 했더니 개찰구 직원이 중국말로 뭐라고 빠르게 말하는데 하나도 못 알아들었다. 옆에 제복을 입은 지하철 직원이 있기에 영어와 중국어를 섞어가면서 물어봤더니 백운공항으로 가는 지하철 티켓은 자동발매기를 이용해야 한다면서 옆에 있는 자동발매기를 가리켰다. 다행히 자동발매기는 서울과 발권시스템이 비슷했다. 먼저 목적지를 누르면 요금이 표시되는데 그 요금에 맞게 화폐를 넣으면 토큰과 거스름돈이 나온다. 그렇게 어려움 없이 백운공항행 지하철 토큰을 살 수 있었다.

토큰을 개찰구에 넣고 지하철 플랫폼에 들어서자마자 지하철이 왔지만 나는 그 지하철을 타지 않았다. 아직 시간이 많으니 공항까지 가는 전체 그림을 그린 후에 지하철을 타기로 했다. 신항동(新港東, Xingangdong)역에서 출발해 객촌(客村, Kecun)역에서 적강탑(赤崗塔, Chigang Pagoda)역 방향으로 가는 지하철로 환승하고, 다시 가화망강(嘉禾望崗, Jiahewanggang)역에서 인화(人和, Renhe)역 방향으로 가는 지하철로 환승하면 종점이 백운공항이다.

9호선에 추가 연결선까지 있는 서울 지하철에 비해 비교적 단순한 편이라 큰 어려움 없이 노선을 파악할 수 있었다. 백팩을 매고, 해먹 2개를 들고, 여행용 가방의 바퀴까지 굴리느라 이동이 조금 불편하기는 했지만 시간 여유가 있으니 서두르지 않고 천천히 움직여 백운공항에 무사히 도착할 수 있었다.

그리고 거기서 나는 7시간 정도를 버텼다. 너무 일찍 도착해 항공사에서 체크인을 시작하지 않으니 짐을 맡길 수도 없었다. 노숙자처럼 빈자리에서 잠을 자기도 하고, 잠이 안 오면 카트를 끌고 공항을 이리저리 돌아다니면서 구경도 하고, 적당한 스낵바에 가서 간식도 챙겨먹으며 시간을 보냈다.

통신비를 아끼려고 데이터 로밍을 하지 않았는데, 백운공항은 와이파이가 무료가 아니었기 때문에 '공항에서 폰으로 시간 보내기'를 할 수 없었다. 나는 해외출장을 여러 번 다녀봤지만 공항에서 그렇게 오랜 시간을 버틴 경우는 처음이었다.

하지만 빈자리에서 잠을 자는 사람이 나 말고도 여러 명 있어서, 이런 사업을 하는 사람은 이런 상황에 어느 정도 익숙해져야 한다는 생각에 기분이 우울하지는 않았다. 예전에는 해외출장을 갔을 때, 가끔 공항 객석 빈자리에서 잠자는 사람을 볼 때면 한심하다는 생각을 했는데 이제는 그 사람들이 이해가 됐다.

직장생활을 하면서 해외출장을 갈 때나 무역업을 하면서 해외출장을 갈 때는 거래선과 사전에 시간표를 철저하게 만들어서 그 시간표에 따라 움직였기 때문에 언제나 공항에는 체크인 시간에 맞춰서 도착하곤 했으니, 공항에서 그렇게 잠을 자는 사람은 시간 관리를 제대로 하지 못하는 무능력한 무역인으로 느껴졌었다.

그런데 이번에 내가 캔톤페어 관람을 위해서 한 것처럼 사전에 거래처와 약속이 있는 것도 아니고 박람회를 관람한다거나 시장을 둘러보는 목적으로 해외출장을 오는 사람들은 이렇게 공항에서 시간을 보내는 경우가 종종 있을 수 있겠다는 생각이 들었다. '이런 무역인이 진정한 무역인이 아닌가?'라는 생각과 '나도 이제 이런 류의 무역인으로서 사업을 시작한다.'라는 생각에 '내가 한 단계 업그레이드된 게 아닌가?' 하는 뿌듯함이 가슴속에서 샘솟는 것을 느꼈다.

2013년 가을에 캔톤페어를 다녀왔으니 2년 반이 지났다. 이제 다시 캔톤페어를 방문해야 할 시기가 다가온 것 같다. 지금 팔팔통상에서 판매하고 있는 이동식 양변기와 해먹 이외에 다른 품목을 개발할 필요도 있고, 캠핑용품이나 피트니스 용품에서 새로운 제품이 나온 것이 없는지 알아볼 필요도 있다. 내가 만약 록켐이라는 화학제품 수출업체를 운영하지 않고 오로지 팔팔통상만 운영한다면 매년 한 번은 가야하는 곳이 캔톤페어다. 하지만 지금 내게는 록켐이 더 중요한 까닭에, 록켐 업무에 지장을 주지 않으면서 팔팔통상 업무를 수행해야 하니 시간이 잘 나지 않는다. 아직은 록켐 업무에 신경을 많이 써야 하기 때문이다.

그동안 아내가 팔팔통상 업무를 많이 배워서 이제는 통상적인 재고관리 및 배송업무를 잘 수행하고 있다. 지금은 내가 록켐 업무 때문에 시간을 만들기가 쉽지 않고 또 환율이 너무 높아서 수입사업 자체의 수익성이 나빠졌기 때문에 상황만 지켜보고 있다. 아마 내년에는 캔톤페어에 가야 하지 않을까 생각한다. 가능하면 아내와 함께 가서 품목 개발에 대해 이야기하는 게 지금 나의 바람이다.

정보취득 방법 종합

강의를 하다 보면 제일 많이 받는 질문 중 하나가 "거래선 발굴은 어떻게 할 수 있나요?"다. 무역이 100이라면 품목이 90이라고 할 정도로 품목개발이 매우 중요하지만 그 근간에는 결국 공급자 또는 구매자가 필요하다. 그저 아무 품목이나 눈에 띄는 품목을 결정하는 것은 '맨땅에 헤딩' 하는 것이며, 그렇게 해서는 판매를 할 수가 없다. 따라서 결국 품목이라는 것은 공급자가 있거나 구매자가 있어야 가능하다.

20년 전만 해도 우리는 제너럴리스트(generalist)를 선호했고 팔방미인을 양성해왔다. 하지만 이제는 세상이 변했다. 각각의 분야가 너무 어려워져서 하나를 제대로 알기도 힘든 세상이 됐다. 지금은 만약 누가 모든 것을 두루 잘할 수 있는 제너럴리스트라고 하면, 그것은 제대로 할 줄 아는 게 하나도 없는 사람이라는 뜻으로 이해되기도 한다. 따라서 지금은 제너럴리스트가 아니라 스페셜리스트(specialist)가 필요한 시대다.

스페셜리스트는 제일 중요한 것만 직접 할 수 있으면 된다. 그리고 나머지는 그것이 어디에 있는지, 누구에게 문의하면 제대로 잘할 수 있는지를 알고 있기만 하면 된다. 아래 내용은 저자의 컴퓨터 즐겨찾기에 기억돼 있는 인터넷 주소들이다. 강의할 때는 각각의 주소에 접속해 어떻게 하면 숨겨진 정보를 찾아내서 활용할 수 있는지를 보여주지만 이 책에서는 그렇게 하기 어려우니 그냥 주소만 공개한다. 독자 여러분도 아래에 있는 웹사이트 주소들을 즐겨찾기에 등록한 후 수시로 접속해 좋은 정보를 자주 활용하기 바란다.

1. 한국무역협회	www.kita.net
2. 소상공인시장진흥공단	www.semas.or.kr
3. 대한상공회의소	www.korcham.net
4. 구로구상공회	guro-gu.seoulcci.korcham.net
5. 기업마당	www.bizinfo.go.kr
6. 관세청	www.customs.go.kr
7. 대한무역투자진흥공사(코트라)	www.kotra.or.kr
8. 비즈델리	www.bizdeli.com

9. 서울산업진흥원 www.sba.seoul.kr

10. 수입상품전시회 www.igf.co.kr

11. 대한민국우수상품전시회(지페어) www.gfair.or.kr

12. 알리바바 www.alibaba.com

13. Global B2B Marketplace www.ec21.com

14. 캔톤페어 가이드 www.cantonfair.net

15. 캔톤페어 E-commerce platform www.e-cantonfair.com

16. 캔톤페어 공식 홈페이지 www.cantonfair.org.cn/en/

기초적인 가격조건

3장에서는 결제조건을 설명했고 6장에서는 가격조건을 설명한다. 무역을 처음 시작하는 사람들은 결제조건과 가격조건을 종종 헷갈려 한다. 어떤 경우를 얘기하는지를 예를 들어 설명해 보려고 한다.

수출을 하려고 하는데 미국 수입자가 'US$ 1,000/MT CIF LA, USA by L/C at sight'라는 이메일을 보내왔다고 하자. 이 문장에서 결제조건은 무엇이고 가격조건은 무엇일까? 제품의 가격을 의미하는 CIF LA, USA는 가격조건이고 물품대금 지급 방법을 의미하는 L/C at sight는 결제조건이다.

3장에서는 결제조건에 대해서 얘기했으니 여기에서 설명하는 가격조건만 더하면 이제 우리는 외국에 있는 수입자 또는 수출자와 무역조건에 대해서 얘기할 수 있게 될 것이다.

환율

무역사업을 하려면 기본적으로 환율에 대한 개념을 확실하게 알아야 한다. 아래 표는 국내 모 은행의 인터넷 사이트에 나와 있는 환율표다. 표에서 보듯이 환율에는 일곱 가지의 환율이 있다; 매매기준율, 현찰매도율, 현찰매입률, 전신환매도율, 전신환매입률, 수표매도율, 수표매입률.

(단위 : 원, %)

통화명	현찰				송금		T/C	외화수표	매매
	사실 때(스프레드율)		파실 때(스프레드율)		보내실 때	받으실 때	사실 때	파실 때	기준율
미국USD	1224.15	1.75	1182.05	1.75	1214.80	1191.40	1217.53	1190.64	1203.10

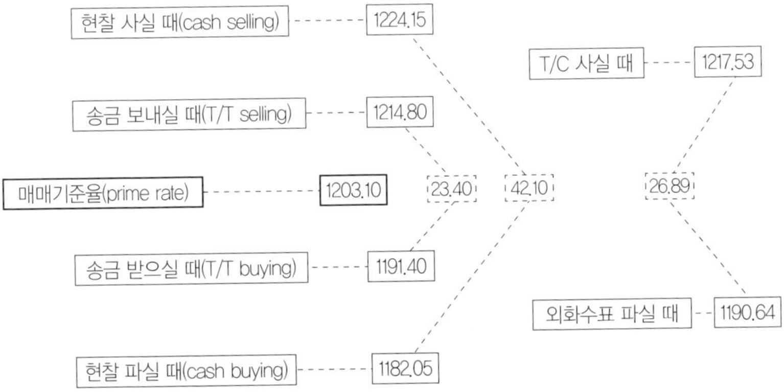

환율의 종류

독자 여러분이 해외여행을 가기 위해서 은행을 방문해 US 1,000불을 매입하고자 한다면 위 표에서는 얼마를 지불해야 할까? 1,224,150원을 지불해야 한다. 여행 도중에 신용카드를 사용해서 그 외화가 전부 남아 귀국 후 은행에 가서 US 1,000불을 다시 한화로 교환해 달라고 하면 얼마를 받을 수 있을까? 1,182,050원을 받게 된다. 달러는 우리나라 화폐가 아니다. 그래서 은행도 외화 지폐를 보유하려면 비용이 필요하므로 매매기준율 대비 환율 차이가 제일 크다.

무역사업을 할 때는 조금 달라진다. 독자 여러분이 수입자여서 수출자에게 물품대금 US 1,000불을 송금하려면 은행에 한화를 얼마 지불하면 될까? 1,214,800원이다. 독자 여러분이 수출자여서 제품 수출 후 수입자로부터 받은 물품대금 US 1,000불을 은행을 방문해 한화로 교환해 내 통장에 입금시켜 달라고 요청하면 은행은 얼마를 입금시켜 줄까? 1,191,400원을 입금시켜 준다. 무역대금은 지폐의 이동 없이 전산상으로 숫자만 이동하기 때문에 매매기준율 대비 환율 차이가 제일 낮다.

신용카드가 발달한 지금은 거의 사용하지 않지만 신용카드가 발달하지 않았던 20년 전에는 여행갈 때 현금보다 안전하고 소지가 편리한 여행자수표를 많이 사용했다. 소지자의 사인이 있어야 환전이 가능한 수표여서 도난당해도 도둑이 환전할 수 없어서 안전한 것이다.

외국인이 한국에 입국할 때도 마찬가지로 자국 발행 수표를 한국 내 은행에서 달러 또는 한화로 교환해 사용이 가능하다. 독자 여러분이 여행을 가기 위해서 US 1,000불짜리 여행자수표를 발급받으려면 은행에 1,217,530원을 지불해야 하고, 외국인이 한국에 여행 와서 US 1,000

불짜리 수표를 제시하면 1,190,640원을 받을 수 있다. 신용카드의 발달로 우리는 지금 여행자수표를 거의 사용하지 않지만 아직도 적지 않은 나라에서는 신용카드 문화가 발달되지 않아서 여행자수표를 사용하고 있다.

독자 여러분이 무역사업을 하게 되면 환율이 매우 중요한 요인이 될 것이다. 수입사업을 한다면 수출자에게 물품대금을 지급하는 시점을 어떻게 결정하느냐에 따라서 원가가 변할 수도 있다. 수출사업을 한다면 수출 후 받은 외화 수익을 언제 은행에 가서 환전하느냐에 따라 수익이 달라진다. 그 시점은 무역사업을 하는 독자 여러분 본인이 결정하는 것이다.

수입사업을 하는 사람은 수출자에게 물품대금을 지급해야 하는 만기일이 있으므로 그 시점을 오래도록 끌 수는 없다. 하지만 수출사업을 하는 사람은 수출 후에 받은 외화 수익을 오래도록 외화 통장에 보유할 수 있으므로 환율이 급변하는 시기에는 언제 외화를 환전하느냐에 따라서 적지 않은 수익 차이가 생길 수 있다. 그러므로 수입사업을 하든 수출사업을 하든 무역사업을 하는 사람은 언제나 환율 변화를 지켜봐야 한다.

본선인도조건과 운임보험료 포함 조건

가격조건에는 여러 가지가 있지만 이 책에서는 두 가지 가격조건만 설명하고자 한다; 본선인도조건(Free On Board, FOB)과 운임보험표 포함

조건(Cost Insurance and Freight, CIF). 이 두 가지 조건들은 무역거래에서 제일 많이 사용하는 조건이기도 하지만, 이 두 가지 조건만 제대로 이해하면 나머지 조건들은 이 두 가지 조건을 기준으로 그 차이점을 파악하여 이해가 가능하다.

① 본선인도조건(Free On Board, FOB)

학생이든 사업가든 무역 공부를 할 때 복잡한 용어 때문에 고생을 많이 하는데, 그것은 용어를 외우려고 하기 때문이다. 복잡한 용어를 외우면 외운 당시에는 기억이 나지만 시간이 지나면 잊어버리기 쉽고, 또한 용어끼리 헷갈리기도 쉽다. 그래서 나는 강의할 때 항상 암기하지 말고 이해하라고 조언한다.

'Free on Board'라는 영어를 풀어서 이해해 보자. 첫째, 'Free'는 '자유'를 의미하지만 여기서는 '없다'라는 의미다. '금연'이라는 표시를 우리는 영어로 'No Smoking'이라고 하지만 미국에서는 'Smoke Free'라고 한다. 면세를 'Duty Free'라고 할 때 'Free'는 '자유'라는 뜻이 아니라 '없다'라는 뜻인 것과 같다. 그렇다면 무엇이 없다는 말일까? 바로 '책임'이 없다는 말이다.

수출자가 책임이 없다니 무슨 말일까? 그것은 두 번째 단어에서 알 수 있다. Board는 선박의 갑판을 말한다. 따라서 '수출물품이 수출을 위한 선박의 갑판에 적재가 되면(on board) 수출자는 책임이 없다'라는 뜻이다. 즉, 수출자는 수출을 위한 선박의 갑판까지 수출물품을 문제없이 적재시켜 주면 수출자로서의 역할은 끝나는 것이다.

② 운임보험료 포함 조건(Cost Insurance and Freight, CIF)

운임보험료 포함 조건(Cost Insurance and Freight, CIF)은 수출자가 원가, 보험료, 해상운임 등을 부담하는 조건이다. 이것을 본선인도조건과 같은 방법으로 해석해 보자.

다음 그림은 수출 가격조건이므로 수출자를 기준으로 작성한 것이다. 그림에서 짙은 화살표는 위험을, 연한 화살표는 비용을 나타낸다. FOB 조건과 CIF 조건의 짙은 화살표는 길이가 같다. 하지만 연한 화살표는 길이가 다르다. 따라서 FOB 조건과 CIF 조건에서 수출자가 부담하는 위험은 같다는 뜻이다. 즉, 두 조건 모두 수출자가 수출을 위한 물품을 수출용 선박의 갑판에 적재하는 순간 수출자의 의무는 사라진다.

하지만 비용은 좀 다르다. FOB 조건에서 수출자는 수출용 선박의 갑판에 수출용 물품을 적재하는 순간까지의 비용만 부담하면 되지만 CIF 조건에서는 수출용 물품이 도착항에 도착할 때까지의 비용을 수출자가 부담해야 한다. 그 비용이 보험료(Insurance)와 해상운임(Freight)이다. Cost는 FOB 조건에서 수출자가 부담하는 원가를 의미한다. 따라서 CIF 조건에서 수출자는 FOB 조건에서의 수출자보다 보험료와 해상운임을 추가로 부담하는 것이며, 나머지는 동일하다.

독자 여러분은 이 두 가지 조건을 기본 모델로 해 여기에서 조금씩 조건들을 변화시켜 이해하기 바란다. 보험료를 수입자가 부담한다면 CIF에서 보험료(I)를 제외한 운임 포함 조건(Cost and FReight, CFR)이 된다. 외우지 말고 이해하기 바란다.

Incoterms R 2010

Cost/Risk Split between Seller and Buyer (Seller Perspective)

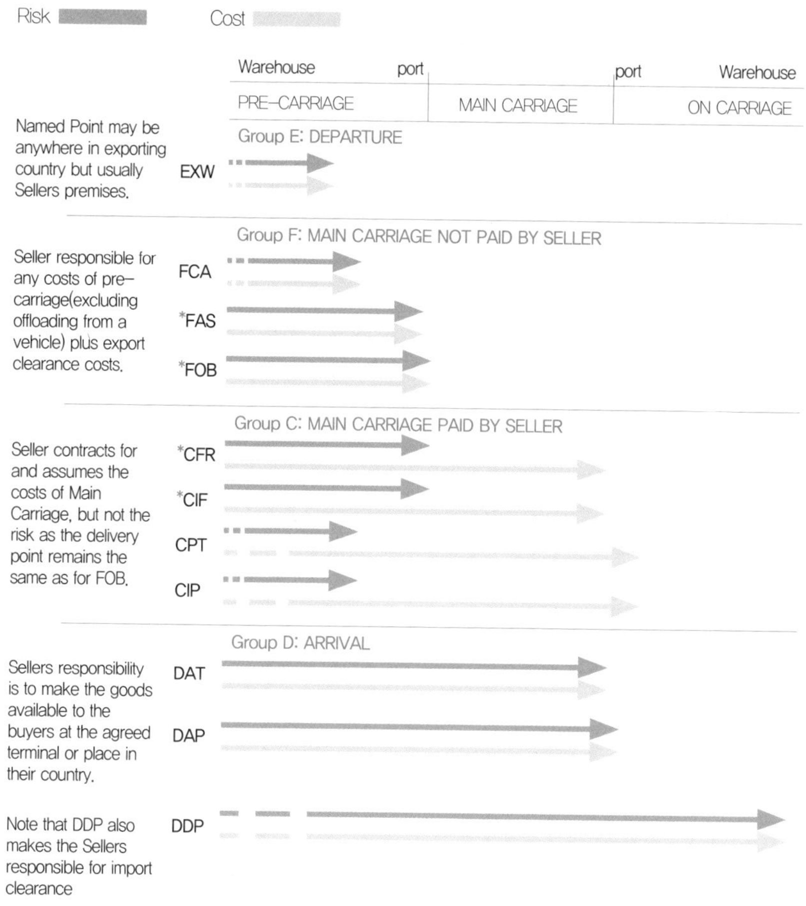

Graduated bars denote the named point may be anywhere in the exporting/importing country as agreed between Seller and Buyer.

Export Clearance: Always Sellers responsibility except under EXW
Import Clearance: Always Buyers responsibility except under DDP
For full details refer to ICC Publication No. 715

> Trade Terms marked * are for use only with 'port-to-port' marine or inland waterway transportation. Other Trade Terms may be used for any mode(s) of transport (including marine/inland waterway).

가격조건별 수출자의 부담 비용과 책임

앞의 그림에서 보다시피 F조건은 선적지 조건이고 C조건은 도착지 조건이다. F조건에는 해상운임이 포함되지 않으니 선적지 조건이고, C조건에는 선박이 도착항까지 이동할 때 소요되는 비용인 해상운임이 포함되니 C조건은 도착지 조건이라고 이해하면 더 쉬울 것이다.

가끔 그것을 헷갈려 하는 사람이 있다. 수입사업을 위한 가격조건을 해외 수출자에게 제시해야 하는데 'FOB Busan'으로 조건을 제시하는 사람들을 가끔 본다. 그것은 무역용어를 무조건 외웠기 때문에 일어나는 현상이다.

한국에 있는 수입자가 수입을 한다면 C조건 뒤에 한국에 있는 항구가 붙거나 F조건 뒤에 외국에 있는 선적항이 있어야 한다. 수출자의 입장도 마찬가지다. F조건으로 수출한다면 F조건 다음에는 선적항인 한국의 항구가 붙어야 하고 C조건 다음에는 도착항인 외국의 항구가 붙어야 한다.

수출사업을 오래 해오다가 수입사업을 새로 시작하거나, 수입사업을 오래 해오다가 수출사업을 새로 시작하는 사람들이 가끔씩 범하는 실수다. 무역용어를 외우지 말고 이해하면 그런 일은 생기지 않을 것이다.

환율에 대한 고정관념 바꿀 때 됐다

연초부터 환율이 요동치고 있다. 중국 경제의 불확실성 확대에 따른 중국 증시 폭락과 위안화 약세가 가속화하면서 글로벌 금융시장은 물론 외환시장 전체가 크게 출렁이고 있는 것이다. 최근 외환시장 특징은 미국 일본 등 선진국 통화 가치 강세가 급격히 진행되는 반면 중국을 위시한 신흥국 통화는 급락세를 이어가고 있다는 점이다.

무엇보다 원화 가치 하락(환율 상승)세가 심상치 않다. 원 · 달러 환율은 어제 한때 달러당 1,210원을 넘어서는 등 두 달 반 사이에 90원 가까이 올랐다. 최근 3개월간 미 달러화 대비 원화 가치 하락률은 5.3%로 인도 루피아화(3.3%)는 물론 중국 위안화(3.5%)보다도 높다. 사실상 국가 부도 상태인 브라질 헤알화 하락률이 7.1%인 것을 감안하면 원화의 하락세가 예사롭지 않음을 알 수 있다. 지속적인 약세를 보이던 일본 엔화는 최근 3개월간 미 달러 대비 2.5% 올라 달러당 117엔 수준을 유지하고 있다.

문제는 가파른 원화 가치 하락을 반길 수만은 없다는 데 있다. 전에는 환율 상승은 수출조건을 개선하는 등 우리 경제에 커다란 호재였다. 하지만 최근 원화 약세는 글로벌 경기 침체 요인이 더 크다. 특히 중국 경기가 둔화되면서 수출 기업의 실적 개선 효과가 그리 크지 않다는 것이다. 게다가 위안화 역시 동반 약세를 보이고 있어 중국과 경합하는 수출시장에서 한국 기업의 이점도 상쇄되고 있다. 현대자동차, 삼성전자 등 대표 수출 기업의 해외 생산 비중이 높아진 것 역시 환율 효과를 반감시킨 요인 중 하나다. 현대 · 기아차의 해외 생산 비중은 2009년 28%에서 지난해에는 43%까지 높아졌다. 이 비중은 더 높아질 전망이다.

환율이 오르면 수출 증가에 따른 이득보다도 환차손에 의한 자본 유출을 걱정해야 할 판이다. 원 · 달러 환율이 1,165원 40전에서 1,209원 80전으로 수직 상승한 지난해 12월 28일부터 어제까지 외국인은 유가증권시장에서 불과 9거래일 동안 1조 1,819억 원어치나 팔아치웠다. 고(高)환율이 이제는 독이 되고 있는 것이다. 환율에 대한 고정관념을 바꿀 때가 됐다. 정부나 민간 모두 환율 수준보다는 변동성 관리에 집중할 필요가 커졌다.

한국경제신문, 2016년 1월 12일, 사설

환율상승 최대 수혜는 자동차
철강 · 금속 업종은 영업이익 감소

원 · 달러 환율이 1,200원대로 급등하면서 업종별 희비가 엇갈리고 있다.

자동차와 조선 등 수출 기업들은 가격경쟁력이 강화되는 수혜를 얻는 반면 철강 · 금속과 운송 등의 업종은 원자재 수입 비용 증가와 달러화 결제금액을 원화로 환전할 때 환차손을 입을 것으로 보인다.

원 · 달러 환율 상승은 일반적으로 해외에서 가격경쟁력을 유리하게 가져갈 수 있는 수출업종에 우호적으로 작용한다. 이 중 자동차 업종은 최대 수혜 업종이다.

25일 NH투자증권은 올해 기말환율 기준 원 · 달러 환율이 1,250원으로 상승하면 자동차 업종 10개 상장사 영업이익은 14조 3,710억 원에서 16조 5,810억 원으로 15.4% 증가할 것으로 전망했다.

업종 대표 상장사 108곳으로 같은 조건을 대입했을 때 영업이익 증가분 2조 9,200억 원의 76%가 자동차 업종이 차지하는 것이다.

현대차는 영업이익이 7조 1,890억 원에서 8조 1,230억 원으로 13%가량 증가하고 기아차 역시 2조 6,650억 원에서 3조 5,180억 원으로 32% 늘어날 것으로 추정됐다. 두 기업만으로도 2조 원 가까운 환율 수혜를 입는다.

수출 비중이 큰 현대차와 기아차는 원 · 달러 환율이 10원 올라갈 때마다 매출액은 각각 0.3%와 0.4%, 영업익은 1.3%와 3.2% 증가하며 달러 강세의 효과를 톡톡히 누리게 된다.

조선 · 기계 업종 8개 상장사도 영업이익이 2조 3,110억 원에서 2조 5,750억 원으로 11.4% 늘어날 것으로 전망됐다.

현대중공업과 대우조선해양이 각각 29.6%와 15.4% 늘어나는 등 대형 조선사들의 영업이익 증가 효과가 두드러질 것으로 예상됐다.

제약 · 바이오 업종 13개사도 9,620억 원에서 1조 30억 원으로 4.2%의 영업이익 개선 효과가 나타날 것으로 전망됐다. 셀트리온 등 최근 신약 수출에 주력하는 기업일수록 환율 상승 수혜도 커지게 된다.

원자재 수입 비중이 크거나 달러 부채가 많은 기업은 환율 상승에 따른 실적 악화가 우려된다.

철강 · 금속 업종 6개사의 영업이익은 5조 3,990억 원에서 5조 2,280억 원으로 3.2%,

순이익은 2조 8,850억 원에서 2조 6,850억 원으로 6.9% 감소할 것으로 전망됐다.

달러 강세에 따른 원자재 수입 단가 상승 비용이 수출 증가 수혜보다 더 클 것이라는 분석이다.

현대제철과 포스코캠텍의 영업이익이 각각 15.2%, 16% 감소할 것으로 전망됐다.

운송업 6개사의 경우 영업익은 2조 3,450억 원에서 2조 3,630억 원으로 소폭 증가하겠지만, 순이익은 1조 1,830억 원에서 4,210억 원으로 64.4%나 줄 것으로 예상됐다.

이는 양대 항공사인 대한항공과 아시아나항공의 2014년 말 기준 달러 부채가 각각 73억 5,400만 달러, 7억 6,600만 달러에 달할 정도로 커서 환차손에 따른 영업 외 비용이 늘기 때문이다.

정종혁 NH투자증권 기업분석부장은 "운송업종 기업들은 올해 영업환경 개선으로 매출과 영업실적이 늘어날 것"이라며 "다만 외화 부채가 많아 환율이 오르면 순이익이 64% 줄어들겠지만, 유가 하락 등 다른 변수를 고려하면 큰 악재로 작용하지는 않을 것"이라고 분석했다.

수출업종에도 환율 상승이 유리하기만 한 것은 아니란 분석도 있다.

가령 최대 수혜 분야로 꼽히는 자동차 업종의 경우 원화 약세와 더불어 다른 신흥국 통화의 약세가 동시에 진행된다면 해당 국가의 경기가 침체되며 결과적으로 자동차 판매가 줄 가능성이 있다는 것이다.

매일일보, 2016년 1월 25일, 박동준 기자

흐름을 보는 눈

일반적으로 환율이 오르면 수출업자에게 유리하고 수입업자에게 불리하다. 증권 전문가들은 환율과 주가가 반비례한다고도 한다. 외국인이 주식을 매도하면 주가는 떨어지고, 국내 증권사에서 외국인에게 주식매도금액을 달러로 지급해야 하기 때문에 달러 수요가 많아져서 환율이 오른다고 한다. 소규모 영세 무역상이 위 두 개의 기사에 있는 것과 같은 거시적인 안목까지 가질 필요는 없겠지만 상식적으로 환율에 대한 기초 개념은 가지고 있어야 한다. 나는 주식거래는 안 하지만 환율 변동을 예측하기 위해서 주가 변동은 항상 지켜본다. 산업에 따라 환율이 다르게 영향을 미치기도 하지만 단순한 무역거래만을 하는 소규모 영세 무역상에게는 환율이 아주 단순한 이론적인 방향으로 영향을 미치기 때문이다.

7장

실제거래 사례

소량화물(LCL) 수입사례: 해먹

소량화물의 가격구조

내가 수입한 해먹은 침대형 해먹과 의자형 해먹, 두 종류다. 해먹은 캔톤페어에서 샘플을 구매해 가지고 왔으니 바로 오더를 할 수 있었지만 가격경쟁력이 있는지를 먼저 알아봐야 했다. 인터넷 쇼핑몰 검색창에 '해먹'이라고 입력한 후 검색을 하니 엄청나게 많은 수의 제품이 나오는데 대부분 우리가 흔히 접해온 그물침대였다. 내가 가져온 침대형 해먹은 양쪽에 나무가 있고 단순 그물망이 아닌 천으로 된 고급형이어서 똑같은 제품이 그리 많지 않았다.

실제로 인터넷 쇼핑몰 검색창에 '침대형 해먹'이라고 입력한 후 검색했더니 그리 많은 제품이 검색되지 않았다. 검색된 제품들과 내가 수입하려는 제품을 비교해 보니 어느 정도 가격경쟁력이 있을 것 같아서 수입하기로 결심했다. 의자형 해먹은 상대적으로 쉽게 판단할 수 있었다. 인터넷 쇼핑몰 검색창에 '의자형 해먹'이라고 입력한 후 검색하니 검색되는 제품 수가 별로 없어서 금방 기존에 판매되고 있는 제품의 가격대를 알 수 있었고, 내가 수입하려고 하는 제품이 가격경쟁력이 있을 것 같다는 판단이 섰다.

캔톤페어에서 샘플을 구입할 때 가격은 받았지만 그것은 해먹만의 가격이었고 이제는 로프와 고리 등 그 부속품까지 포함해 견적을 새로 받아야 했다. 또한 해먹의 종류가 침대형과 의자형, 두 종류이니 종류별로 포장 등 세부사항도 같이 받아야 한다. 그래서 캔톤페어에서 받은 중국 제조업체 담당자의 명함에 있는 이메일 주소로 연락해 나를 기억시킴과 동시에 상세 견적을 달라고 했다.

Dear JASON,
– one of #71331 series(single hammock with spreader bars) 4120pcs per 20'GP
– one of #78002 series(hanging chair) 1200pcs per 20'GP

– 71331 시리즈(양쪽에 나무가 있는 1인용 해먹): 20피트 컨테이너 1대 적재량 4,120개
– 78002 시리즈(1인용 의자형 해먹): 20피트 컨테이너 1대 적재량 1,200개

역시 내가 예상했던 대로 해먹을 수입하는 데 핵심은 수량이었다. 20피트 한 컨테이너에 가득 채울 경우 침대형 해먹 한 종류는 4,120개, 의자형 해먹 한 종류는 1,200개를 적재할 수 있다는 것이었다. 만약 두 종류를 섞어서 20피트 한 컨테이너를 채운다고 해도 침대형 해먹 2,060개와 의자형 해먹 600개는 돼야 한다. 해먹 판매를 처음 하는 사람이 2,660개를 언제 다 판매한단 말인가? 나는 초기 오더로 종류별로 각각 100개씩 정도만 생각하고 있었기에 그 수량에 맞게 견적을 다시 달라고 요청했더니 아래와 같은 회신이 왔다.

Dear JASON,

1. 100pcs 71331, hammock with wood spreader, 1pc in a fabric bag + 2pcs × 3m 9100 rope + 2pcs 9107 hook, 10pcs in a carton, USD…….
   total 0.68m³
2. 102pcs 78002, hanging chair with mat, 1pc in a polybag + 1pc × 3m 9100 rope + 1pc 9107 hook, 6pcs in a carton, USD…….
   total 2.42m³

1. 양쪽에 나무가 있는 1인용 해먹 모델명 71331 100개: 천가방 1개 + 3미터 로프(모델명 9100) 2개 + 걸이용 고리(모델명 9107) 2개, 박스당 10개 포장, 가격 USD…….
   전체 부피 0.68입방미터
2. 매트가 있는 1인용 의자형 해먹 모델명 78002 102개: 폴리비닐백 1개 + 3미터 로프(모델명 9100) 1개 + 걸이용 고리(모델명 9107) 1개, 박스당 6개 포장, 가격 USD…….
   전체 부피 2.42입방미터

소규모로 무역업을 하는 사람이 제품 지식이나 무역결제조건 등과 더불어 반드시 알아야 하는 것이 바로 대량화물(Full Containerload Lot, FCL)과 소량화물(Less than Containerload Lot, LCL)의 차이다. 항상 대량화물만 취급하는 대기업에서는 소량화물이 어떻게 운송되는지에 관심을 가질 필요가 없겠지만 소규모 무역업자는 대량화물보다 오히려 소량화물이 일반적인 운송 형태가 될 수 있으니 그 차이를 잘 알고 있어야 한다.

나는 누군가가 LCL에 대한 질문을 하면 야간에 경기도 지역으로 운행하는 합승택시(일명 '나라시 택시')를 예로 들어서 설명하곤 한다. 승객 4명을 태워야 하는 택시에 합승할 경우 나머지 3명과 전체 택시요금을

1/4로 나눠서 내게 된다. 합승할 경우 혼자 탈 경우보다는 비용이 많이 저렴하지만 대신 몇 가지 불편함을 감수해야 한다. 그런 불편함을 감수하기 싫으면 혼자 4명의 비용을 모두 지불하면 되지만 그렇게 되면 4배의 비용을 부담하는 셈이 되는데, 무역은 단순한 택시 승차가 아닌 사업인데 그렇게 높은 비용을 부담하면 사업이 잘될 리가 없다.

먼저 중국 제조업체에 연락해 정확한 HS Code 번호와 포장의 세부사항을 알려달라고 했더니 HS Code 번호와 함께 침대형 해먹 100개와 의자형 해먹 102개의 전체 부피는 3.128CBM이라는 회신을 보내왔다. 포워딩업체에 연락해 관세율과 함께 상세 견적을 달라고 요청했다. 이제 중국 제조업체와의 협상은 끝났고 내가 비용을 정확하게 산출해 상세한 원가계산을 해야 한다. 내가 수입하는 해먹은 침대형 해먹과 의자형 해먹, 두 종류였다. 그리고 각 종류별로 색상이 두 가지씩 있으니 전체 제품은 네 종류였다.

원가계산서를 만들 때는 각 종류별로 개별적으로 적용되는 변동비용과 전체적으로 적용되는 고정비용을 나눠서, 개별적으로 적용되는 변동비용은 개별적으로 입력해 계산하고 전체적으로 적용되는 고정비용은 각 종류별로 가중치를 계산한 후 가중치에 따라 배분해야 한다.

LCL – 대련 – 인천 – 마포

- BAF : USD 15/CBM
- CAF : USD 2/CBM
- THC : KRW 6,500/CBM

- WFG : KRW 323/CBM
- CCC : KRW 1,500/CBM
- DRAYAGE FEE : KRW 53,000
- DOCS : KRW 30,000/BL
- D/O FEE : USD 60
- 운송료(인천 – 마포) : 70,000/1 TON
- 창고료 : AT COST – 물품가액 알려주시면 대략적인 금액 말씀드리겠습니다.
- 통관수수료 : 0.2% of CIF value (MIN. KRW 30,000)
- 관세 & 부가세 : 별도
- 적하보험료 (IF NEED) : 별도

먼저 LCL을 기준으로 받은 포워딩업체의 견적서를 검토해야 한다. 견적서 내에 있는 항목 중에서 무역업체에서 포워딩업체와 협의해 줄일 수 있는 항목은 거의 없으니 거의 대부분 포워딩업체의 견적서대로 납부해야 한다고 생각하고, 여기서는 용어의 정의만 간단하게 설명하고자 한다.

BAF: Bunker Adjustment Factor(유가할증료)

CAF: Currency Adjustment Factor(통화할증료)

THC: Terminal Handling Charge(터미널 화물처리비)

WFG: Wharfage(부두사용료)

CCC: Container Cleaning Charge(컨테이너 청소비)

DRAYAGE FEE: 부두 내 차량운반비

DOCS: 포워딩업체 서류발행 수수료

D/O FEE: Delivery Order 수수료

실제로 이런 항목 중에서 항구에서 발생하는 비용은 항만노조에서 결정한 요율이기 때문에 대부분 무역업자가 협상할 수 있는 항목이 아니다. 무역업자가 협상하고자 한다면, 포워딩업체와 협상할 수 있는 항목으로 DOCS, 운송료, 통관수수료 등이 가능할 것이다. 내가 수입하려는 해먹은 전체 부피가 3.128CBM으로 포워딩업체에게 디스카운트를 요청할 만큼 큰 금액이 아니어서 포워딩업체로부터 받은 견적을 그대로 인정했다. 인천항에서 마포 사무실까지 용달운송료 7만 원이면 합리적인 가격이라고 생각됐다.

	71331 K015	71331 K017	78002 K019	78002 B005
	13.5	13.5	15.5	15.5
	675.00	675.00	744.00	837.00
				2,931.00
1060				3,106,860
1.13				3,510,752
1.1				3,861,827
견적	336,972			
운송	70,000			
통관	30,000			
보관	–			
				4,298,799
				21,281
	19,800	19,800	22,733	22,733

해먹 원가계산

달러 대비 환율 1,060, 관세율 13%, 부가가치세율 10%는 기본 입력 사항이고, 포워딩업체 견적금액 336,972원, 인천항 CFS에서 마포 사무실까지의 1톤 트럭 운송비 70,000원, 관세사 통관수수료 30,000원을 추가로 입력해 순수 원가를 계산했다. 부가가치세는 환급받는 세금이다. 따라서 사업에 따라서는 부가가치세를 원가로 계산하지 않는 경우도 있다.

하지만 그것은 내가 제품을 부가가치세 별도로 판매할 경우에 한해서다. 부가가치세 별도로 판매를 할 경우에는 구매자에게 부가가치세를 받아서 납부하면 되므로 당연히 수입할 당시의 부가가치세는 원가에 들어가면 안 된다. 하지만 일반적인 인터넷 판매의 경우에는 부가가치세 포함으로 판매하는 경우가 대부분이므로 내가 판매금액 중에서 일부를 빼서 부가가치세로 신고 납부해야 한다. 따라서 이런 경우에는 수입할 당시의 부가가치세도 원가에 포함시켜야 한다(4장에서 상세하게 설명했다).

정확한 원가를 계산하려면 품목별 가중치를 구해 전체 비용에 가중치를 적용해 계산해야 한다. K015와 K017은 단가도 같고 수량도 각 50개씩 같지만 K019와 B005는 단가는 같지만 수량은 K019가 48개, B005가 54개로 B005가 6개 더 많다. 그러면 당연히 비용부담률도 달라야 할 것이다. 전체 비용을 202개로 나누면 개당 원가는 21,281원이지만 가중치를 적용해서 계산해 보면 개당 원가가 K015와 K017은 19,800원이다. 반면 K019와 B005는 22,733원이 된다. 당연히 두 품목의 판매가격 역시 달리 결정돼야 할 것이다.

여기까지 계산한 비용은 최소한의 비용이며 향후 포장비, 배송비, 인터넷 판매에 따른 비용 등 추가 비용이 많이 필요하게 될 것이다. 하지만 대충 계산해 봐도 어쨌든 적자는 아닐 것 같았고 조금이나마 남는 사업이 될 것 같아서 진행하기로 하고 중국 제조업체에 송금을 위한 견적송장 발행을 요청했다. 금액이 얼마 안 돼서 계약과 동시에 전액 송금하기로 하고 최대한 빠른 선적을 요청했다.

만약 대량화물(FCL)이었다면?

우리는 제품 수입 시 컨테이너를 사용해 해상으로 제품을 수입할 경우에는 운송비용을 세밀하게 체크할 필요가 있다. 운송비용은 단가에 직접적으로 영향을 미치는 요소이며 단가는 사업의 성패를 결정할 수 있을 정도로 중요한 요소다. 따라서 운송비용이 사업에 미치는 영향은 매우 크다.

20피트 컨테이너에 FCL로 제품을 선적하면 부피가 20CBM이다. 거래 규모가 커서 언제나 컨테이너를 가득 채워 수입한다면 수량이 적을 경우 운송비용이 어떻게 되는지를 고려할 필요가 없겠지만 FCL로 수입하기 쉽지 않은 적은 수량을 수입하는 경우에는 FCL로 수입할 경우와 LCL로 수입할 경우를 비교할 수밖에 없다. 내가 수입한 해먹은 부피가 3.128CBM으로서 컨테이너를 가득 채울 경우인 20CBM과는 차이가 너무 커서 비교 분석할 필요도 없이 고민하지 않고 LCL로 수입했다.

만약 수량이 컨테이너의 절반을 차지할 정도로 부피가 커진다면 아마 상황은 많이 달라질 것이다. 수량이 많으면 많을수록 개당 부담 비용은 작아진다는 것은 상식이다. 그것은 단가 인하의 효과로 나타날 것이며 바로 가격경쟁력이 된다.

뒤에 나오는 이동식 양변기는 부피가 12CBM이었다. 그래서 LCL로 수입할 경우와 FCL로 수입할 경우를 비교하는 데 좋은 사례가 될 것이다. 수입을 LCL로 할 경우와 FCL로 할 경우의 차이는 곧이어 이동식 양변기 수입 사례에서 상세하게 설명하겠다. 여기서는 그저 운송비용이 단가에 미치는 영향이 지대하며, 사업의 성패에 큰 영향을 미친다는 것만 알기 바란다.

대량화물(FCL) 수입사례: 이동식 양변기

샘플을 먼저 수입하다

2013년 추계 캔톤페어에서 해먹은 샘플을 구매했지만 이동식 양변기는 샘플을 구매하지 못했다. 박람회에서는 샘플을 판매하지 않는다는 중국 제조업체 담당자에게 "한국에 돌아가면 주변 사람들에게 샘플을 보여주면서 직접 시연을 해야 오더를 할 것 아니냐?"라면서 샘플 판매를 몇 차례 요청했지만 결국 실패했다. 회사 방침을 설명하는 중국 제조업체 담당자는 요지부동이었다. 귀국 후 정식으로 샘플 판매를 요청하면 응하겠다는 말로 나를 설득했다.

어쩔 수 없이 제품 카탈로그와 담당자 명함을 받고 내 명함을 주면서 귀국 후 이메일을 보낼 테니 나를 기억해 달라고 했다. 그리고 귀국 후 중국 제조업체 담당자에게 이메일을 보내, 샘플을 구매할 테니 샘플 견적을 달라고 했다. 중국 제조업체 담당자는 샘플을 2개까지는 무료로 줄 수 있지만 운송비는 내가 부담하는 조건이라고 했다. 나는 두 가지 양변기의 모델별로 4개씩, 전체 8개의 샘플이 필요하니 견적을 달라고 했더니 아래와 같은 회신을 보내왔다.

Dear Jason,
Because the cost of freight is very high, so I do not want to send so many samples to you. Our portable toilet's measurement is big.
For 4pcs of 10L toilet and 4pcs of 20L toilet, the total freight is USD1020.00.
For 3pcs of 10L and 3pcs of 20L toilet, the cost is USD…….
So the total cost is USD…….
It is too high.
Can you have a trial order of 100pcs? Then the cost will be lower by sea.
Pls kindly have a think.

운임이 너무 비싸서 많은 샘플을 드릴 수 없습니다.
당사의 이동식 양변기는 부피가 큰 제품입니다.
10리터짜리 4개와 20리터짜리 4개의 전체 운임은 1,020불입니다.
10리터짜리 3개와 20리터짜리 3개의 가격은 ……불입니다(각 1개씩은 무료 샘플이므로).
그래서 전체 비용은 ……불입니다. 비용이 너무 큽니다.
초기 오더를 100개를 하는 건 어떠신지요?
그러면 해상으로 운송하게 될 것이므로 비용이 많이 낮아질 것입니다.
한번 생각해 주시기 바랍니다.

이메일 내용을 읽어보니 운송비가 무려 1,020불이나 됐다. 운송비 부담이 너무 커서 나는 두 가지 모델을 선정해, 모델별로 하나씩 총 2개의 샘플을 받으면 샘플비는 무료이고 운임비만 지불하면 될 테니 운임비가 얼마냐고 물어봤다. 그랬더니 샘플 2개의 운송비가 410불이나 된다고 한다. 그래서 "8개가 1,020불인데 고작 2개가 410불이라니 무슨 그런 계산이 있어요?"라고 따졌더니 EMS의 정책이라고 하면서 아래와 같은 회신을 보내왔다.

> Dear Jason,
> Because the courier has a rule, when the measurement weight is more 100kgs, then it will give us a very low price. But when the weight is less than 100kgs, then it will charge for the real weight.
> Sorry, can you understand my meaning?
> The courier is EMS, it is the most cheap courier of our samples, because the sample measurement is big.
> Do you have any cheaper courier for my information?
>
> 운송회사의 규정에 따라 무게가 100킬로그램을 넘으면 매우 낮은 가격을 책정합니다만 무게가 100킬로그램이 안 될 때는 실제 무게에 따라 요금을 부과합니다.
> 죄송합니다만, 제 설명을 이해하시겠는지요?
> 운송회사는 EMS입니다. 당사의 샘플은 부피가 크기 때문에 당사의 샘플 발송에는 가장 저렴한 운송회사입니다.
> 귀사에서 그보다 더 저렴한 운송회사를 알고 계시다면 알려주십시오.

머리를 써야 할 시간이 됐다. 1,020불을 지불하고 샘플 8개를 받으면 개당 운송비는 127.5불. 하지만 410불을 지불하고 샘플 2개를 받으면 개당 운송비는 205불. 운송비 차이가 개당 77.5불이나 된다. 사실 샘플도 모델별로 하나씩 가지고는 초기 마케팅이 불편할 수 있다.

그래서 운송비를 1,020불 지불하면서 두 가지 모델에 대해 모델별로 각각 4개씩 8개의 샘플을 사기로 하고 최종 견적서를 요청했다. 최종 견적서는 송금요청서와 다름없으니 견적송장의 형식으로 보내왔다. 현재 수출을 많이 하고 있어서 견적송장을 수시로 작성하고 있는 내 입장에서는 그리 낯선 양식은 아니었지만 그래도 지금은 외화를 송금해야 하는 입장이니 수신한 견적송장의 내용을 꼼꼼하게 점검한 후 상호 협의한 대로 발행됐음을 확인한 후 송금 절차를 진행했다.

인터넷이 많이 발달했지만 아직도 해외로의 송금은 은행 창구를 통해야 한다. 국내송금의 경우에는 인터넷으로 송금할 경우 상대방의 계좌번호를 입력하면 계좌 소유주의 성명 등이 자동으로 보이므로 잘못 송금하는 실수가 없다. 그러나 해외송금의 경우에는 인터넷으로 송금할 수 있는 체제가 아직 만들어지지 않아서 은행 창구를 통해서 송금할 수밖에 없다. 그래서 주거래은행 외환계를 방문해 해외송금에 필요한 송금신청서를 받으면서 작성법을 전달받고 양식을 몇 부 가지고 왔다.

앞으로 최소한 2~3번은 더 해외송금을 해야 할 테니 처음에 할 때 제대로 익혀둬야겠다는 생각에서였다. 또한 해외송금신청서는 국내송금 신청서와 달리 작성하는 데 시간이 많이 걸리니 사무실에서 먼저 작성한 후 은행을 방문하면 시간을 절약할 수도 있을 것 같았다.

송금을 마친 후 송금확인증을 스캔해 중국 제조업체 담당자에게 이메일에 첨부해 보내면서 입금을 확인하고 샘플발송 절차에 착수해줄 것을 요청했다. 일반적으로 은행에서 발행한 송금확인증을 이메일로 받으면 일단 샘플발송 절차를 착수는 하지만 입금이 확인되기 전에는 샘플을 발송하지 않는다. 따라서 시간이 많을 경우에는 송금확인증을 스캔해서 보내지 않고 송금했다는 사실을 통보만 하면 중국 제조업체에서는 입금확인 후 샘플발송 절차에 착수한다.

송금확인증을 받은 중국 제조업체 담당자는 이메일 수신 확인과 동시에 샘플발송 절차에 착수한다는 회신을 보냈다. 그리고 며칠 후 샘플이 인천공항에 도착해 인천세관에서 통관절차를 밟으라는 공문이 왔다. 하지만 세관 통지문보다 먼저 나에게 연락을 취해온 곳이 있었으니 바로 인천 소재 관세사무소였다.

아마도 전관예우 등으로 먼저 정보를 취득한 사람으로 추측되지만 어쨌든 현지 관세사를 통해 통관을 해야 하는 내 입장에서는 그리 나쁜 일만은 아니었다. 관세사 수수료는 이미 공개된 금액이 있고, 이런 방식으로 화주와 접촉한다고 해서 관세사가 통관수수료를 더 받을 수 없을 만큼 정보가 많이 공개돼 있는 게 현실이기에, 덕분에 오히려 내가 힘들게 관세사를 찾아야 하는 수고를 덜 수 있었다.

수입허가를 받으려면 관세사 사무소에 관련 서류를 제출해야 한다. 대표적인 것이 상업송장(Commercial Invoice, C/I), 포장명세서(Packing List, P/L) 그리고 선하증권(Bill of Lading, B/L) 등이다. 대부분 배로 수입하기 때문에 선하증권 그러면 해상선하증권(Ocean B/L)을 말하지만 운송수단에 따라 항공화물운송장(Airway Bill)이 사용되기도 한다. 샘플의 경우에는 그냥 DHL이나 EMS 같은 특송업체의 송장이 선하증권을 대신한다.

내가 이번에 수입한 이동식 양변기 샘플은 EMS로 운송됐기 때문에 수입허가를 위한 제출 서류로는 상업송장과 포장명세서만 있으면 됐다. 이 서류들은 수출자에게 받아야 하는데, '어련히 알아서 주겠지.' 하는 안이한 생각으로 가만히 있다가 관세사 사무소로부터 통보를 받고 나서 수출자에게 부랴부랴 연락하는 경우가 가끔 있다.

독자 여러분은 중국 제조업체에서 제품을 선적하자마자 즉시 서류를 챙기기 바란다. 나중에 부랴부랴 서류를 보내달라고 하면 중국 제조업체는 나를 무역 경험이 별로 없는 초보 무역인으로 생각해 향후 담당자와 거래조건을 협상할 때 불리한 요소로 작용될 수 있다.

그렇게 수입신고필증을 발급 받고 통관을 해 이틀 후에 샘플이 사무실에 도착했다. 이제 샘플을 자세히 살펴보고 사용도 해보고 다른 사람들과 대화를 나눠본 후에 수입할지 말지를 결정해야 한다. 먼저 주변 사람들을 사무실로 불러 구경시켰다. "유용할 것 같다.", "좋은 제품이다." 등 대부분 호의적인 반응이었다. 하지만 그것은 그냥 남이 하는 일에 좋은 말 한마디 해주는 것에 불과할 뿐이라는 걸 명심해야 한다. 아마 돈을 지불하고 사라고 하면 반응이 달라질 것이다.

그래도 어쨌든 나쁘다는 말은 없었으니 긍정적인 반응이 나온 걸로 판단했다. 사실 제품의 질은 좋았다. 문제는 가격이다. 그래서 인터넷 쇼핑몰을 검색해 유사제품을 찾아보았다. 몇 종류의 유사제품이 있었는데 원산지가 중국이 아닌 것도 있었고 가격도 내가 수입해서 판매하려는 가격보다 높은 것도 있고 낮은 것도 있었다. 지금까지의 모든 정보를 종합 판단해 수입을 하기로 최종 결정했다.

대량화물의 가격구조

LCL 견적서

운임내역	CURR	단가	외화금액	환율	원화금액	부가세
OCEAN FREIGHT	USD	1.00	12.00	1,063.40	12,761	
BAF	USD	15.00	180.00	1,063.40	191,412	
CAF	USD	2.00	24.00	1,063.40	25,522	
THC	KRW	6,500			78,000	
WHARFAGE	KRW	323			3,876	
CCC	KRW	1,500			18,000	
DOCUMENT FEE	KRW	30,000			30,000	
D/O FEE	USD	60.00	60.00	1,063.40	63,804	6,380
DRAYAGE CHARGE	KRW	95,000			95,000	9,500
창고료	KRW	25,000			300,000	30,000
TOTAL			276.00		818,375	45,880

FCL 견적서

운임내역	CURR	단가	외화금액	환율	원화금액	부가세
OCEAN FREIGHT	USD	150.00	150.00	1,063.40	159,510	
BAF	USD	190.00	190.00	1,063.40	202,046	
CAF	USD	30.00	30.00	1,063.40	31,902	
THC	KRW	116,000			116,000	
WHARFAGE	KRW	4,200			4,200	
CCC	KRW	20,000			20,000	
DOCUMENT FEE	KRW	30,000			30,000	
D/O FEE	USD	60.00	60.00	1,063.40	63,804	6,380
TOTAL			430.00		627,462	6,380

LCL과 FCL의 견적 비교

위 두 개의 표는 부피 12CBM을 기준으로 포워딩업체에게 받은 견적서다. 첫 번째 견적서는 LCL 견적서이고 두번째 견적서는 FCL 견적서다. LCL과 FCL의 차이를 정확하게 비교하기 위해 두 개의 표를 동시에 보면서 설명하고자 한다.

1. 해상운임: LCL은 CBM당 1불, FCL은 컨테이너당 150불
2. BAF: LCL은 CBM당 15불, FCL은 컨테이너당 190불
3. CAF: LCL은 CBM당 2불, FCL은 컨테이너당 30불
4. THC: LCL은 CBM당 6,500원, FCL은 컨테이너당 116,000원
5. WARFAGE: LCL은 CBM당 323원, FCL은 컨테이너당 4,200원
6. CCC: LCL은 CBM당 1,500원, FCL은 컨테이너당 20,000원
7. DOCUMENT FEE: LCL, FCL 모두 건당 30,000원
8. D/O FEE: LCL, FCL 모두 건당 60불
9. DRAYAGE CHARGE: LCL만 있는데 건당 95,000원
10. 창고료: LCL만 있는데 CBM당 25,000원

LCL과 FCL의 가장 큰 차이점은 9번 DRAYAGE CHARGE와 10번 창고료다. FCL은 한 컨테이너에 화주가 한 개인 회사다. FCL의 경우에는 수입된 컨테이너가 컨테이너 야적장(Container Yard, CY)에 잠시 머물다가 수입신고필증을 교부받은 후에 화주가 지정한 외부 창고로 바로 이동하기 때문에 DRAYAGE CHARGE나 창고료가 필요 없다.

하지만 LCL의 경우에는 한 컨테이너의 화주가 여러 회사여서 일단

모든 화물을 컨테이너 작업장(Container Freight Station, CFS)에서 정해진 창고로 이동시켜 화물별로 별도로 보관시킨 후에 개별 화주들이 수입 신고필증을 교부받은 후, 자신의 화물을 찾아가게 된다. 이때 부두에 있는 창고를 사용하게 되는데, 그 창고에 대한 사용료가 필요하다. 거래형태상 FCL이면 발생하지 않는 비용이 LCL에서는 두 가지 더 발생하게 되는 것이다.

이 모든 비용 중에서 우리가 눈여겨 봐야 할 부분은 CBM당 부과되는 비용들이다. 해먹처럼 3.128CBM밖에 안 될 경우에는 비교할 필요도 없이 LCL이 저렴하다. 하지만 이동식 양변기처럼 12CBM이 되는 경우에는 CBM당 부과되는 비용이 작지 않으며, 위 사례처럼 FCL로 수입할 경우보다 더 높은 비용을 부담하게 된다. LCL에만 부과되는 DRAYAGE CHARGE와 창고료 때문이다.

위 표에서는 20CBM을 실을 수 있는 컨테이너에 12CBM만 싣고 8CBM의 공간을 비워서 FCL로 수입하는 게 12CBM을 LCL로 수입하는 것보다 약 19만 원 정도 저렴하다. 그래서 나는 12CBM을 FCL로 수입했다.

1차 수입

해먹을 결정할 때 한번 해본 경험이 있어서 이번에는 쉽게 진행이 됐다. 포워더로부터 FCL과 LCL, 두 종류의 견적을 받아서 비용분석을 해봤다. 하지만 이번에는 해먹과 내용이 좀 달랐다. 해먹과 달랐던 내용을 요약하면, 첫째, 해먹은 3.128CBM, 이동식 양변기는 12CBM으로, 해먹은 20피트 컨테이너의 전체 20CBM 중에서 차지하는 비중이 얼마 안 되지만 이동식 양변기는 절반 이상을 차지하므로 LCL로 할 경우 부대비용이 많이 높았다.

둘째, 해먹은 천으로 돼 있어서 LCL로 운송한다 하더라도 운송 도중에 스크래치 등 제품 손상의 위험이 별로 없지만, 이동식 양변기는 플라스틱 제품이라 LCL로 운송할 경우 운송 도중에 박스가 찢어지거나 제품이 다른 제품과 부딪혀 찌그러질 위험이 있다.

셋째, 해먹은 여러 개가 하나의 박스에 포장돼 들어오기 때문에 나중에 판매할 때는 어차피 재포장해 배송하겠지만, 이동식 양변기는 수입돼 들어온 박스 그대로에 국내 택배회사 송장만 붙여서 배송될 것이다. 그래서 이동식 양변기의 경우에는 낱장 박스 포장으로 수입할 경우에는 나중에 추가 작업을 해야 하는 불편함을 초래할 수 있다.

그래서 중국에 이중 박스 포장으로 해달라고 부탁했더니 적지 않은 추가요금을 요구하는 것이었다. "제조업체에서 박스 하나 더 포장하는데 무슨 추가요금을 그렇게 많이 요구하십니까?"라고 따졌더니 자신들도 박스는 별도로 구매하는 것이기 때문에 어쩔 수 없다고 한다. 이런 저런 실랑이 끝에 최종적으로 이중 박스 포장을 기준으로 견적을 새로 받아 비용계산에 들어갔다. 이동식 양변기는 나에게 매우 중요한 사업이 될 거라고 생각했기에 여러 가지 경우의 수를 놓고 가능하면 상세하게 원가 계산을 했다.

① FCL로 455개를 수입할 경우

② FCL로 480개를 수입할 경우

③ LCL로 200개를 수입할 경우

④ FCL로 200개를 수입할 경우

당연히 FCL로 455개나 480개를 수입할 경우의 가격이 좋았다. 하지만 이 제품을 처음 취급하는 내가 400개 이상을 제대로 판매할 수 있을까? 나는 200개 정도도 쉽지 않으리라 예상하고 있었다. 하지만 그렇다고 해서 언제까지 이렇게 적은 양만 취급할 것인가? 그래서 나중의 경우를 생각하면서 FCL의 경우도 한꺼번에 계산해본 것이지만 근본 목적은 FCL과 LCL 중 어느 것을 선택할 것인가를 결정하기 위함이었다.

놀랍게도 20피트 컨테이너가 절반 가까이 비어 있게 됐는데도 FCL로 수입하는 경우가 LCL로 수입하는 경우보다 원가가 더 낮았다. LCL로 운송하는 경우 CFS에서 발생하는 비용이 많이 비쌌던 것이다. 독자 여러분도 앞으로 어떤 제품을 수입할 때 이런 부분을 꼭 염두에 두기 바란다. 만약 FCL로 운송하는 경우의 비용과 LCL로 운송하는 경우의 비용이 같다거나, 혹시 FCL로 운송하는 경우의 비용이 LCL로 운송하는 경우의 비용보다 조금 더 높다 하더라도 나는 FCL 운송을 선택할 것이다. 왜냐하면 FCL로 운송하는 경우가 LCL로 운송하는 경우보다 훨씬 더 안전하기 때문이다.

최종적으로 이동식 양변기의 경우에는 비록 20피트 컨테이너를 다 채우지는 못하지만 그래도 FCL이 LCL보다 더 합리적이라는 결론에 도달해 FCL로 진행하기로 하고 중국에 그렇게 통보했다. 중국에서는 20피트 컨테이너의 절반에 가까운 공간을 비워서 수입한다는 말에 놀랐지만 내가 CFS 비용을 설명하니 이해했다.

그렇게 결정을 하고 포워딩업체에 협조를 의뢰했더니 포워딩업체 측에서 거래조건을 운임보험료 포함 조건(Cost Insurance and Freight, CIF)이 아닌 본선인도조건(Free On Board, FOB)으로 변경하면 중국 제조업체 공장에서부터 자신들이 업무를 진행하므로 더 안전하고 수월할 것이라는 조언을 해줬다. 중국 제조업체에 연락했더니 흔쾌히 수락하면서 견적을 FOB 기준으로 수정해 재발송해 주었다. 무역사업을 잘하려면 관계된 업체도 실력 있는 곳으로 잘 만나야 된다.

그냥 해달라는 대로 해주는 업체가 좋을 경우도 있겠지만 내가 제대로 챙기지 못하는 부분을 알아서 챙겨 조언해 주는 업체와 같이 일을 한다면 사고를 미연에 방지할 수 있는 효과가 있다. 사실 중국이라는 나라는 아직도 불안한 구석이 많이 있지만 내가 모든 걸 다 챙길 수 없다. 주변에서 누군가가 하나라도 더 챙겨준다면 그만큼 안전한 거래가 될 것이다.

여기서 독자 여러분이 조심하고 사전에 꼭 챙겨야 할 것이 하나 있다. 이론적으로는 FOB 조건과 CIF 조건에서 수출자의 의무를 잘 알 것이다. 하지만 이론은 이론일 뿐, 실무에 들어가면 이론과 다른 주장이 가끔 나오는데 FOB 조건의 경우에 수출자와 수입자 사이에 자주 논란이 되는 부분이 바로 선적항에서의 터미널 화물처리비(Terminal Handling

Charge, THC)다. 금액이 적지 않기 때문에 자주 논란이 되는데, 이론적으로 FOB의 경우에 터미널 화물처리비는 수출자가 부담해야 한다.

하지만 많은 수출자들이 그것을 잘 모르고 그냥 제품을 적재한 컨테이너를 선적항의 컨테이너 야적장(Container Yard, CY)까지 운송만 해주면 되는 걸로 안다. 컨테이너가 컨테이너 야적장에서 본선에 적재될 때까지의 비용을 수출자가 부담하는 게 이론적인 FOB의 개념이며, 컨테이너 야적장에 있는 컨테이너를 본선에 적재하는 비용이 적지 않다.

특히 중국 제조업체 수출 담당자는 제대로 무역이론을 배우지 못한 경우가 많기 때문에 이 부분은 사전에 반드시 짚어 놓아야 나중에 탈이 없다. 그래서 아래와 같이 이 부분의 비용에 대해서 확답을 받아 놓고 일을 진행했다.

aa/double box
When I received the sample, it was packed by 2 boxes; white box inside and yellow box outside.
Is it the double box, you meant? YES, THAT IS WHAT I MEAN.

aa/ 이중 박스 포장
당사에서 샘플을 받아보니 2개의 박스로 포장돼 있었습니다. 안쪽에는 흰색 박스 그리고 바깥쪽에는 노란색 박스. 이것이 귀사에서 말한 이중 박스 포장인가요?
: 네, 그렇습니다.

bb/1FCL FOB Qingdao
I will buy 200pcs by FCL due to high cost of CFS in Incheon port.
In case of FOB Qingdao, you will pay all cost at Qingdao port including THC, won't you?

Yes, I will pay for the cost at QINGDAO PORT.
But the second boxes fee, I will re-confirm for you soon.

bb/ 1 FCL 칭다오 본선인도조건
인천항구의 높은 CFS 비용 때문에 FCL로 200개만 구매하고자 합니다. 칭다오 본선인도조건의 경우, 귀사에서 칭다오 항구에서의 터미널 화물처리비를 포함한 모든 비용을 지불하는 것이 맞죠?
: 네, 칭다오 항구에서의 비용은 당사에서 지불할 것입니다. 그러나 이중 박스 비용은 다시 확인해서 곧 알려드리겠습니다.

cc/payment
Considering my company's bookkeeping, I would like to pay at early Jan, 2014.
Can you accept 50% in advance and 50% CAD?
YES, I CAN ACCEPT 50% in advance, but the balance should be paid against the faxed BL and other documets.

cc/ 물품대금 지급
당사의 회계를 고려해 2014년 1월초에 송금하고자 합니다(12월에 송금하면 연말 회계 결산이 좀 복잡해진다는 의미임). 50% 전신환송금방식과 50% 서류인도결제방식을 받아들이시겠습니까?
: 네, 50% 전신환송금방식을 받아들이겠습니다. 하지만 잔액은 선하증권과 다른 서류들을 팩스로 받고 지불하셔야 합니다(원본서류가 아닌 사본서류를 받고 송금을 해야 한다는 의미임).

역시 내 예상은 적중했다. 나중에 우리측 포워딩업체가 준비한 컨테이너가 중국 제조업체의 공장에 제품을 선적하기 위해 들어갔을 때 터미널 화물처리비에 대한 부분은 자기가 알지 못했다면서 지불하지 않겠다고 했다는 것이다. 위의 이메일에서 항목을 정확하게 언급하면서 다짐을 받고 서면으로 근거를 남겼는데도 "그때는 제가 잘 몰랐습니다."라는 말 한마디로 그냥 넘어가려는 것이었다.

중국과 사업을 할 때는 이런 면에 특히 주의해야 한다. 선진국에서는 설사 자신이 잘 몰랐다고 하더라도 서면, 아니 구두로라도 약속을 했으면 손해를 보면서라도 약속을 지키려 노력하지만 중국은 그렇지 않다. 구두약속은 당연히 약속이 아닌 것이고 서면약속도 간단한 말 한마디로 어길 수 있는 게 중국이다.

Dear Jason,
I am so sorry about this.
I did not think you will ship the goods in 20FCL.
So I ignore the FCL words in your email in fact.
In our past business, we never meet such thing.
If our customer order 200pcs, they all ship in LCL.
So I really did not think you will ship in FCL.
If you save the cost, then I will pay more cost.
This means we will bear the additional cost more than USD100.00.
How can my boss aggree with this?
To be honest, our profit margin is very small. Our company will not bear such cost.
I just calculate the additional cost, I will pay additional USD80 freight from our factory to the seaport,
And I will pay additional THC and other cost USD50.00.
Total USD130.00.
It is too much.
Dear Jason, If you want to save the cost, then I will pay more.
The total cost will not change.
Pls kindly understand.

이 부분에 대해서는 죄송한 말씀을 드립니다.
저는 귀사에서 제품을 20피트 FCL로 선적할 것이라는 것을 생각하지 못했습니다. 그래서 귀사에서 보내신 이메일에 있던 FCL이라는 단어를 무시했습니다.
저는 지금까지의 거래에서 그런 경우를 보지 못했습니다.
200개만 주문하는 거래선은 모두 LCL로 선적을 했습니다.
그래서 저는 귀사가 200개를 FCL로 선적할 것이라는 것은 생각하지 못했던 것입니다.
귀사에서 비용을 절약한다는 것은 제가 더 많은 비용을 지불한다는 것을 의미합니다.
이것은 당사에서 100불 이상의 추가비용을 부담할 것이라는 것을 의미합니다.
이 부분에 대해서 제가 어떻게 제 상사의 동의를 얻을 수 있겠습니까?
솔직히 당사의 이익은 매우 적습니다. 그래서 당사에서는 그런 비용을 부담하지 않을 것입니다.
그 추가비용을 대략 계산해 보니 제가 당사의 공장에서 항구까지의 운송비용 80불을 지불해야 하고, 칭다오 항구에서의 터미널 화물처리비와 기타 비용 50불을 더해 전체 130불을 지불해야 합니다. 너무 큰 금액입니다.
제이슨 씨, 만약 당신이 비용을 절약하고자 한다면 제가 더 많이 지불해야 합니다.
전체 비용은 변하지 않을 것입니다.
부디 이러한 상황을 이해해 주시기 바랍니다(회사가 아닌 담당자 개인이 지불해야 하는 것처럼 얘기하면서 선처를 호소하는 분위기임).

지엽적인 일이라 앞부분에서 언급하지 않은 것이 하나 있다. 처음에 이동식 양변기 샘플을 구매할 때 중국측 담당자가 실수를 한 적이 있었는데 그 실수를 내가 덮어줬다. 그래서 이번에 그것을 언급하면서 중국 제조업체 담당자를 잘 설득해 중국 선적항에서의 비용을 중국 제조업체에서 부담하는 걸로 하고 모든 절차를 마무리 지을 수 있었다.

독자 여러분은 중국과 사업할 때 이 부분을 반드시 새겨들어야 한다.

이 상황에서 내가 만약 "무슨 소리입니까? 서면으로 약속했으면서 이제 와서 딴 소리를 하세요?" 하면서 윽박질렀다면 아마 중국 제조업체 담당자는 "당신 마음대로 하세요. 클레임을 치든지 말든지, 선적항 비용을 지불하지 않으면 선적할 수 없습니다."라고 대응했을 것이다. 이미 물품대금의 일부분을 선불로 지급한 상황에서 나는 중국 제조업체 담당자에게 끌려다닐 수밖에 없는 상황이 됐을 것이다.

실제 거래를 할 때 이론이나 법을 너무 믿으면 안 된다. 특히 국내거래도 아닌 외국과의 거래에서 이론이나 법은 바로 적용하기에는 너무 멀리 있다. 사고가 생기거나 논란이 생겼을 때 이론이나 법을 전면에 내세우면 일이 꼬이는 경우가 많고, 설사 내가 이긴다고 하더라도 문제가 해결되기까지는 시간이 너무 오래 걸려서 결과적으로는 얻는 것 없이 오히려 많은 것을 잃을 수 있다.

따라서 장사는 장사로 해결하는 것이 최선이다. 설사 이번에 내가 조금 손해를 본다 하더라도 그것을 기록으로 남겨 상대방과 공유한 후에 다음 거래에서 보전 받을 수도 있는데, 내가 한 번 양보했다면 상대방도 그것을 잊지 않고 고맙게 생각할 것이기 때문에 다음에는 자신이 한 번 양보할 마음을 가질 것이다.

이번 건의 경우에도 내가 샘플 구매 과정에서 중국 제조업체 담당자의 실수를 그냥 넘어가줬기 때문에, 그래서 "지난번에 샘플을 구매할 때 제가 한 번 손해 보지 않았나요?"라고 해서 쉽게 넘어갈 수 있었던 것이다. 사실 선적항에서 수출업체가 부담해야 할 비용에 비하면 샘플 구매 시 내가 본 손해는 아주 사소한 것이었다. 만약 샘플 구매 당시에 입은 약간의 손해를 강하게 주장했다면 이번에 본 오더를 할 때 그 손해를 보상받을 수 있었겠지만 그렇게 하지 않았기에 나중에 예상치 못한 일이 생겼을 때 대책으로 활용할 수 있었던 것이다.

해먹과 달리 이동식 양변기의 원가 계산은 좀 복잡하다. 하지만 포워딩 업체 측에서 비용을 워낙 꼼꼼하게 잘 만들어줘서 추가 비용만 삽입하면 되니 그리 복잡하지 않았다. 언제나처럼 비용은 보수적으로 잡았다.

FCL – 칭다오 – 인천 – 의왕 입고

- O/FRT : USD 150
- BAF : USD 190
- CAF : USD 30
- THC : KRW 116,000
- WFG : KRW 4,200
- CCC : KRW 20,000
- DOCUMENT FEE : KRW 30,000
- D/O FEE : USD 60.00
- TRUCKING FEE (인천 – 의왕) : KRW 220,000
- 통관수수료 : 0.2% OF CIF VALUE (MIN. KRW 30,000)
- 관세 & 부가세 : 별도
- 적하보험료(IF NEED) : 별도

앞에서처럼, 아래의 네 가지 경우에 대해서 모두 원가계산을 해봤다.

① FCL로 455개를 수입할 경우

② FCL로 480개를 수입할 경우

③ LCL로 200개를 수입할 경우

	10L	20L	20L-sp		10L	20L	20L-sp
	40	55	65		40	55	65
455	4,200.00	11,000.00	9,750.00	480	7,200.00	8,250.00	9,750.00
			24,950.00				25,200.00
1070			26,696,500	1070			26,964,000
1.065			28,431,773	1.065			28,716,660
1.1			31,274,950	1.1			31,588,326
견적	474,332			견적	474,332		
운송	220,000			운송	220,000		
통관	30,000			통관	30,000		
보관	-			보관	-		
			31,999,282				32,312,658
			70,328				67,318
	51,301	70,539	83,365		51,290	70,524	83,346

	10L	20L	20L-sp		10L	20L	20L-sp
	40	55	65		40	55	65
200	2,000.00	5,500.00	3,250.00	200	2,000.00	5,500.00	3,250.00
			10,750.00				10,750.00
1070			11,502,500	1070			11,502,500
1.065			12,250,163	1.065			12,250,163
1.1			13,475,179	1.1			13,475,179
견적	851,494			견적	474,332		
운송	140,000			운송	220,000		
통관	30,000			통관	30,000		
보관	-			보관	-		
			14,496,673				14,199,511
			72,483				70,998
	53,941	74,169	87,654		52,835	72,649	85,858

이동식 양변기 원가계산

④ FCL로 200개를 수입할 경우

달러 대비 환율 1,070, 관세율 6.5%, 부가가치세율 10%는 기본 입력 사항이고, 포워딩업체 견적금액 474,332원, 인천항에서 의왕 창고까지의 컨테이너 내륙운송비 220,000원, 관세사 통관수수료 30,000원을 추가로 입력해 순수 원가를 계산했다. 부가가치세를 왜 원가에 산입했는지는 앞의 해먹 부분에서 언급했던 부분을 다시 살펴보기 바란다.

해먹의 경우와 마찬가지로 정확한 원가를 계산하려면 품목별 가중치를 구해 전체 비용에 가중치를 적용해 계산해야 한다. 과연 LCL이 FCL보다 가격경쟁력이 높은지, 높다면 얼마나 높은지를 알아야 LCL로 수입할지, FCL로 수입할지를 결정할 수 있다.

10L, 20L, 20L-SP, 세 가지 품목을 두고 ① 455개를 FCL로 수입할 경우, ② 480개를 FCL로 수입할 경우, ③ 200개를 LCL로 수입할 경우, ④ 200개를 FCL로 수입할 경우의 네 가지 경우의 수를 계산해봤다. 앞에서 설명했듯이 ③번 LCL의 경우에는 DRAYAGE CHARGE와 창고료가 있어서 포워더 견적금액이 FCL보다 377,162원이 더 높은 851,494원이다.

지금은 개별 품목의 단가보다 전체 품목의 평균 단가만 구해도 어느 경우가 제일 가격경쟁력이 있는지 알 수 있으므로 일단 평균단가를 구해봤다. 평균단가가 ①의 경우에는 70,328원, ②의 경우에는 67,318원, ③의 경우에는 72,483원, ④의 경우에는 70,998원이 나왔다.

내가 생각하고 있는 200개만 FCL로 수입하는 ④의 경우가 480개를 FCL로 수입하는 ②의 경우보다 개당 3,680원이나 단가가 높게 나왔지만 455개를 FCL로 수입하는 ①의 경우보다는 개당 단가가 고작 670원밖에 높지 않았다. 더욱이 200개를 LCL로 수입하는 ③의 경우보다는 개당 단가가 오히려 1,485원 더 저렴했다. 고민할 것 없이 바로 200개를 FCL로 수입하기로 했다. ①이나 ②의 경우에는 ④에 비해 소요자금이 2배 이상 필요했으니 초기자금 문제에서도 유리했다.

해먹이야 금액이 얼마 안 됐지만 이동식 양변기는 금액이 좀 크다. 금액이 클 경우에는 대부분 계약 시 일부를 선불로 송금하고 나머지는 선하증권(Bill of Lading, B/L) 사본을 확인한 후 송금하는 게 일반적인 관행이다. 그러나 가끔은 그 비율에 대해 논란이 생기기도 한다. 금액이 매우 클 경우에는 20~30% 정도만 선불로 하고 70~80%를 후불로 하기도 하지만 내 거래는 그렇게까지 해야 할 만큼 큰 금액은 아니었으니 50% T/T in advance, 50% CAD를 제의했고 중국 제조업체에서도 흔쾌히 수락했기에 조건을 그렇게 만들어서 견적송장을 발행해 달라고 요청했다.

10년 전만 해도 무역대금결제방식으로 신용장(Letter of Credit, L/C)을 많이 사용했지만 최근에는 대부분 전신환송금방식(Telegraphic Transfer, T/T)을 많이 사용한다. 전신환송금방식은 신용장에 비해 사고 가능성이 높아서 큰 규모보다 작은 규모의 거래에서 주로 사용한다. 특히 운송기간이 짧은 한-중 간 무역에서는 선하증권 사본만으로도 제품 수취가 가능한 서렌더 선하증권(surrendered B/L)을 많이 사용하는데, 서렌더 선하증권을 받으려면 전신환송금방식으로 결제를 해야 한다.

독자 여러분은 향후 상대방과 선불 규모에 대한 부분을 협의할 때 신중하게 의견을 제시하기 바란다. 1만 불 정도 규모의 거래에서는 30%를 선불로 하든 50%를 선불로 하든 금액적으로는 큰 차이가 없으니 별것 아니라고 생각할지 모르겠지만 상대방에게는 자존심의 문제가 될 수도 있기 때문이다.

50%를 선불로 하겠다는 것은 서로 공평하게 일을 하자는 의미가 있어서 상대방을 존중하는 의미로 보이겠지만, 30% 또는 40%를 선불로 하겠다는 의미는 처음에는 조금만 주고 나중에 많이 주겠다는 의미이니 그만큼 상대방을 신뢰하지 못한다는 의미로 받아들여져 상대방의 기분을 상하게 할 수 있다. 적은 금액이라 사소한 부분일 것 같지만 거래 전체에 영향을 미칠 수도 있으니 신중하기 바란다.

그렇게 견적송장을 받고 송금을 준비했다. 이 업체는 지난번에 샘플을 구매할 때 한번 접촉했던 업체여서 업무가 금방 진행됐다. 주거래은행에 송금신청서 양식을 써가면서 혹시나 하고 지난번에 샘플을 구매할 때 송금하고 받았던 송금확인증을 가지고 갔더니 은행에서는 지난번 송금확인증 번호로 지난 거래내역을 컴퓨터 시스템에서 불러내 송금인, 수취인, 은행 등을 확인해 변경 없음을 확인한 후 송금 금액만 수정해 진행했다. 일이 지난번보다 더 수월하고 빨리 진행됐다.

이제는 모든 기록이 전산상에 그대로 보존되고 있으니 지난 기록도 잘 보관해 두면 향후 업무에 유용하게 활용할 수 있겠다는 생각이 들었다.

이동식 양변기는 부피가 크고 거래규모도 작지 않다. 물론 FCL이어서 사고 위험이 그리 크지 않지만 그래도 세상일이란 게 알 수 없지 않은가? 또한 나는 처음 해보는 수입사업에서 제대로 된 절차를 한번 밟아보고 싶어서 적하보험을 부보하기로 했다. 적하보험은 거래 조건에 따라서 부보 대상자가 달라지는데, 금액이 그리 크지 않기 때문에 대부분 수출자들이 부보하는 경우가 많아서 거래 상담 시 언급되는 경우가 별로 없다.

이번 거래 역시 처음에는 제조업체가 거래조건을 운임보험료 포함조건(Cost Insurance and Freight, CIF)으로 제시했기 때문에 굳이 내가 적하보험에 대해 신경 쓸 필요가 없었다. 하지만 업무 편의를 위해서 나중에 거래조건을 본선인도조건(Free On Board, FOB)으로 변경했으니 이제 적하보험 부보는 내 업무가 됐다.

해먹은 LCL이지만 적하보험을 부보하지 않았다. 왜냐하면 해먹은 파손의 우려가 별로 없을 뿐만 아니라 LCL의 경우 다른 제품들과 혼재돼서 들어오기 때문에 나중에 보험사고가 났을 경우 책임소재 입증에 시간이 많이 걸리기 때문이었다. 또한 해먹은 거래규모가 그리 크지 않기 때문에 혹시 보험사고가 난다고 하더라도 그 손해를 안고 갈 수 있을 것이라 생각했다.

하지만 이동식 양변기는 해먹과 달리 거래규모도 어느 정도 되고, 운송 도중 플라스틱이 찌그러질 수도 있고, 또한 적하보험 실무를 한 번은 접해볼 필요도 있고 해서 겸사겸사 적하보험을 부보하기로 결정한 것이다. 그래서 국내 보험회사 홈페이지를 방문해 적하보험 부보 요령 등을 공부하던 중, 이제는 세상이 많이 변해 적하보험까지도 포워딩업체에서 대신 해준다는 얘기를 듣고 그냥 포워딩업체를 통해서 부보를 했다.

그러나 독자 여러분은 가능하면 적하보험 부보 절차를 직접 경험해 보기 바란다. 나는 예전에 직장생활을 할 때, 그리고 2001년에 욕실용품 수입대행업무를 할 때 적하보험을 부보해본 경험이 있다. 이번에도 직접 하려 했지만 이미 잘 알고 있는 업무이고, 다른 업무를 같이하고 있는 포워딩업체에서 추가적으로 더 서비스해줄 수 있는 부분이었기 때문에 포워딩업체에 맡긴 것이다.

하지만 독자 여러분은 적하보험 경험이 없을 테니 처음 몇 번은 가급적 직접 보험회사와 접촉해 적하보험 부보 업무를 경험해 보기 바란다. 적하보험 부보도 조건에 따라 종류가 다양하고 품목에 따라 부보 내용도 많이 다르니 자신이 다루는 주 품목에 대해서는 본인이 꼭 알고 있을 필요가 있다.

적하보험 부보 업무를 포함해 어떤 업무를 다른 업체에 대행시킨다 하더라도 내가 할 수 있으면서 대행시키는 것과 내가 몰라서 대행시키는 것은 엄연히 다르다. 나는 이미 여러 차례 직접 적하보험 부보 업무를 해봤기 때문에 포워딩업체에 서비스를 요청했지만 그 과정과 결과를 이미 잘 알고 있었다. 하지만 그렇지 않은 사람은 적하보험 부보 서비스를 요청하면서도 어떤 서류가 어떻게 제출되고 있으며, 시간이 얼마나 걸리며, 내가 나중에 어떤 서류를 챙겨 받아야 하는지를 잘 알지 못하게 된다.

보험은 시기가 중요하다. 만약 포워딩업체가 업무를 태만히 해 적시에 적하보험을 부보하지 못했는데 사고가 났다면 적하보험을 부보하지 못해 생긴 손실을 포워딩업체에게 청구할 수 있을까? 포워딩업체에 적하보험 부보를 대행시켰다 하더라도 적시에 적하보험 부보 사실을 확인하고 보험증서를 발급 받아야 할 의무는 부보대상자인 나에게 있다.

그러므로 포워딩업체가 실수로 적시에 보험을 부보하지 못해 손실이 발생했다 하더라도 그것을 제때 챙기지 못한 적하보험 부보당사자의 책임이 더 크므로 포워딩업체에 손해배상을 청구할 수는 없을 것이다.

팔팔통상 창업

처음에 사업을 계획할 때 수입과 통신판매업신고는 록켐 명의로 하고 팔팔통상은 그저 판매의 원활화를 위해 상호만 사용하려고 했다. 그리 큰 사업이 아닌데 굳이 사업자등록을 두 군데나 할 필요가 없다고 생각했었다. 실제로 사업도 그렇게 시작되고 진행됐다. 하지만 문제는 전혀 생각지 않은 곳에서 발생했다.

처음에 창고를 구하기가 어려워서 도매업체 측에 창고를 같이 쓸 수 없겠냐고 제안했었다. 도매업체 측은 오랫동안 임대해 사용하고 있는 창고가 있으니 그 창고를 같이 사용하면 서로 윈-윈 하지 않겠냐는 생각이었다. 그 도매업체도 내 제품을 구매할 테니, 창고를 같이 사용하면 그 도매업체는 내 제품을 별도로 오더하고 배송을 기다릴 필요 없이 사전에 내게 통보하고 필요할 때마다 필요한 만큼 가져다 판매할 수 있을 것이다.

이런 면에서 나는 이 제의가 윈-윈 제의라고 생각했고 도매업체도 좋다고 했다. 그래서 이동식 양변기가 수입됐을 때 도매업체가 사용 중이던 창고로 컨테이너를 운송했다. 내가 창고와 직접 계약한 것이 아니니 나의 보관료는 도매업체를 통해서 창고로 지불하기로 했다. 창고는 컨테이너를 가득 쌓아 놓고 컨테이너 단위로 임대계약을 체결하는 곳이었는데 내 제품은 컨테이너의 절반밖에 안 되니 창고비도 절감할 수 있을 것이라 생각했다.

그런데 그것은 내 희망사항에 불과했다. 물품 수입 후 몇 달이 지나서 바쁜 일을 마무리 짓고 물품의 보관상태 등을 확인하려고 창고를 방문했다. 그런데 창고비는 내가 생각했던 것과 다르게 계산되고 있었다. 도매업체는 창고업체에 컨테이너 한 개당 한 달에 15만 원을 지불하는데 내게는 한 달에 20만 원을 받고 있었다. 더욱이 내 물품이 보관된 창고의 절반은 도매업체가 자신의 제품을 같이 보관하고 있었다.

즉, 도매업체는 컨테이너 하나를 15만 원에 빌려 내게 이용료 20만 원을 받으며 컨테이너의 절반은 자신이 사용하고 있었던 것이다. 윈-윈 제의는 내 희망사항에 불과한 것이었다. 도매업체는 뛰어난 장사꾼이었다. 도매업체는 내 약점을 활용해 돈을 벌고 있었던 것이다. 5개월간 그렇게 하고 있었는데 한 번도 창고를 방문하지 않은 내 불찰이 컸다. '안 그래도 마진이 작은 사업을 하고 있는데 이런 식으로 해서는 안 되겠다.'라는 생각이 들었다.

그 날 이후로 나는 낮에 시간을 내서 동네를 뒤지기 시작했다. 내가 원하는 금액대에 내가 원하는 위치에 내가 원하는 넓이의 창고를 구하기는 참 어려웠다. 하지만 포기하지 않고 차로 10분 이내에 다닐 수 있는 곳을 모두 뒤진다는 생각으로 매일 일찍 퇴근해 집 주변 동네를 돌아다녔다. 그러던 중 집 인근 쇼핑센터에 비어있는 사무실 한 칸을 발견했다.

조건도 내가 원하는 조건과 비슷했고 위치는 집에서 도보로 5분 정도 거리이니 더할나위 없이 좋은 사무실이었다. 그래서 구로동 사무실을 주소지로 해 팔팔통상 명의로 사업자등록증을 내고 통신판매업신고를 했다. 그리고 의왕 창고에 있는 제품들을 모두 구로동 사무실로 옮겼다. '문제가 생기면 문제를 해결하는 과정에서 내가 발전한다.'라는 말을 다시 한번 느끼게 해준 사건이었다.

2차 수입

수입한 지 1년 정도 돼서 1차 수입 물건을 모두 판매했다. 10만 원 상당의 이동식 양변기는 쉽게 판매할 수 있는 제품은 아니다. 게다가 나에게는 완전히 생소한 새로운 품목이었다. 물론 도매업체에서 많이 판매해줬지만 200개나 되는 이동식 양변기를 1년 안에 판매한 것은 참 대견하다고 자평하면서 중국에 2차 오더를 넣었다. 실제로 1차 오더에서는 손해를 좀 봤다. 샘플 비용, 창고 비용, 도매업체에 대한 지나치게 낮은 가격 제공 등.

그래서 2차 오더를 할 때는 중국 업체로부터 가격도 좀 할인받고 도매업체에 가격도 조금 올려서 1차 오더에서 손해 본 부분을 만회하고 조금이나마 이익을 남기겠다는 전략을 수립했다. 일단 샘플은 더 이상 필요 없었다. 도매업체에 사정을 얘기하고 가격 인상을 통보했다. 큰 폭은 아니었지만 도매업체에 대한 사업이 1년 만에 드디어 흑자로 돌아섰다. 이제 중국 제조업체로부터 가격할인만 받으면 되는데 중국 제조업체는 요지부동이었다.

해외 공급자에게 추가 오더를 넣으면서 가격 인하를 요청할 때는 해외 공급자가 가격을 인하해줄 명분을 제시해야 하는데 나는 그 명분이 약했다. 1차 오더에서 450개 이상을 실을 수 있는 20피트 컨테이너에 200개밖에 싣고 오지 못했다. 2차 오더에서도 여전히 200개만 오더를 하면서 가격을 깎아달라고 하니 중국 공급업체 담당자는 "단가가 안 맞아서 수익이 안 난다면 수량을 20피트 컨테이너를 가득 채울 수 있는 양으로 늘려서 운임 등의 비용을 줄이면 될 것 아닙니까?"라고 했다. 내가 중국 공급업체 담당자를 설득할 명분이 약해졌다.

1년이 지났다. 구매량이 컨테이너 하나에서 컨테이너 두 개로 늘어난 것도 아니었다. 200개를 구매하다가 FCL로 늘어난 것도 아니었다. 여전히 컨테이너를 절반만 채우면서 가격을 깎아달라고 하니 어느 공급업체 담당자가 마음을 움직이겠는가? 앞으로 발전할 가능성이 보이면 지원을 해주겠지만 발전가능성이 별로 보이지 않으니 지원해 주고 싶은 마음이 안 생겼으리라. 그래서 어쩔 수 없이 1차 오더와 같은 가격으로 구매해서 약간의 수익 개선만 추구하는 선에서 오더를 마무리했다.

1차 오더의 경험이 있으니 일은 일사천리로 진행됐다. 견적송장 → 송금 → 선적 → 인천항 도착 → 수입허가 과정은 'same as before'로 진행됐다. 이번에 달라진 것은 창고였다. 나는 이제 집 근처에 사무실이 있다. 사전에 사무실 내부를 정확하게 측정해 200개를 모두 보관할 수 있는지 사무실 공간을 확인했다. 그런데 문제는 컨테이너가 사무실 앞까지 들어올 수가 없다는 것이었다. 동네 입구의 진입로가 너무 좁고 사거리 경사 각도가 커서 20피트 컨테이너가 진입할 방법이 없었다.

그래서 컨테이너 까대기를 하고 제품을 잠시 보관할 수 있는 곳이 필요했다. 그래서 1차 오더 때 제품을 보관했던 의왕 창고의 사장을 찾아갔다. 1차 오더 때는 내가 직접 계약한 것이 아니었지만 이제는 내가 직접 계약을 해야 하니까 조건을 꼼꼼히 문의했다.

단기간은 하루 1만 원에 창고 사용이 가능하다는 답변을 듣고 최대한 일주일을 사용하기로 했다. 창고 비용은 마지막 날 정확한 사용일 수가 나오면 지급하기로 하고 컨테이너를 의왕 창고로 옮기기로 했다. 그러면서 용달 업체 사장에게 전화해서 제품 이동을 요청했다. 용달차 한 대에 제품이 100개 이상 적재 가능하므로 두 번만 옮기면 200개를 모두 옮길 수 있을 것 같았다.

컨테이너가 도착하는 날 내가 직접 의왕 창고로 가서 용달기사와 같이 작업하면서 절반 정도는 창고에 남기고 절반 정도는 용달에 싣고 구로동 팔팔통상 사무실로 옮겼다. 1차 오더 때는 도매업체 사장이 자신이 컨테이너 까대기를 할 테니 나는 안 와도 된다고 해서 고마워했더니 월말에 창고 비용 청구서에 컨테이너 까대기 비용 10만 원을 포함해서 청구했었다.

나는 용달기사와 2시간 동안 컨테이너 까대기를 하면서 1차 오더 대비 10만 원을 절약했다. 이런 식으로 하나하나 절약하다 보면 1차 오더에서 손해 본 것을 2차 오더에서는 충분히 만회할 수 있을 것 같았다. 그리고 3일 후에 창고 업체 사장 계좌로 3만 원을 송금해주고 남은 제품을 모두 옮겼다.

이때는 내가 직접 가지 않고 용달기사 혼자 모든 일을 다 했다. 1차 오더 때는 첫 달에 도매업체에 30만 원을 지급했는데 이번에는 내가 직접 해서 3만 원이 소요됐다. 2차 오더에서는 판매를 시작하기도 전에 이미 1차 오더 대비 비용 차이가 많이 나고 있었다. 내가 잘한 것이 아니었다. 1차 오더에서도 충분히 그렇게 할 수 있었다. 내가 몰라서 남에게 맡긴 결과였다. 남을 탓할 필요가 없다. 뭐든지 제대로 알아야 한다. 모르면 돈으로 해결할 수밖에 없다.

이렇게 들여온 2차 오더도 거의 다 판매했다. 2차 오더에서도 도매업체의 판매분이 많았지만 팔팔통상이 자력으로 판매한 양도 적지 않았다. 선박회사에서 전화가 와 선박 내 선실에서 사용하기 위해서 구매하기도 하고, 거동이 불편한 어르신께 선물로 구매하겠다면서 사용법을 꼬치꼬치 캐묻는 전화도 있었다. 메르스 환자가 격리된 병원에 납품용으로도 일부가 판매되기도 했다.

이제 3차 오더를 해야 하는데 환율시세가 너무 안 좋아서 3차 오더를 못하고 있다. 도매업체에는 품절을 통보했고, 남아 있는 재고를 가지고 팔팔통상 자체 판매 목적으로만 조금씩 판매하고 있다. 언젠가 환율이 다시 예전 수준으로 돌아간다면 그때는 정말 20피트 컨테이너를 가득 채울 만큼의 양을 들여와서 팔팔통상 자력으로 모두 판매할 계획이다. 도매업체로부터 2년간 많이 배웠고 팔팔통상도 가끔은 도매업체처럼 판매도 해봤으니 이제 굳이 다른 도매업체를 통해서 판매할 이유가 없을 것 같다.

2016년은 팔팔통상이 자력으로 충분히 판매할 수 있을 것 같다. 조금씩 일을 도와주던 아내도 실력이 향상돼서 이제 팔팔통상 업무는 아내가 나보다 더 잘한다. 실질적인 팔팔통상 오너가 된 것이다. 지난 2년간 얻은 성과다. 머지않아 중국 광저우 캔톤페어에 다시 가서 품목 개발도 추진해야 할 것 같다.

8장

무역서류 작성법

많은 사람들이 무역업이 어려운 이유로 크게 두 가지를 든다. 첫째는 자금이다. 무역은 거래 단위가 커서 자금이 필요한데 자금이 부족해 무역업을 쉽게 시작하기 어렵다고 한다. 무역지식과 실무경험이 있는 사람들이 자금이 필요하지 않은 오퍼상을 선호하는 이유 중 하나이기도 하다.

둘째, 서류작성이 어려운 것도 또 하나의 이유다. 국경을 넘어가는 일이다 보니 우리나라뿐만 아니라 상대국가의 법률도 알아야 하고, 그에 따라 서류도 작성해야 하는데, 무역관련 서류는 모두 영어로 돼 있고 전문용어가 많아서 작성이 쉽지 않다. 무역업을 처음 시작하는 사람들이 오퍼상을 선호하는 또 다른 이유 중 하나다. 오퍼상은 서류를 직접 만들 일이 없다.

2장에서 오퍼상의 어려움을 얘기했듯이, 실력을 제대로 갖추지 못한 사람이 무역사업을 하는 데 거래상대방이 오퍼상을 쉽게 생각하는 것은 당연할 것이다. 자금 여력이 없고 실무 지식도 없어서 직접 수출입을 못하는 오퍼상을 어느 누가 거래 파트너로 존중하고 장기적으로 같이 일하고자 하겠는가? 자금 문제는 본인 능력 밖의 문제이니 논외로 한다고 하더라도 무역사업을 하려면 기본적으로 무역관련 서류작성 능력은 갖추고 있어야 한다.

무역관련 서류는 품목별로 상이해 딱 잘라서 '이것이다.'라고 정의할 수는 없다. 하지만 어떤 품목이든지 공통적으로 반드시 필요한 서류가 있다. 견적송장(Proforma Invoice, P/I), 상업송장(Commercial Invoice, C/I), 포장명세서(Packing List, P/L), 선하증권(Bill of Lading, B/L) 등이 그것이다.

이 네 가지 서류만 있으면 일반적인 제품은 수출입이 가능하다. 내가 수입한 해먹과 이동식 양변기 역시 이 네 가지 서류만으로 수입했다. 그래서 이 책에서는 이 네 가지 서류의 작성법에 대해서 설명한다.

견적송장(Proforma Invoice, P/I) 작성법

분명 수출자와 수입자는 처음에는 이메일로 간단하게 얘기를 시작했을 것이다. 상대방이 어떤 회사인지 잘 모르면서 첫 이메일부터 상세하게 자신이 가진 모든 정보를 공개하면서 대화를 시작하는 순진한 무역상은 없을 것이다.

수입자가 먼저 움직였다면 '귀사의 OO제품에 관심이 있으니 견적서를 달라.' 같은 간단한 이메일을 보낸 후 상대방의 견적을 기다렸을 것이다. 수출자가 먼저 움직인다면 '당사의 OO제품은 세계적인 수준의 품질로서 귀사가 관심이 있다면 견적을 주겠다.' 같은 방식으로 수입자에게 접근을 시도할 것이다.

일반적으로 수출자가 먼저 움직이는 후자의 경우에는 거래 성사 가능성이 높지 않다. 2장에서 설명했듯이 판매자는 찾기가 쉽고 무엇을 판매하려는지 잘 보이기 때문에 구매자가 판매자를 찾는 것은 쉽다. 하지만 구매자는 숨어있고 속마음을 잘 드러내지 않는다.

그 과정이야 어쨌든 처음에는 간단한 조건부터 시작해서 협상을 시작했다가 상호 조건에 합의하면 계약서를 작성하게 되는데, 가장 많이 작성하는 계약서가 바로 견적송장이다. 품목에 따라서 여러 장으로 구성된 구매/판매계약서(Purchase/Sales Contract)를 사용할 수도 있지만 독자 여러분처럼 처음으로 무역을 시작하거나 무역을 시작한 지 얼마 되지 않은 무역업자는 그런 복잡한 제품을 취급하지는 않을 테니 독자 여러분의 상황에 맞게 견적송장을 계약서의 기본 형태로 보고 설명하려고 한다.

먼저 견적송장을 누가 작성해야 하는가부터 알아야 한다. 내가 견적송장을 작성해야 하는데 상대방이 견적송장을 보내오기를 기다리는 실수를 해서는 안 된다. 견적은 판매자가 구매자에게 제시하는 것이다. 따라서 견적송장은 판매자가 작성하는 것이다.

① ② ③까지는 견적송장의 기본 양식이다. ①에는 판매자인 수출자의 상호, 주소, 연락처 등을 기재하면 된다. '레터헤드(letter head)'라고도 부르는 자리다.

②는 구매자인 수입자의 상호, 주소, 연락처 등을 기재하는 곳이다. 수출자가 수입자와 처음에 조건을 협상할 때 이메일 등을 사용하다 보니 막상 견적송장을 작성하려고 하면 수입자의 주소 등을 모르는 경우가 있다. 주저하지 말고 지체 없이 수입자에게 문의하면 된다. "견적송장을 작성하기 위해서 필요하니 귀사의 상호, 주소, 그리고 연락처 등을 알려주세요." 거래상대방의 상호, 주소, 연락처 등이 없는 계약서는

견적송장(P/I) 양식

①

PROFORMA INVOICE

②Messrs. :

③Date :

③Ref.No. :

④Commodity :

⑤Terms of Payment :

⑥Bank details :
- bank name :
- swift code :
- bank address :
- beneficiary :
- account number :

⑦Shipment :

⑦Port of Loading :

⑦Port of Discharge :

⑧Packing :

⑨Marks :

⑩Country of Origin :

⑪Remark :

We have pleasure of getting your orders on the terms and conditions as above and under ;

⑫Description	⑬Quantity	⑭Unit Price	⑮Amount
		⑭	

계약서가 아니므로 상대방이 거절할 이유가 없다.

③의 'Date'는 견적송장을 작성하는 날짜를 적으면 되고, 'Ref. No.'는 수출자가 임의로 작성하면 된다. 'Ref. No.'는 용어의 뜻 그대로 참조번호인데 나중에 수출자와 수입자가 서로 거래번호를 확인할 때 이 번호를 가지고 진행상황 등을 문의하고 확인하면 된다. 예를 들어 수출자가 수입자에게 "Ref. No. 123456 dated Mar. 01, 2016 송금을 언제 했습니까?"라고 물어보면 수입자는 그 번호를 보고 내부 자료를 확인한 후 답할 수 있다.

④번의 상품명은 약어가 아닌 정식 명칭으로 기재하는 것이 좋다. 내가 취급하는 화학제품 중에서 '프로필렌글리콜'이라는 제품이 있다. 수입자와 대화할 때는 'PG'라는 약어로 대화하지만 견적송장을 작성할 때는 정식 명칭인 'Propylene Glycol'이라고 기재한다.

⑤번의 결제조건 역시 정확하게 기재해야 한다. 신용장의 경우에는 'L/C at sight'라고 기재하지 말고 'Irrevocable Documentary Letter of Credit at sight in favor of Rokchem Corporation'(록켐을 수혜자로 하는 취소불능화환신용장)이라고 제대로 기재하는 것이 좋다. 물론 처음에 이메일로 대화를 시작할 때는 이렇게 길게 정식으로 기재하지 않는 것이 편하다.

하지만 견적송장은 최종 계약서이므로 상호 혼선이나 오해가 생기지 않도록 해야 한다. 독자 여러분이 많이 사용하게 될 전신환송금방식의 경우에도 'T/T in advance'로 하지 말고 '100% T/T in advance'로 정확하게 표기해야 한다. CAD의 경우에는 반드시 'CAD(against B/L copy)'라고 적어서 어떤 서류를 어떻게 받고 송금해야 하는지를 명확하게 표기해야 한다.

⑥ 무역사업을 처음 하는 사람들이 가장 실수를 많이 하는 부분이 바로 이 부분이다. 돈은 받을 사람이 각 항목들을 제대로 챙겨야 한다. 수출자는 돈을 받을 사람이다. 따라서 수출자가 돈을 받을 방법을 제대로 통보하지 않아서 생기는 문제는 오로지 수출자의 잘못이다.

국내송금과 달리 국제송금에는 'SWIFT code'라는 것이 있다. 은행의 전신환주소와 같은 것이다. 국내송금의 경우에는 은행명과 계좌번호만 있으면 송금이 되지만 국제송금의 경우에는 은행의 주소격인 SWIFT code가 없으면 송금이 제대로 이뤄지지 않는다. 또한 은행 주소도 지점명까지 명확하게 기재해야 송금이 정확하게 진행된다. SWIFT code와 지점의 영문 주소와 지점명은 해당 은행 외환계에 문의하면 상세하게 가르쳐줄 것이다.

⑦ 이것은 선적과 관련된 내용이다. 이미 사전에 이메일 등을 통해서 합의가 됐을 것이므로 그것을 그대로 기재하면 된다. Shipment는 월 단위로 적을 수도 있고 기간 단위로 적을 수도 있다. 예를 들어, 'within March, 2016' 또는 '1H of March, 2016'으로 적을 수도 있고 'not later than March 31, 2016' 등과 같이 적을 수도 있다. 분명 사전에 합의가 돼

있을 것이다.

선적항(Port of Loading, POL)은 수입자보다 오히려 제조업체와의 합의에 따라야 할 것이다. 일반적으로 인천이나 부산인데 제품에 따라서는 평택이나 울산 등이 될 수도 있다. 하지만 선적항은 수출자의 사정이지, 수입자의 사정은 아니므로 이것 때문에 수출자와 수입자 사이에 문제가 생길 일은 없을 것이다.

오히려 수입자는 하역항(Port of Discharge, POD)에 더 큰 관심을 가지므로 하역항을 정확하게 기재해야 한다. 만약 하역항에 '신항'이나 '구항' 같은 구분이 있거나 '부두 1'이나 '부두 2' 같은 구분이 있다면 그것까지 정확하게 기재해야 한다.

⑧ ⑨ 포장방법과 포장표시 역시 사전에 협의됐겠지만 정확하게 기재해야 한다. ⑧ 포장방법은 최대한 상세하게 표시해야 한다. 박스 포장의 경우에는 이중 박스일 수도 있고, 팔레트 포장이면 'palletized', 팔레트 포장이 아니면 'non-pallet'를 정확하게 기재해야 한다.

⑨ 포장표시는 간단한 경우에는 견적송장에 기재하고 복잡한 경우에는 별도의 파일로 기재할 수도 있다. 제조업체의 통상적인 표시방법(maker's standard export marks)처럼 간단하게 견적송장에 기재할 수도 있고, 'to be noticed by separate message'로 약속할 수도 있다. 어떤 방식이든지 반드시 국내 제조업체에서 포장 작업을 시작하기 전에 약속을 해서 포장표시 기재 시기를 놓치지 않아야 한다.

⑩ 원산지 표시는 한 가지만 명심하면 된다. 해외수입자의 입장에서는 대한민국도 있고 북한도 있으므로 그것만 헷갈리지 않도록 하면 된다. 'Republic of Korea'라고 적으면 대부분 대한민국이라고 이해한다. 하지만 혹시 대한민국을 잘 모르고 대한민국 제품을 처음 수입하는 수입자라면 'Republic of Korea(South)'라고 마지막에 'South'를 적어주는 것도 하나의 방법이다. 내 명함의 영문 부분에는 주소 마지막에 'South'라고 적혀 있다. 언제 어디서 어떤 해외 거래선을 만날지 모르기 때문이다.

⑪ 비고란은 위에 적지 못한 부분들을 기재하면 된다. 주로 '분할선적 불허(partial shipment prohibited)', '환적 허용(transshipment allowed)' 등과 같은 표현들이 그것이다. 환적 허용 부분에 대해서 민감하게 반응하는 수입자가 가끔 있는데, 그것은 상황을 잘 설명하면 된다.

한국에서 출항해 바로 목적항까지 가는 배도 있지만 홍콩 같은 항구에서 다른 배에 옮겨 싣고 목적항까지 가는 경우도 일반적인 상황이기 때문이다. 무역 경험이 많은 수입자는 그 내용을 잘 알지만 무역을 처음 하는 수입자는 "왜 중간에 배를 바꾸는 거죠?"라면서 우려하는 경우도 있으니 잘 설명해주기 바란다.

⑫ ⑬ ⑭ ⑮ 견적송장에서는 이 부분이 제일 중요한데 어느 하나라도 잘못 기재하면 큰일 난다. ⑫ 제품내역은 ④의 제품내용을 그대로 기재하면 된다. ⑬ 수량은 정확한 수량과 단위를 기재해야 한다. ⑭ 단가는 ⑤의 결제조건을 적고 숫자를 적으면 된다. 예를 들어, 'CIF New York,

USA'라고 위에 적고 아래에는 'US $1,000/pc'라고 적으면 된다. ⑮ 거래규모는 ⑬과 ⑭를 곱한 숫자가 돼야 한다.

마지막으로 우측 하단 공간에 확인 표시를 하면 된다. 스탬프를 찍기도 하고, 사인을 하기도 하고, 스탬프와 사인을 병기하기도 한다.

수출자가 발행한 견적송장을 받으면 수입자는 크게 두 가지 방법으로 회신을 한다. 첫째, 받은 견적송장의 좌측 하단에 자신도 수출자와 같은 방식(사인, 스탬프 또는 두 가지 병기)으로 회신을 한다. 둘째, 자신이 구매계약서(Purchase Order, P/O)를 별도로 발행해 보내주기도 한다.

어떤 수입자는 수출자가 발행한 P/I를 회신하면서 자신도 P/O를 발행해 수출자가 회신해 주기를 요청하기도 한다. 어떤 경우든지 당황하지 말고 내용을 정확하게 확인하고 상황에 맞게 대응하면 된다.

상업송장(Commercial Invoice, C/I) 작성법

견적송장은 선적 전에 발행하는 계약서인 반면 상업송장은 선적 후에 발행하는 대금청구서다. 수출자가 계약된 제품을 선적한 후 물품대금을 청구하면 은행 또는 수입자는 수출자가 계약대로 제대로 된 제품을 제대로 된 조건에 맞게 선적했는지 확인하고 물품대금을 지급하고자 한다. 그러나 상업송장만으로는 그런 사실을 확인할 수 없고 포장명세서(Packing List, P/L)와 선하증권(Bill of Lading, B/L) 등이 있어야 그런 사실을 확인할 수 있다.

무역업을 할 때는 만들어야 할 서류의 종류가 많은데, 그것을 그저 단순히 암기하듯이 외워서 만들면 서류작성에 오류가 발생할 뿐 아니라 쉽게 잊어버릴 수 있다. 수출사업을 하든 수입사업을 하든 서류를 만들 때는 그 서류가 왜 필요한지, 그 서류를 누구에게 제출하기 위해서 작성하는 것인지 등을 생각해야 한다.

이 복잡한 선적서류들은 왜 필요한 것일까? 한 가지 확실한 것은 수입자는 필요하지 않은 선적서류는 요구하지 않는다는 것이다. 서류를 작성할 때부터 수령할 때까지 수입자가 계속 관여해야 하는데 필요하지도 않은 서류를 왜 달라고 하겠는가? 수출업무를 진행하다 보면 나라에 따라 요구하는 선적서류가 다른데, 요구하는 선적서류가 좀 까다롭다고 해서 수입자를 비난해서는 안 된다. 수입자 역시 불편하기는 마찬가지니까 말이다.

선적서류는 수입자가 수출자에게 받아서 누군가에게 제출하기 위한 것이고, 최종 목적은 수입허가 및 물품수령이다. 세관에 서류를 제출해 수입허가를 받아야 물품을 수령할 수 있는데, 나라마다 세관에서 요구하는 서류가 다르다. 어떤 나라는 수출국 주재 자국 대사관에서 인증한 원산지증명서를 첨부하라고 하는가 하면, 어떤 나라는 수입통관용 제출서류에 원산지증명서가 아예 없다.

똑같은 수출업무를 하는데 수입국의 대사관까지 찾아다니면서 서류를 만들어야 하는 경우도 있는 것이다. 외국의 대사관은 은행처럼 여러

상업송장(C/I) 양식

COMMERCIAL INVOICE

①Shipper/Exporter	⑧No. & date of invoice ⑨No. & date of L/C
②For account & risk of Messrs.	⑩ISSUING BANK
③Notify party	⑪Remarks :
④Port of loading / ⑤Final destination	
⑥Carrier / ⑦Sailing on or about	

⑫Marks and numbers of PKGS	⑬Description of goods	⑭Quantity/unit	⑮Unit-Price	⑯Amount

⑰Signed by

곳에 지점이 있는 것도 아니고, 상공회의소처럼 전산으로 업무를 수행할 수 있는 것도 아니며, 근무시간도 다른 기관에 비해 짧다. 대사관과 관련된 일은 여러모로 불편한 점이 많지만 어쩔 수가 없다. 그게 없으면 수입자가 수입허가를 받지 못한다고 하지 않는가?

이 책에서 그런 특별한 경우가 아닌 기본적인 선적서류인 상업송장, 포장명세서, 선하증권 등 세 가지 선적서류 작성법만 설명하는 이유는 어떤 거래든 이 세 가지 서류는 언제나 필요하기 때문이다. 이 세 가지 서류에는 거래의 필수항목이 기재돼 있어서 어떤 품목이든지, 어느 나라로 수출되든지 간에 이 세 가지 서류가 없으면 세관에서 수입을 허가할 수 없도록 돼 있다.

그래서 나는 강의할 때 항상 이 세 가지 서류를 한 페이지에 놓고 설명한다. 이 책에서는 지면 관계상 세 가지 서류를 나눠서 설명하겠지만 뒷부분에서는 이 세 가지 서류의 상관관계를 별도로 설명할 테니 그 부분을 유심히 읽기 바란다.

① ②는 간단하다. ①번은 수출자이면서 화주인 수출상이고 ②번은 수입자이면서 물품대금을 지급하는 수입상이다.

③번은 통지선이라고 하는데, 단어 뜻 그대로 물품이 목적지에 도착하면 물품의 도착을 알려주는 곳이다. 예를 들어서 본사는 서울에 있고 지점은 부산에 있는데 부산 인근 지역으로의 판매를 위해서 목적항을

부산으로 해서 수입을 한다면 통지선은 부산 지점으로 하는 것이 편할 것이다. 서울 본사에서 통지를 받아도 어차피 부산 지점으로 연락을 해야 할 테니까 애초에 부산 지점을 통지선으로 하면 편하다. 이런 경우 수입상은 수출상에게 ②번은 서울 본사, ③번은 부산 지점으로 해서 서류를 작성해 달라고 요청하면 된다.

④ ⑤ ⑥ ⑦은 선적에 관한 사항들이다. 계약서인 견적송장에 기재했던 내용의 범위를 벗어나면 안 된다. ④번 선적항은 견적송장에 지정돼 있었으니 그곳으로 하면 된다. ⑤번 목적지 역시 견적송장에 지정돼 있었다. ⑥번 운송선박을 견적송장에 기재하지 않은 이유는 특별한 경우를 제외하고는 선박은 지정할 필요가 없기 때문이다. 중동 일부 국가의 경우에는 미국 국적의 선박은 입항을 못한다는 등의 특별한 조건이 있는 경우도 있지만 일반적으로 수입상은 수출상이 어떤 선박을 사용하는지에 대해 관여할 필요가 없다. 수출상이 어떤 선박을 이용하든 정해진 목적지에 정해진 기간에 제품을 보내주기만 하면 된다. ⑦번은 견적송장에서 약속한 기간을 맞춰야 한다. 견적송장에서 'within March, 2016'라고 적었다면 2016년 3월의 특정 날짜로 기재돼야 한다. 그렇지 않으면 계약 위반이다.

⑧번은 수출자가 임의로 생성하는 것이다. 나는 열 자리를 사용한다. 예를 들어, '2016EX0301'이라면 '2016년 3월 수출파일 1번'이라는 뜻이다. 수출은 EX, 수입은 IM, 수출 오퍼는 EO, 수입 오퍼는 IO로 구분하

는데, 이것은 내 구분 방법일 뿐 독자 여러분은 스스로 구분법을 생각해 사용하기 바란다. 이것을 문제 삼는 은행이나 수입상은 없다.

⑨와 ⑩은 결제조건에 관한 내용이다. 신용장 거래라면 ⑨에 수령한 신용장의 번호와 날짜를 기재하면 된다. 전신환송금방식이라면 T/T라고 기재하면 되고, 다른 방식이라면 D/A 등으로 그 방식을 기재하면 된다. 신용장 방식이라면 ⑩번에 신용장 개설은행의 이름을 기재하고, 그렇지 않다면 빈 칸으로 남겨두면 된다.

⑪번은 빈 칸으로 남겨두는 경우가 많은데, 수입상 측에서 수입상의 고유번호나 P/O 번호를 기재해 달라고 하는 경우도 있다. 그러면 그 요청에 따라 기재하면 된다. 나는 ⑪번에 FOB value를 기재한다. 선적 전에 수출신고를 할 때도 FOB value는 필요하고, 선적 후에도 수입상은 현지에서의 통관을 위해 FOB value를 별도로 통보해 달라고 요청하는 경우가 많다. CFR value, Freight, FOB value 등을 구분해서 적기에 충분한 공간이 있으니 나는 수입상의 요청이 있든 없든 상관없이 모든 거래에서 여기에 FOB value를 기재한다.

⑫번은 포장 표시사항이다. 견적송장에서도 간단하게 설명했듯 수입상이 원하는 표시를 해주면 된다. 단, 제조업체의 통상적인 표시방법(maker's standard export marks)으로 계약했다면 그 표시 내용을 기재해야지 이 문장 자체를 기재하면 안 된다.

⑬번 역시 견적송장에 있던 내용을 그대로 기재하면 되는데, 견적송장보다 좀 더 상세하게 적어주면 좋다. 예를 들어, 견적송장에는 간단하게 품명만 적었다면 상업송장에서는 브랜드명을 같이 기재해 주는 것 같은 방법이다.

⑭ ⑮ ⑯ 역시 견적송장과 마찬가지다. 결제조건에 맞게 단가를 기재하고 수량을 기재한 후 이 두 가지를 곱해 거래규모를 기재하면 된다.

그리고 마지막에 ⑰에서 스탬프를 이용해 사인을 하면 된다. 국가 규정에 따라 수기 사인(manually signed)을 해달라고 요청하는 나라도 있다. 그러면 수기로 사인을 해주면 된다. 이렇게 해서 상업송장은 완성됐다.

포장명세서(Packing List, P/L) 작성법

상업송장을 상세하게 설명했기 때문에 포장명세서는 간단하게 설명할 수 있다. 상업송장과 중복되는 부분은 중복된다는 표시만 하겠다. 만약 독자 여러분이 앞부분의 상업송장에 대한 설명이 잘 기억나지 않는다면 잠깐 앞으로 돌아갔다가 오기 바란다.

①부터 ⑧까지는 상업송장과 같다. ⑨는 제목은 상업송장과 같지만

포장명세서(P/L) 양식

PACKING LIST

①Shipper/Exporter	⑧No. & date of invoice
②For account & risk of Messrs.	⑨Remarks :
③Notify party	

④Port of loading	⑤Final destination
⑥Carrier	⑦Sailing on or about

⑩Marks and numbers of PKGS	⑪Description of goods	⑫Quantity	⑬Net-Weight	⑭Gross-Weight	⑮Measurement

⑯Signed by

내용은 조금 다르다. 상업송장은 물품대금에 관련되는 부분이어서 나는 'FOB value'를 기재했지만 포장명세서에는 그런 물품대금에 관련된 내용을 기재할 수 없다. 수입자가 뭔가 별도로 기재해줄 것을 요청한다면 그에 따라 기재하면 되는데, 나는 거의 대부분의 서류에서 이 칸은 빈 칸으로 둔다. ⑩번과 ⑪번 역시 상업송장과 같다. 그대로 복사하면 된다.

⑫번부터 상업송장과 달라지기 시작한다. 상업송장에도 수량이 나오지만 그것은 단가를 표시하기 위해 기재한 것이다. 포장명세서에서의 수량은 단가와 무관하고 실제로 컨테이너에 실린 정확한 수량과 무게를 표시해야 한다. ⑫번은 수량, ⑬번은 순 중량, ⑭번은 총 중량, ⑮번은 용적이다.

⑫번 수량과 ⑬번 순 중량은 설명을 안 해도 잘 알 것이다. ⑭번 총 중량은 순 중량에 포장무게를 더한 것이다. 제조업체에 문의해 포장의 무게를 확인한 후 그것을 순 중량에 더하면 된다. ⑮번 용적은 통상 20피트 컨테이너는 20CBM, 40피트 컨테이너는 40CBM이다. 그리고 마지막으로 ⑯번에 스탬프를 이용해 사인을 하면 포장명세서가 완성된다. 스탬프에 대한 설명 역시 상업송장 부분을 참조하기 바란다.

선하증권(Bill of Lading, B/L) 작성법

선하증권은 모든 선적서류 중 제일 중요하다. 선하증권은 실제로 선적서류라기보다는 유가증권이다. 그래서 이름에 '증권'이라는 단어가 들어간 것이다. 영어로는 'Bill'이다(보험증권은 'Insurance Policy'로, 보험증권은 'Bill'이 아니다). Bill은 화폐다. 따라서 선하증권은 돈이나 다름없다.

수입자가 선박회사로부터 물품을 수령할 때는 이 선하증권을 제시해야 하는데, 그 기재사항이 조금이라도 틀리면 선장은 수입자에게 물품을 내주지 않는다. 반대로, 선장은 기재사항이 완벽한 선하증권을 제시하는 사람에게는 무조건 물품을 인도해야 한다.

그래서 선하증권은 단 1초라도 원본이 2개가 존재하면 안 된다. 선하증권은 3부가 한 세트로 이뤄지는데 발행할 때도 3부가 동시에 나오고 수정할 때도 3부가 동시에 수정된다. 재발행을 할 때는 선박회사에서는 기존에 발행된 3부 전부가 완전히 회수되지 않으면 재발행 해주지 않는다. 그래서 만약 선하증권에서 기재사항이 잘못된다면 그 항목에 따라서 수출자나 수입자 모두 매우 곤란한 지경에 이를 수도 있으므로 선하증권은 특히 조심해서 발행 요청해야 하고 발행해야 한다.

선하증권은 선박회사에서 작성하고 발행한다. 하지만 그 내용은 수출자가 요청해야 한다. 선박회사는 수출자가 요청하는 대로 선하증권을 발행하므로 수출자는 선박회사에 선하증권 발행을 서면으로 의뢰해

선적의뢰서(S/R) 양식

SHIPPING REQUEST

①Shipper/Exporter	⑧No. & date of invoice
②Consignee	⑨Remarks :
③Notify party	
④Port of loading / ⑤Final destination	
⑥Carrier / ⑦Sailing on or about	

⑩Marks and numbers of PKGS	⑪Description of goods	⑫Quantity	⑬Net-Weight	⑭Gross-Weight	⑮Measurement

⑯Signed by

야 하는데 그 서류가 선적의뢰서(Shipping Request, S/R)다. 수출자는 가능하면 선적의뢰서의 형식을 선하증권과 유사하게 만든다. 그러면 선박회사에서 선하증권을 발행할 때 편리할 뿐만 아니라 수출자 본인도 나중에 선하증권과 선적의뢰서의 내용을 확인할 때 편리하다.

① 일반적으로는 수출자(Exporter)와 화주(Shipper)는 같다. 하지만 가끔 다른 경우도 있다. 수입자가 다르게 기재해 달라고 요청하면, 그 요청에 따라 다르게 만들어줘야 한다. 수입자가 왜 그런 요청을 할까? 수입자가 최종 소비자가 아니고 무역상인 경우에는 그 제품을 최종 소비자에게 판매한다. 그런데 만약 최종 소비자가 무역상으로부터 구매를 하는 조건으로 선하증권 사본을 요청할 수 있다. 선하증권에는 제품 상세내역뿐만 아니라 포장 무게 등도 자세히 나와 있기 때문에 선하증권 사본을 요구하는 경우가 종종 있다.

선하증권 사본을 본 최종 소비자가 수출상의 주소를 보고 수출상에게 직접 연락을 취할 수도 있는데 그런 것을 방지하기 위해서 수입상은 수출상의 자리에 자신의 주소를 기재해 달라고 한다. 내가 지금 주로 수출하는 중남미의 경우, 미국 무역상이 중남미로 제품을 수출하면서 선하증권의 화주란에 자기 회사명과 주소를 기재해 달라고 하는 경우가 가끔 있다. 이것은 그리 특별한 경우가 아니고 일반적인 경우라고 해도 될 정도로 흔한 일이다. 독자 여러분도 수입상에게서 그런 요청사항을 받으면 의심하지 말고 요구대로 해주기 바란다.

② 이 항목이 선하증권의 핵심이다. 수하인이라고 해석하는데 실질적인 물건 주인을 의미한다. 선장은 수하인에게만 물품을 양도하지 다른 사람에게는 물품을 양도하지 않는다. 전신환송금방식처럼 물품대금을 사전에 지급하는 경우에는 수하인 칸에 회사 이름이 들어가지만 신용장 방식의 경우에는 수하인 칸에 은행이 들어간다. 예를 들어, 'To the order of OO Bank' 같은 형태다. 이것은 수입자가 OO은행에 담보를 제공하고 수입신용장을 개설했다는 것을 의미한다.

OO은행은 선적서류가 도착하면 수입자에게 통보해 물품대금 지급을 요청한다. 수입자가 OO은행에 물품대금을 지급하면 은행은 선하증권 원본을 수입자에게 내주면서 뒷면에 배서를 한다. 그러면 선장은 선하증권 원본을 제시하는 회사에서 받은 수하인 칸의 'To the order of OO은행'과 뒷면의 'OO은행' 배서를 확인한 후 선하증권 원본을 제시한 수입자에게 물품을 양도한다. 만약 선하증권을 누군가가 훔쳐서 제시했다 하더라도 선장은 그것을 제시한 사람에게 물품을 양도해야 한다. 그래서 선하증권은 유가증권과 다름없는 것이다.

③번부터 ⑯번까지는 패킹리스트와 같다. 따라서 패킹리스트를 제대로 만들면 선하증권에 그대로 복사만 하면 된다. ①번을 작성할 때 수입자로부터 특별한 요구사항이 있었는지 확인하고 ②번을 작성할 때 수하인이 누구인지만 확인하면 나머지는 패킹리스트를 그대로 복사하면 된다. 실제로 나는 이런 방법으로 선적지시서를 만든다. 거꾸로 생각하면 패킹리스트를 잘못 만들면 선적지시서는 당연히 틀리게 돼 있

다. 하나가 틀리면 자동으로 또 다른 서류가 틀리게 된다. 이 점이 선적서류 작성의 핵심이다.

위의 세 가지 선적서류들을 보면 공통된 부분과 다른 부분들이 있는데, 자세히 보면 뭔가 규칙이 보인다. ①번을 보면 상업송장과 포장명세서는 항상 같고, 선하증권은 수입자로부터 특별한 요구가 없으면 나머지 두 서류들과 같다. ②번은 상업송장과 포장명세서는 같은데 선하증권에서 수하인으로 바뀐다. ③번부터 ⑧번까지는 세 가지 서류가 모두 같다. Remarks난이 나오기 전에 상업송장에만 ⑨번과 ⑩번이 더 있다. 상업송장은 물품대금과 관련된 상업서류이므로 이 두 가지 항목이 더 필요한 것이다.

Remarks난 이후부터는 세 가지 서류의 번호가 달라지기 때문에 항목 명칭으로 설명한다. Marks and numbers of PKGS와 Description of goods는 세 가지 서류가 모두 같다. 그 다음에 기재되는 항목들은 상업송장만 특별히 다르다. 포장명세서와 선하증권은 제품의 무게와 관련된 서류지만 상업송장은 물품대금과 관련된 서류이기 때문이다. 상업송장에는 단가 · 가격조건 · 거래규모 등이 기재되고, 포장명세서와 선하증권에는 수량 · 순 중량 · 총 중량 · 용적 등이 기재된다. 마지막 서명난은 세 가지 서류가 같다.

이제 무역사업의 필수 서류인 세 가지 서류의 내용을 모두 봤다. 독자 여러분은 이 세 가지 서류의 특징을 기억할 수 있겠는가? 절대 암기하려고 하지 말기 바란다. 암기하면 쉽게 잊어버린다. 잊어버리지 않는 방법은 이해하는 것이다. 내가 독자 여러분의 이해를 돕기 위해서 이해하는 방법을 설명하겠다.

첫째, 상업송장은 물품대금과 관련된 서류이므로 물품대금 계산을 위한 항목만 필요하다. 따라서 순 중량, 총 중량, 용적은 없다. 대신 다른 서류에는 없는 은행 관련 내용이 있다. 또한 상업송장은 수출자와 수입자 간의 서류이기 때문에 수하인을 기재할 필요가 없다.

둘째, 포장명세서와 선하증권은 물품의 포장과 무게에 관한 서류이기 때문에 가격 등의 숫자는 없고 순 중량, 총 중량, 용적 등이 기재된다. 포장명세서는 상업송장과 마찬가지로 수출자와 수입자 간의 서류이기 때문에 수하인을 기재할 필요가 없는 반면, 선하증권은 선박회사와 수하인 간의 서류이기 때문에 수입자를 기재하지 않고 수하인을 기재한다.

독자 여러분은 이러한 기준으로 세 가지 서류 양식을 펼쳐놓고 같은 항목을 복사해 가면서 세 가지 서류를 완성해 보기 바란다. 내가 강의할 때는 선적지시서(Shipping Instruction, S/I)를 샘플로 제공하면서 선적서류 작성법을 직접 실습하기도 하지만, 이 책에서는 작성 기준만 제시한다. 직접 실습해서 그 지식을 본인의 것으로 만드는 것은 독자 여러분의 몫이다.

당부하고 싶은 말은, 복사가 가능한 부분은 반드시 복사하라는 것이다. 틀리더라도 같은 항목은 모든 서류가 다 같이 틀려야 한다. 그래야 한 번 고침으로써 모든 서류의 틀린 항목을 한꺼번에 수정할 수 있기 때문이다.

예를 들어 ⑥번 선박명의 경우, 업무 진행 도중에 선박이 변경되는 경우가 종종 있는데, 변경된 선박명을 상업송장에서 먼저 변경한 후 나머지 서류는 그대로 복사를 해야 한다. 간단한 항목은 복사보다 직접 타이핑치는 게 편하다고 생각해, 직접 타이핑을 친다면 두 가지 서류는 맞고 한 가지 서류는 다를 수 있다. 다행히 미리 발견되면 좋겠지만 그렇지 않을 경우에는 서류가 틀린지 모르고 일을 진행하다가 서류 하자 때문에 물품대금 결제에 문제가 생길 수도 있다.

서렌더 선하증권(Surrendered B/L)이 뭐지?

위에서 선하증권이 얼마나 중요한 서류인지는 여러 차례 강조했다. 선하증권이 없으면 수입자는 선박회사로부터 물품을 양도받지 못한다. 일반적인 상황에서는 아무래도 서류가 배보다는 빨리 갈 테니 그것이 그리 문제 되지 않는다. 하지만 일본이나 중국과 무역할 경우에는 상황이 좀 달라진다. 수출자가 아무리 서둘러서 선적서류를 만들어 수입자에게 특송으로 보낸다 하더라도 배가 도착항에 먼저 도착하는 경우가 일반적이다.

선박회사는 수입자에게 일정 기간 동안 컨테이너를 비용 부담 없이 사용하도록 컨테이너 무료 사용 기간을 제공한다. 이것을 컨테이너 프리타임(free time)이라고 하는데, 수입자는 이 기간 동안은 컨테이너를 선박회사에 돌려주지 않아도 된다. 일반적인 상황이라면 수입자는 프리타임 기간 내에 수입신고필증을 수령한 후 컨테이너 내의 물품을 자신의 창고에 하역하고 컨테이너를 선박회사에 돌려줄 수 있다.

수출자가 선적서류를 제대로 발행해 수입자에게 제때 전달만 한다면 프리타임은 수입자가 필요한 작업을 수행하기에 충분한 기간이다. 하지만 수입자가 필요한 작업을 정해진 프리타임 기간 내에 수행하지 못하고 기간을 초과하게 되면 컨테이너 지체료(demurrage)를 부담해야 한다. 컨테이너 초과 사용료인 셈이다.

일본이나 중국처럼 가까운 나라가 아니라면 수출자가 선적서류를 정상적으로 발행하면 서류가 배보다 먼저 수입자에게 도착하므로 혹시 컨테이너 지체료가 발생한다 하더라도 그것은 수입자의 귀책사유이지 수출자의 귀책사유는 아니다. 그러나 일본이나 중국 같은 경우에는 배가 선적서류보다 먼저 도착하는 것이 일반적이기 때문에 뭔가 대책을 마련하지 않으면 거래할 때마다 지체료 문제가 발생하게 된다. 그래서 만든 방법이 바로 서렌더 선하증권이다.

'서렌더(Surrender)'는 '포기한다'라는 의미다. 누가 무엇을 포기한다는 것일까? 수출자가 화주로서 화물에 대해 가지는 권리를 포기한다는 뜻이다. 서렌더 선하증권이 발행되면 수출자가 화물에 대한 화주로서의 권리를 포기했으므로 선박회사는 수출자의 허락 없이 수입자에게 화물을 양도했다가 문제가 발생하더라도 책임을 면할 수 있다.

서렌더 선하증권은 선하증권 원본이 발행되는 것이 아니라 사본에

'SURRENDERED'라는 스탬프가 찍힘으로써 선하증권 원본으로서의 효력이 발생하며, 그런 선하증권이 팩스 또는 이메일을 통해 수출자로부터 수입자에게 전달됨으로써 선박보다 먼저 서류가 수입자에게 도착하게 된다.

수출자가 서렌더 선하증권 발행에 동의하는 것은 수입자와의 특수관계가 아니라면 분명 물품대금 전액을 수입자로부터 이미 받았기 때문일 것이다. 따라서 서렌더 선하증권이 발행되려면 결제조건이 전신환송금방식 또는 서류인도결제방식(Cash Against Documents, CAD)이 돼야 한다. 이 두 가지 방식이 아니면 수입자는 수출자로부터 컨테이너가 도착지에 도착하기 전에 물품대금을 전액 받을 수가 없다. 수출자는 수입자로부터 물품대금을 전액 받으면 선박회사에 서렌더 선하증권 발행에 동의한다.

그때 선박회사는 수출자에게 'SURRENDERED'라는 스탬프가 찍힌 선하증권을 발행함과 동시에 도착지에 있는 에이전트에게 해당 컨테이너에 대해서 서렌더 선하증권이 발행됐음을 통보한다. 수출자는 선박회사로부터 받은 서렌더 선하증권을 수입자에게 보내고, 그것을 수령한 수입자는 선박회사에 통보해 서렌더 선하증권이 발행됐으니 선하증권 원본 없이 물품을 양도해줄 것을 요청할 수 있다.

당연히 서랜더 선하증권이 발행되면 선하증권 원본은 발행되지 않는다. 선하증권은 단 1초라도 같은 선하증권이 지구상에 2개가 존재해서는 안 된다는 것을 잊지 말기 바란다.

9장

무역회사 운영하기

누구나 무역회사를 창업할 수 있다. 조그만 사무실을 임대해 임대차 계약서를 들고 해당 세무서를 방문하면 즉시 사업자등록증이 나온다. 사무실을 구할 자금이 없으면 집을 주소지로 해 사업자등록을 신청하면 세무서에서 기초적인 조사를 하느라 3일 정도 시간이 걸릴 뿐 무역회사를 창업하는 데는 불편함이 없다.

하지만 우리의 목적은 그저 단순히 창업을 하는 것이 아니다. 창업을 했으면 돈을 벌어야 하지 않겠는가? 사무실을 임대해서 창업을 했다면 최소한 사무실 임대료 이상은 벌어야 하고, 집을 주소지로 창업했다 하더라도 노력에 대한 기본적인 대가는 벌어야 하지 않겠는가? 이 장에서는 나의 마지막 얘기로서 거래선 관리방법에 대해서 설명한다.

사람들은 돈을 번다고 하면 대부분 물건을 싸게 사서 비싸게 팔아 차익을 실현하는 것만 생각한다. 물건을 싸게 사는 것도 기술이 필요하고 비싸게 파는 것도 기술이 필요하다. 거래선 관리방법이라고 하면, 얼핏 생각하기로는 뭔가 좋은 조건을 제공받기 위해서 거래선 담당자와의 관계를 돈독하게 하는 것을 얘기하는 것으로 들릴 것이다. 내가 얘기하고자 하는 것은 그게 아니다.

나는 거래선 담당자와의 관계를 너무 돈독하게 해서 중간에 문제가 생겼다. 거래선이 판매자이든 구매자이든 공정한 거래를 해야 그 관계가 오래간다. 특혜를 받는 것은 그 당시에는 좋을지 모르지만 시간이 지나면 그 효력이 점차 약해지고 종국에 가서는 특혜 없이는 거래를 할 수 없는 단계까지 이르게 된다.

이번 장은 매우 어려운 얘기다. 형태가 워낙 다양하니 '내 얘기를 책으로 활자화했을 때 과연 내 경험을 일반적인 사례로 인정할 수 있을까?'를 먼저 고민했다. 하지만 거래선 관리방법을 설명하지 않으면 지금까지 내가 했던 모든 얘기가 결실을 맺지 못할 것 같아서 내 경험만이라도 설명하고자 한다.

내 얘기가 일반성이 결여될지는 모르지만 어쨌든 저자가 경험했던 일이고 지금도 그렇게 사업을 하고 있으니 전혀 쓸모없는 얘기는 아닐 것이다. 이것은 소규모 무역업체가 대규모 무역업체와 경쟁하면서 어떻게 살아남을 수 있을지를 보여주는 한 방법이 될 것이다.

국내 거래선 관리방법

나는 역사소설을 많이 읽었다. 《손자병법》, 《손빈병법》, 《초한지》, 《삼국지》를 모두 열 번 이상씩 읽었다. 내가 역사소설을 즐겨 읽는 이유는 소설 속에 나오는 모사꾼들의 책략을 배우기 위해서다. 이 역사소설 속에 나오는 유명한 모사꾼들의 이야기는 독자 여러분도 잘 알고 있을 것이다.

소설속의 전쟁도 그렇고, 우리의 일상생활도 그렇고, 사업도 그렇고, 우리의 인생은 시나리오의 연속이다. 누가 그 시나리오를 잘 쓰고 얼마나 정확하게 쓰느냐에 따라서 성패가 갈라진다. 단순한 게임이 아니라 머리싸움이다.

전자상가에 스마트폰을 하나 사러 갔다고 가정해 보라. 얼마나 많은 시나리오가 존재하는가? 내가 먼저 시나리오를 펼치기도 전에 전자상가의 영업사원들이 갖가지 시나리오를 제시하며 나를 유혹한다. 그들은 전문가이고 나보다 열 배, 스무 배 많은 시나리오를 가지고 있기 때문에 시나리오 싸움에서는 내가 그들을 절대로 이길 수 없다.

그럼 이런 싸움에서는 내가 무조건 져야 하는가? 만약 이긴다면 운이 좋은 것인가? 내가 내 의도대로 해서 이들을 이길 방법은 없는 것일까? 있다. 나는 이겨본 적이 몇 번 있다. 그것은 바로 '역지사지(易地思之), 지피지기(知彼知己)'다.

나의 주 업무는 수출이다. 국내 주요 거래선들은 모두 제조업체들이다. 주요 품목이 화학원료이다 보니 제조업체들은 모두 대기업들이다. 내 회사는 그들의 한 파트에도 미치지 못할 만큼 작다. 이런 상황에서 내가 국내 거래선들을 관리한다는 것은 말도 안 되는 상황처럼 보일 것이다. 맞다. 나는 그들을 관리하지 못한다. 갑과 을의 관계가 명확한 상황에서 나는 그저 열심히 일할 뿐이다. 이렇게 작은 회사와 계속 거래해주는 그들에게 감사할 따름이다.

하지만 나는 내 나름대로의 거래선 관리방법을 실행하고 있다. 내가 말하는 거래선 관리는 거래선을 내가 원하는 방향으로 유도한다는 의미가 아니다. 내가 말하는 거래선 관리는 거래선인 대기업에서 내 작은 회사를 다른 경쟁사보다 존중하며 일해 주도록 하는 것을 말한다. 분명 대기업인 제조업체에는 내 회사보다 더 큰 회사에서도 거래를 하기 위해서 지속적으로 접촉하고 앞으로도 계속 그러할 것이다.

이 치열한 경쟁구도 속에서 자금력도 없고 조직력도 없는 내가 어떻게 살아남아서 그 제조업체와 계속 거래를 할 수 있을까? 내가 사용하는 방식은 바로 '역지사지, 지피지기'다. 나는 상대방을 불편하지 않게 하면서 상대방이 나와 거래할 때만은 심신이 편안하도록 하고자 노력한다.

나는 항상 거래상대방의 입장에서 생각하려고 노력한다. 시간이 많이 흐르기는 했지만 나도 대기업 두 군데에서 직장생활을 해봤기 때문에 직장인들의 어려움을 잘 알고 있다. 나는 정말 급한 경우를 제외하고는 거래선 담당자에게 전화를 하지 않는다. 주된 연락방법으로 이메일을 사용하고 카카오톡이나 문자메시지를 활용한다.

직장인은 언제 어떤 상황에 처해 있는지를 외부인이 알 수가 없다. 상사에게 보고하고 있을 수도 있고 중요한 회의를 하고 있을 수도 있다. 나에게는 내 거래가 제일 중요하지만 거래선 담당자의 입장에서는 내 거래보다 더 중요하고 큰 거래가 분명 있을 것이다. 내 거래만 중요하다고 생각해서 상대방이 어떤 상황에 처해 있는지를 헤아리지 않는 것은 상대방을 배려하는 마음이 없기 때문이다.

이메일을 보낼 때는 내용을 정확하게 기재하고 언제까지 회신을 받았으면 좋겠다는 문구를 마지막에 꼭 넣는다. 나는 주로 미국과 거래하기 때문에 한국 시각으로 오전에 회신을 받든 오후에 회신을 받든 저녁에 회신을 받든 똑같다. 거래선 담당자에게는 중국이나 아시아처럼 시간대가 같은 나라와의 업무를 먼저 마무리 짓고 내게 보내는 회신은 퇴근 전에 줘도 된다고 얘기한다.

그러면 거래선 담당자는 그것을 기억하고 있다가 퇴근 직전에 이메일 회신을 준다. 월말이나 월초에 바쁠 때는 밤 9시가 넘어서 회신을 주는 거래선도 있다. 나는 그들이 왜 월말 월초에는 늦게까지 일해야 하는지를 잘 알기 때문에 그 시각에 퇴근하면서 잊지 않고 회신을 주면 그 메일을 읽고 즉시 고맙다는 회신을 한다. 사실 얼마나 피곤하겠는가? 빨리 집에 가서 쉬고 싶을 텐데 잊지 않고 내게 회신을 한 것이다.

만약 내가 퇴근하기 전까지 이메일 회신이 없으면 카카오톡이나 문자메시지를 통해 연락을 한다. "미국에는 오늘 중으로만 회신하면 되니까 잊지만 말아 주십시오." 하는 부탁을 남긴다. 아침에는 '오늘 중으로 회신해야지.' 생각했다가도 하루종일 정신없이 일하다 보면 잊어버릴 수도 있는 것이다.

그래서 중간에 remind message 하나 정도만 보내면 '아차!' 하면서 회신을 준다. 거래선 담당자의 속마음은 잘 모르겠지만 어쨌든 겉으로는 내가 사용하고 있는 방법이 어느 정도는 효과가 있는 것 같다. 대기업에서 근무하는 사람은 내가 예측할 수 없는 상황에 있을 가능성이 항상 있으므로 상대방이 편한 시각에 내게 회신할 수 있도록 배려하는 마음을 보여주는 것이다.

10년 전에는 그저 밥 먹고 술 마시는 게 국내 거래선 관리의 전부였다. 하지만 이제는 세상이 변했다. 물론 거래를 위해서 가끔 만나 커피도 마시고 점심도 먹기는 하지만 그것을 이용해 뭔가를 기대하는 세태는 더 이상 없는 것 같다.

어떤 거래선 담당자는 내가 방문하면 멀리서 찾아왔다고 오히려 그들이 점심을 사기도 한다. 나는 항상 거래선 담당자에게 좋은 게 무엇일까 생각한다. 10년 전에는 술이나 골프였을지 모르지만 지금은 아니다. 지금은 거래를 위해서 술을 마시고 골프를 치는 시대가 아니다. 술을 마시고 싶으면 자기 돈으로 마시고 골프를 치고 싶으면 자기 돈으로 치면 된다.

거래선 담당자에게 필요한 것은 영업 실적이 좋아서 사내에서 능력을 인정받고 진급해 높은 위치까지 올라가는 것이라고 생각한다. 그래서 나는 나의 거래선 담당자가 그렇게 되도록 도와주려고 한다. 1년에 얼굴 한 번 안 마주치고도 문제없이 거래를 지속할 수 있는 것은 이런 마인드 덕분이 아닌가 생각한다.

'10년 전에도 이런 분위기였다면 내가 그렇게 힘든 역경을 견뎌야 할 필요는 없었을 텐데.'라는 아쉬움은 있지만 그런 역경을 통해서 내가 성장했으니 그리 불만이 있는 과거는 아니다.

해외 거래선 관리방법

무역하는 사람들은 국내 거래선 관리는 그럭저럭 잘하고 있지만 해외 거래선 관리는 참으로 어렵다고 한다. 비용 때문에 자주 만나지도 못하고 이메일이나 전화로 안부를 묻는 정도인데, 그들이 다른 국내 거래선과 접촉할 수도 있으니 그들이 나와 거래를 많이 할 수 있도록 하는 방법을 찾는 건 참 어렵다고 생각한다.

하지만 나는 해외 거래선 관리가 국내 거래선 관리보다 더 쉽다고 생각한다. 어려운 문제가 생겼을 때 국내 거래선은 "거기서 여기가 얼마나 멀다고 전화나 이메일로 해결하려고 하세요?" 같은 핀잔을 들을 수 있지만 해외 거래선은 어떤 문제가 생기든 웬만하면 이메일이나 전화로 해결하니 마음이 편하다.

해외 거래선 역시 나를 만나러 오려면 힘이 드니 만남 없이 거래하는 것을 당연하게 생각한다. 그래서 나는 해외 거래선 관리가 더 쉽다. 해외 거래선 관리 역시 내가 뭔가를 컨트롤하는 것이 아니라 그들이 나와 계속 거래하고 거래를 발전시켜 나가도록 만드는 것이다. 해외 거래선도 국내 거래선과 다를 바 없다. 나는 해외 거래선 담당자가 나와 거래를 할 때도 국내 거래선 담당자와 마찬가지로 그 외국인 담당자가 편안함을 느끼게 하려고 노력한다.

나의 주요 해외 거래선은 미국 텍사스 주의 휴스턴에 있다. 대한민국과 시차는 14시간, 대한민국의 아침 9시는 휴스턴의 저녁 7시, 대한민국의 밤 10시는 휴스턴의 아침 8시다. 나는 새벽 5시에 일어나서 6시에 출근한다. 그럼 휴스턴은 오후 4시다. 출근 후 2시간 동안 미국 담당자와 그날 해야 할 일을 정리하고 마무리한 후 아침 8시부터 국내 거래선들과의 업무를 시작한다. 퇴근 후에는 밤 12시까지 일한다. 대한민국의 밤 12시는 휴스턴의 오전 10시다.

미국 출장을 가서 담당자를 만나니 담당자가 나에게 물었다. "당신은 도대체 언제 잡니까?" 그 친구들이 보기에는 내가 24시간 일하는 것 같다는 것이다. 나는 그 친구에게 "당신이 잘 때 저도 잡니다. 저는 밤에 잠을 적게 자는 대신 낮에 낮잠을 자요." 시차가 14시간이 나면 거의 낮과 밤이 반대다. 그런데 내가 자신들의 시간대에 맞춰서 일을 해주는데 누가 높이 평가하지 않겠는가?

미국 담당자는 나와 3년 이상 거래를 해왔는데 이제는 다른 거래선들과는 거래하기 쉽지 않다고 한다. 내가 즉시 주는 회신에 익숙해져 있다 보니 하루가 지나서 회신을 주는 다른 거래선들이 너무 답답하다는 것이다.

이것이 내가 미국 거래선을 상대로 규모가 큰 다른 국내 무역업체들과의 경쟁에서 이길 수 있는 방법이었다. 나와 거래를 시작하기 전에 국내 무역업체들이 이 미국 거래선과 거래하고 있었는데 나와 2년간 거래하는 동안 나의 장점을 인정해 나를 그들의 한국 에이전트로 결정했다.

국내에서는 일단 신뢰도 면에서 대기업이 우위에 있으니 대기업과의 거래를 선호한다. 하지만 미국 회사가 대한민국과 거래할 때는 특별히 대기업을 선호하지는 않는다. 해외에 나가면 대기업이나 소기업이나 미국 회사 입장에서는 별 차이가 없다. 굳이 따진다면, '대기업이냐, 소기업이냐?'보다는 '제조업체냐, 무역업체냐?'라는 것 정도다. 아무래도 제조업체로부터 직접 구매하면 가격도 좋을 뿐만 아니라 공급의 안정성도 있을 테니까.

나는 그것을 낮은 수익으로 극복했다. 미국 거래선에서 보기에 수익구조에 그리 영향을 미치지 않을 정도의 수익만 받으니 미국 거래선은 나와 거래하면서도 수익구조는 제조업체와 직접 하는 것과 별 차이가 없다고 생각하는 것이다. 수익구조는 그렇지만 업무 서비스는 제조업체와 직접 거래를 하면 절대 누릴 수 없는 서비스를 내가 제공하고 있으니 나와 계속 거래할 수밖에 없는 것이다.

미국 회사의 한국 에이전트가 되다

인터넷이나 일반 강의에서 심심찮게 나오는 질문이 에이전트다. 좀 더 구체적으로 얘기하면 “어떻게 하면 에이전트가 될 수 있느냐?”라는 것이다. 아무래도 에이전트가 되면 맨땅에 헤딩하는 일은 없을 테니 좀 더 편하게 사업을 할 수 있지 않겠냐는 생각을 하는 것이다. 하지만 나는 죄송하지만 이렇게 답한다. “세상에 공짜가 어디 있습니까?”

에이전트라고 함은 국내 대리점 같은 것이다. 외국 회사의 한국 에이전트를 생각하기 전에 먼저 국내 기업의 지역 대리점을 한번 생각해보기 바란다. 독자 여러분이 어느 기업의 지역 대리점이 되고자 하면 어떻게 해야 하는가? 어떤 경우, 어떤 조건에서 국내 기업이 독자 여러분에게 지역 대리점을 허락하겠는가?

또한 국내 기업은 어느 지역에 대리점을 설립하면 수시로 그 지역을 방문해 대리점을 관리하고 감독한다. 그럼 무역에서 에이전트는 어떤 경우에 어떻게 설립해야 하고 어떻게 관리 감독해야 할까? 외국 회사의 한국 에이전트가 된 회사는 좀 더 안전하게 사업을 할 수 있겠지만 한국에 에이전트를 설립한 외국 회사의 입장은 어떨까?

저자는 현재 미국 회사의 한국 에이전트다. 사업마다 특성이 있고 기업마다 특성이 있기 때문에 나의 경우가 모든 경우를 대표할 수는 없지만, 그래도 에이전트를 해본 경험이 전혀 없는 사람이 그저 말로만 '에이전트 되는 방법'을 운운하는 것보다는 좀 더 도움이 될 것 같아서 저자가 미국 회사의 한국 에이전트가 된 과정을 얘기하고자 한다.

책 한 권을 써도 모자랄 정도로 수많은 에피소드가 있었지만 그것은 나중에 혹시 독자 여러분이 저자를 직접 만난다면 주고받는 대화 형식으로 얘기하기로 하고 이 책에서는 중요한 부분만 추려서 간략하게 얘기한다. 저자가 거듭 주장하듯이 "세상에 공짜는 없다.", "내가 뭔가 얻으려면 상대방도 뭔가 얻어야 한다." 이러한 마인드를 먼저 가지고 아래 내용을 읽어주기 바란다.

2011년 2월에 여의도의 조그만 오피스텔에 새로이 무역회사를 오픈했지만 1년간 매출이 제로였다. 임대료를 포함한 고정비만 1천만 원 이상 들었다. 예전의 해외 거래업체들에 내가 새로 무역업을 시작했음을 이메일과 팩스 등으로 알렸고, 명함을 새로 만들어서 기존의 국내 거래업체와 업계 동료 및 선후배에게 2개월간 인사를 다녔다.

그 와중에 품목 연구도 하고, 예전의 해외 거래업체로부터 받은 오더를 가지고 국내 업체에 연락해 거래제의도 하는 등 열심히 했다. 하지만 1년간 거래 성사는 제로였다. 예전 직장인 엘지상사에 아직 근무 중인 동료와 선후배의 도움을 받고자 여의도에 사무실을 열었지만 엘지상사와 록켐은 규모 차이가 너무 커서 그런지 그들의 도움을 전혀 받을 수가 없었다.

'벌고 쓰고 남는 걸 가진다.'라고 한다. 내가 이전에 무역업을 하면서 실패한 것은 바로 이것을 몰랐기 때문이었다. 그래서 4년 반 동안 부동산중개업소를 운영하면서 매일 가계부를 썼고, 2011년 초에 무역업을 다시 시작하면서도 그 가계부는 계속 썼다. 2011년 말에 연간 가계부를 정리해보니 가슴이 답답해졌다. 소비를 최대한 줄인다고 줄였지만 버는 게 전혀 없으니 소비를 줄이는 걸로는 한계가 있었다. 지난 1년이 그러한데 다음 1년이라고 차이가 있을까? 나의 미래가 깜깜해 보였다.

어느 날 퇴근길에 버스정류장에서 갑자기 가슴을 바늘로 찌르는 것 같은 통증을 느끼고 잠시 주저앉아 있었다. '심근경색이라는 것이 이런 것인가?'라는 생각이 들었다. 당시 내 나이 마흔아홉이었다. 이렇게 해서는 안 되겠다는 생각이 들어서 그날 밤에 미국의 주요 거래선 담당자인 팀(Tim)에게 이메일을 보냈다.

1999년부터 거래해온, 친구나 다름없는 미국인이었다. 큰 회사에서 중요한 역할을 담당하고 있기에 직접 만나서 얘기하고 싶다고 했다. 일주일 정도 미국 출장을 다녀오면 5백만 원 정도 비용이 들겠지만, 비용을 지나치게 아끼다가는 아무것도 못 해보고 숨 한 번 제대로 못 쉬어보고 말라 죽을 것 같아서 미국에 가서 마지막 발버둥이라도 한 번 쳐보고 죽자는 생각이었다.

팀이 흔쾌히 환영한다고 하기에 출장일정을 2012년 3월로 잡았다. 긴 일정에 큰 비용을 들여서 멀리 출장 가면서 팀만 만나고 오기에는 시간과 비용이 너무 아까운 것 같아서 2000년에 미국을 방문했을 때 같이 만났던 다른 친구 알폰소(Alfonso)도 같이 만날 수 있느냐고 했더니 알폰소는 회사를 옮겼다고 하면서 그 회사의 연락처를 가르쳐줬다.

팀과는 그동안 개인적으로 연락을 계속 해왔기에 쉽게 약속을 잡을 수 있었지만 알폰소는 그러지 못했기 때문에 알폰소와의 미팅 약속을 잡는 데는 일주일이 걸렸다. 밤(미국시각으로 아침)에 전화하면 다른 직원이 받아서 외근 중이라고 하고, 새벽(미국시각으로 오후)에 전화하면 거래선 방문차 일찍 퇴근했다고 하고, 팩스를 보내면 회신이 없고. 일주일간 매일 이렇게 연락을 하니 일주일 만에 알폰소와 연락이 돼 미팅 약속을 잡을 수 있었다.

마침내 미국 출장이 결정됐다. 인천 – 샌프란시스코 – 보스턴 – 휴스턴 – 샌프란시스코 – 인천. 여행사를 통하여 항공편을 예약하고 새로운 전자여권을 만드는 등 본격적으로 출장준비를 시작했다. 물론 출장준비를 하는 동안에도 업무는 계속했다. 국내 업체를 방문하고 옛 직장의 동료와 선후배를 만나고 해외로부터 받은 오더를 국내 업체에 보내서 거래를 추진하는 등 정상적으로 업무를 했다. 하지만 지난 1년간 그렇게 노력해도 안 되던 거래였기에 결과가 금방 달라지지는 않았다.

미국 출장기간 동안 뭔가 수확을 얻어오지 않으면 안 된다는 압박감에 매일 밤잠을 설쳤고, 어떻게든 미국에서 사업거리를 만들어 와야 했기에 모든 정신을 집중해서 내가 할 수 있는 범위 내에서 최선을 다해 출장 자료를 준비했다. 오래된 기억이지만 엘지상사 근무 시절에 사업

계획서를 작성해본 경험을 다시 끄집어냈다. 당시에 높은 분들께 보고를 드렸던 자료의 포맷을 기억을 더듬어서 그렸고 거기에 지금의 내 상황을 대입해 어떻게든 미국 담당자를 설득할 수 있는 자료를 만들어야 했다.

세상만사 역지사지(易地思之), 나는 뭔가 준비를 할 때는 역사소설에서 읽은 내용을 자주 활용한다. 상대방의 마음을 알 수만 있다면 그 싸움에서 최소한 내가 지지는 않을 것이다. 우연히 여성의 마음을 읽게 되어서 사업에 성공한 미국 영화 '왓 위민 원트(What women want)'의 멜 깁슨의 행운까지는 아니더라도 상대방이 원하는 바를 최대한 반영한 자료를 만들어서 나를 어필함과 동시에 상대방이 나를 도와주려고 결심할 수 있

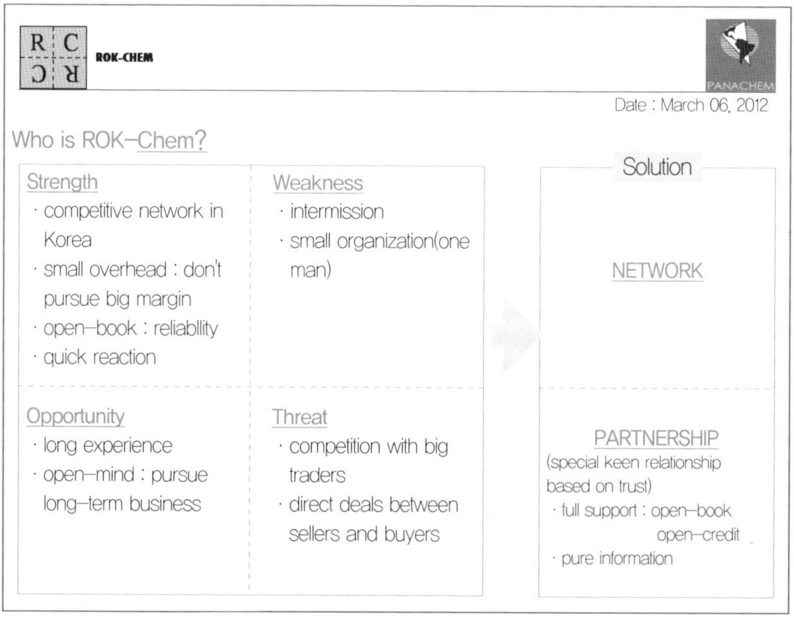

SWOT 분석(2)

도록 해야 했다.

그것은 학창시절 숙제도 아니고, 직장시절 보고서도 아닌, 나의 생존 아니 내 가족의 생존이 걸린 문제였다. 옆의 표 하나를 만드는 데 2주일의 시간이 걸렸다. 왜 상대방이 나와 거래를 해야 하는가를 순전히 상대방의 입장에서 기술하려고 노력했다. 복잡하지 않으면서도 내가 상대방에게 하고자 하는 내용을 함축적으로 모두 포함하도록 하려고 노력했다.

지성이면 감천인가? 상대방을 직접 만났을 때 보여줬던 나의 진실함이 통했던 걸까? 상대방은 나를 믿고 나와 거래를 하기로 결정했다. 미국 출장을 마치고 한국에 돌아온 후 미팅 결과를 다시 정리하면서 오더를 요청했고, 미국 업체는 출장 때 했던 약속대로 오더를 보내왔다. 그 오더를 국내 제조업체에 보내서 견적을 받아서 미국 업체에 전달했더니 미국 업체에서 약간의 가격 조정을 요청했고, 국내 제조업체에서 그 요청을 수락함으로써 다시 무역업을 시작한 지 1년 4개월 만에 첫 거래를 성사시켰다.

자금력이 부족한 나는 국내에서는 여신을 활용할 수가 없었기에 미국 업체에 선수금을 요청했고, 미국 업체는 십만 불이나 되는 금액을 내게 선수금으로 입금해줬다. 1억 원이 넘는 돈을 선적도 되기 전에 선수금으로 주는 것은 국내에서 서로 잘 아는 사이에도 힘든 일인데 내 얼굴 한 번 보고 선뜻 그렇게 결정해준 미국 업체의 과감함에 놀라움과 동시에 큰 고마움을 느꼈다. 나를 믿어준 것이다.

5백만 원이라는 적지 않은 비용을 투자할 가치가 있는 출장인지 오랫동안 고민했고, 출장을 다녀와서도 과연 잘한 결정이었는지 스스로에게 되묻곤 했었는데 한순간에 보람을 느낄 수 있었다. 오랜 시간 진정으로 깊이 고민했었기에 느낄 수 있는 보람이었다고 생각한다.

그 한 건에 만족하지 않고 정말 열심히 일했다. 앞의 '해외 거래선 관리방법'에서 얘기했듯이 상대방의 시간대에 맞춰서 일을 했다. "너는 언제 잠을 자느냐?"라는 질문을 받았을 정도로 열심히 일했다. 그 결과 2012년에 매출 4억을 달성했다. 연말에 연간보고서를 보냈더니 미국 업체에서도 나의 노력에 높은 평가를 했다. 그래서 나는 과감하게 2013년부터는 에이전트가 되면 좋겠다는 제의를 했다. 만약 미국 업체의 한국 에이전트가 된다면 상대방에게 어떤 이점이 있는지를 요약 보고서로 만들어서 제출했다.

미국 업체에서는 2012년 실적이 좋기는 하지만 공식적으로 에이전트 계약을 체결하는 것은 자신들에게도 약간의 구속력이 있으니 2013년 한 해는 비공식적인 에이전트로서 일을 하고 공식적인 에이전트 결정 여부는 2013년 말에 결정하자고 했다. 나 역시 공식적인 에이전트 계약이 당장 성사될 것으로 생각하지는 않았기에 미국 업체의 의견에 동의하면서 다시 1년간 열심히 일할 것을 약속했다. 대신 내 명함에 미국 업체의 한국 에이전트임을 표시하는 것은 허락을 받았다.

2012년과 다름없이 2013년에도 열심히 일했지만 그렇다고 매출이 갑자기 확 증가한 것은 아니었다. 2013년 매출은 기대와 달리 2012년 대비 조금 증가한 5억에 불과했다. 2012년 첫 거래가 5월에 시작됐음을 고려한다면 실제적으로 2013년에는 실적이 증가한 것이 아니었다. 나는 그 원인과 결과를 분석해 보고서를 보냈다. 그리고 만약 공식적인 에이전트가 된다면 2014년에는 매출이 확실하게 증가될 것이라는 약속도 했다.

미국 업체에서는 공식적인 에이전트 계약은 내부의 많은 사람들과 논의를 해야 하므로 시간이 걸린다고 했다. 지난 기록에 대한 긍정적인 평가와 향후 기대되는 효과에 대한 설명을 덧붙이면서, 만약 공식적인 에이전트가 되지 못한다고 하더라도 나의 영업활동은 변함이 없을 것이라는 것, 하지만 공식적인 에이전트 된다면 그것은 나의 한국 내 영업활동에 큰 힘이 될 것이라는 것을 다시 한 번 강조한 후 그저 묵묵히 예전처럼 열심히 일했다. 그들의 근무시간대에 맞춰서 새벽에 일을 시작하는 것, 밤늦은 시각이라도 긴급 이메일은 반드시 회신하고 잠자리에 드는 것 등은 기본이었다.

2013년이 거의 끝나갈 무렵 갑자기 미국 업체 사장으로부터 "첨부파일을 보고 내용에 수정요청 사항이 있으면 회신을 달라."라는 이메일이 왔다. 첨부파일은 8장에 달하는 공식적인 에이전트 계약서 초안이었다. 내가 그렇게 원하고 기다려왔던 것이었다. 초안을 출력해 문장 하나하나를 꼼꼼하게 검토한 후 한글로 번역해 한글 번역본을 만들었고, 또 그것을 출력해 영문본과 같이 펼쳐놓고 내가 혹시 잘못 이해하고 있는 부분은 없는지 다시 한 번 꼼꼼하게 살펴봤다. 약간의 의문과 수정요청사항이 있었기에 미국 업체 사장에게 질문과 조언을 구한 후에 최종적으로 완성된 공식적인 에이전트 계약서에 상호 사인을 했다.

그리고 나는 약속대로 더더욱 열심히 일을 해서 2014년에는 매출 17억, 2015년에는 매출 40억을 달성했다. 달러 기준으로 2015년 거래규모는 5백만 불이니까 50억이 넘지만 일부 거래는 미국 업체와 국내 제조업체 간의 직거래였기 때문에 록켐의 매출로 계상되는 부분만 계산하면 40억이다. 2016년에는 매출 100억, 달러 기준으로 거래규모 1천만 불을 목표로 하고 있다.

목표는 함부로 잡는 게 아니라고 말하는 사람도 있다. 나도 그것이 쉽지 않은 목표라고 생각한다. 하지만 불가능한 목표라고도 생각하지 않는다. 2014년에 매출 17억을 달성한 후에 2015년 매출 목표가 50억이라고 얘기했을 때도 그랬었다. 하지만 나는 2015년의 목표를 달성했다. 2016년에도 목표 달성을 위해서 언제나처럼 변함없이 열심히 일할 것이다.

5P

마케팅 전략 중에서 제일 유명한 전략은 4P 전략이다. Product(제품), Price(가격), Place(유통), Promotion(광고)이 바로 그것이다. 국제 마케팅 전략에서도 4P는 그대로 사용되는 중요한 전략이다. 4P 전략을 잘 활용하면 마케팅에 성공하고 그래서 사업을 성공적으로 이룰 수 있다고 한다. 하지만 이것은 우리 같은 소규모 무역업체에는 뜬구름이나 다름없다.

독자 여러분의 입장에서 4P를 한번 생각해보라. 제품이 있는가? 우리는 지금 당장 마땅한 품목이 없어서 어떤 품목을 다룰지 고민하고 있다. 어렵게 품목을 결정했다고 하자. 우리가 가격경쟁력을 가질 수 있을까? 어렵게 제조업체로부터 가격을 받아서 해외 거래선에게 오퍼를 보내면 95% 이상은 이익이 안 나올 것이고, 운이 좋으면 교통비 정도 커버할 수 있을 정도의 이익이 생기는 거래를 만들 수 있을 정도일 것이다.

그렇다고 우리가 유통을 전략으로 삼을 수 있을까? 어렵사리 구한 조그마한 사무실의 임대료를 내기도 벅차지 않은가? 그럼 광고는? 조그마한 사무실 임대료 내기도 벅찬데 광고 전략을 펼치라고? 그 유명한 4P 전략이 우리 같은 소규모 무역업체에게는 무용지물이다. 그럼 도대체 우리는 어떤 전략을 펼쳐야 할까? 나는 과감하게 5P 전략을 주장한다.

내가 주장하는 5P는 Profit(수익)이다. 우리와 경쟁하는 큰 회사들은 사무실도 넓고 직원 수도 많고 직원 연봉도 높아서 수익이 적은 사업은 차라리 안 하는 게 낫다고 한다. 하지만 우리 같은 소규모 무역업체는 다르다. 비교우위라는 표현이 적절한지 모르겠지만 어쨌든 우리 같은 소규모 무역업체가 큰 무역회사와의 경쟁에서 우위에 설 수 있는 것은 작은 회사만이 가질 수 있는 '고정비용 절감 면에서의 우위'다. 우리는 작은 마진으로도 거래를 할 수 있다. 제조업체의 입장에서는 물론 큰 회사와 거래하면 안전하겠지만 큰 회사가 너무 많은 수익을 가져가니 거래의 안정성만 보장된다면 작은 회사와 하는 것을 더 좋아할 것이다.

그런 점을 파고들어서 작은 수익을 얻으면서 안전한 거래를 만들어나가는 것이 우리 같은 작은 무역업체가 큰 회사와의 경쟁에서 이기고 사업을 만들어나갈 수 있는 전략이 될 것이다. 우리 같은 작은 무역업체가 내세울 것은 그것밖에 없다. 열심히 일하는 것, 그것도 적은 수익을 얻으며 일하는 것이다. 그렇게 해서 사업을 만들고 품목도 늘려나가다 보면 언젠가는 거래 건수도 늘고 전체 수익도 늘어날 것이다.

내 회사도 아직은 갈 길이 멀지만 항상 그런 방향을 머릿속에 담고 일하고 있다. 우리가 가진 것은 체력, 열정, 성실 그리고 진실뿐이다. 하지만 다른 큰 회사의 담당자와 이 네 가지를 비교해 보라. 이 네 가지를 모두 가지고 있는 직원이 있는가? 대부분 하나 또는 두 개 정도밖에 가지고 있지 않을 것이다. 이 네 가지를 모두 가지고 열심히 일하다 보면 언젠가는 큰 회사와 같은 반열에 오르게 될 것이다.

내 회사는 지금은 아니지만 몇 년 내에 그렇게 될 것으로 기대하고 있다. 나는 특별한 사람이 아니다. 나는 그저 조그만 무역회사 대표에 불과하다. 하지만 내 회사가 지금의 모습을 갖춘 게 그리 쉬운 일은 아니었다. 독자 여러분이 무역회사를 처음 창업해서 몇 년 내에 현재 내 회사 정도의 모습만 갖춘다면 성공했다고 해도 될 것이다. 결코 어려운 일이 아니다. 내가 했다면 독자 여러분도 할 수 있다.

가격 올리자 포켓담배 수입 5배 뛰어

지난해 담뱃값 인상에 따라 값싼 외국산 담배 수입이 급증한 것으로 나타났다.

28일 관세청의 '2015년 담배 수입 동향'에 따르면 지난해 일반담배(얇은 종이로 가늘고 길게 말아 놓은 담배) 수입량은 1,877t으로 집계됐다. 823t이었던 2014년보다 128.1%나 증가했다.

수입 금액도 3,457만 달러(약 417억 원)로 2014년(1,590만 달러)에 비해 두 배 이상으로 늘었다. 담배 수입 금액은 2011년 3,870만 3,000달러를 기록한 뒤 감소하는 추세였다.

관세청은 "담뱃값 인상에 따라 상대적으로 가격이 싼 소량 포장 담배를 찾는 사람이 늘었다."라고 분석했다. 실제로 14개비 단위로 포장한 포켓담배 수입액(상위 5개 브랜드 기준)은 2014년 503만 달러에서 2015년 2,493만 달러로 불어났다.

이 포켓담배는 가격이 2,500원 정도로 일반담배(4,500원)보다 저렴하다. 그러나 20개비들이 일반담배 수입은 2014년 737만 달러에서 지난해 691만 달러로 소폭 감소했다.

전자담배의 인기도 여전했다. 2014년보다 수입량은 41.6%, 수입 금액은 33.3% 증가했다. 4년 연속 꾸준한 상승세다.

전자담배 용액 수입량 역시 전년보다 30.4% 증가한 86t이었다. 수입 금액은 21.2% 늘어난 537만 달러로 집계됐다.

원산지별로 구분하면 일반담배는 독일산(22.7%)이 가장 많았고, 전자담배는 중국산(95.4%)이 압도적이었다.

중앙일보, 2016년 1월 29일, 장원석 기자

흐름을 보는 눈 소규모 영세 무역상은 취급하는 품목이 그리 많지 않은데 주력 품목에 어떤 외부적인 영향이 발생한다면 사업이 크게 흔들릴 수 있다. 그렇다고 품목을 바꾼다는 것은 참으로 어려운 일이다. 위 기사는 담배 수입판매업을 주로 하던 사람이 담배가격 인상에 어떻게 대처했는지를 보여주는 좋은 사례다. 국내 제품도 원가가 변하기는 하지만 수입 제품의 원가 변동 원인은 국내 제품보다 다양하고 변화 가능성도 더 높기 때문에 그에 대처하는 방법 역시 더 다양해야 한다. 담배 수입판매업자는 포장단위를 변화시켜서 그에 대처한 것이다.

마치면서

"해봤어?"

고 정주영 회장의 말씀이자 제가 제일 좋아하는 말입니다. 지식은 발바닥에서 나옵니다. 경험하지 않은 지식은 글일 뿐입니다. 이 책은 무역에 관한 책이지만 전체 무역학의 범위에 비하면 20%도 채 안 될 것입니다. 제 경험을 바탕으로 집필했기 때문입니다.

제가 다른 사람들에 비해서 조금 더 많은 경험을 했다고는 하지만 그래도 그 경험이 일천할 수밖에 없고, 그러다 보니 이 저서가 다룰 수 있는 범위 역시 좁을 수밖에 없습니다. 저는 경험하지 않은 얘기는 되도록 쓰지 않으려고 노력했습니다. 동시에 독자 여러분께 지금 당장 필요한 것이 무엇일까 생각했습니다.

대학과 대학원에서 무역학을 공부한 저는 무역학의 범위가 어디까지인지 잘 알고 있습니다. 하지만 무역업을 처음 시작하는 독자 여러분에게 필요한 지식은 그리 많지 않을 것입니다. 그래서 독자 여러분께 지금 당장 필요하지 않은 부분은 적지 않았습니다.

고 정주영 회장의 말씀처럼 일단 움직이라고 권하고 싶습니다. 일단 뭐든지 시작하시기를 권합니다. 세상은 넓고 할 일은 많다고 하지만 실제로 우리가 할 수 있는 일은 그리 많지 않습니다. 기초 데이터가 많으면 통계의 정확도가 높아지듯이, 많이 다녀서 경험을 많이 쌓으면 그만큼 판단의 정확도가 높아집니다.

동대문도 있고, 남대문도 있고, 명동도 있고, 우리 같은 소규모 사업가가 경륜을 넓힐 수 있는 곳은 많습니다. 집에 앉아서 인터넷으로만 조사하지 마시고 직접 나가서 발로 조사하시기 바랍니다. 무역은 어려운 사업입니다. 그만큼 시간도 많이 필요합니다. 마부위침(磨斧爲針)의 마음으로 하나하나 단계를 밟아가다 보면 언젠가는 계단 끝에 다다를 수 있을 것입니다.

'값비싼 경험(TANSTAAFL)'

저희 회사 사훈입니다. 'TANSTAAFL'은 미국인들의 채팅 용어인데 '세상에 공짜 점심은 없다(There ain't no such thing as a free lunch).'의 약어입니다. '값비싼 경험'이라는 단어는 제가 엘지상사에서 신입사원 교육을 받을 때 접했던 교육용 교재의 제목입니다. 일종의 사고사례집입니다. 저는 미취업 백수 시절부터 지금까지 다른 사람들보다 많은 경험과 반근착절(盤根錯節)을 겪었습니다.

특히 회사를 그만두고 독립한 후에는 믿었던 두 사람에게 돈을 떼이는 등 경제적 고통과 정신적 고통을 동시에 겪기도 했습니다. 그런 어려움을 여러 번 겪다 보니 신입사원 시절에는 그저 그렇게 흘려들었던 '값비싼 경험'이라는 단어가 어느 순간 가슴 깊이 새겨지더군요. "그렇다. 세상에 공짜는 없다!" 그래서 그 문장을 저희 회사 사훈으로 채택한 것입니다.

우리는 성공을 위해서 다른 사람의 성공담을 찾아 읽습니다. 하지만 실제로 우리에게는 성공담보다 실패담이 더 유용한 경우가 많습니다. 그래서 저는 남의 성공을 따라하기보다는 남의 실패를 따라하지 않도록 노력하는 것이 더 좋다고 생각합니다.

우리 같은 소규모 무역업체는 성공한 회사의 성공담을 따라하기에는 여러모로 역량이 부족합니다. 그래서 성공한 업체의 성공담을 좇아 성공하려고 노력하기보다는 실패한 회사의 실패담을 거울삼아 우리는 그런 실패를 하지 않도록 노력하는 것이 더 현명할 것입니다. 그런 의미에서 '값비싼 경험'은 저에게 매우 가슴에 와 닿는 문구입니다.

여러분 역시 먼저 실패하지 않는 방향으로 사업을 설계하기 바랍니다. 그래서 어느 기간 동안은 사업체를 유지해 해당 업종에서 경험이 쌓이고 경륜이 쌓이면 조금 더 규모가 큰 사업이나 조금 더 큰 수익을 창출하는 사업으로 확장해 나가시기 바랍니다. 버티는 것이 우선입니다. 지금처럼 경기가 매우 어려운 시기에는 더더욱 그러합니다. 먼저 버틴 후에 발전을 도모하기 바랍니다.

일찍 일어나는 새가 벌레를 잡아먹습니다. '일찍 일어나는 벌레는 잡아먹힌다.'라는 우스개소리도 있지만, 그런 가벼운 언어유희에 현혹되지 말고 남들보다 일찍 일어나기 바랍니다. 수년간 많은 사업가를 봐왔는데 일찍 일어나는 분이 뭔가 하나를 더 가져가도 더 가져가더군요. 우리는 벌레가 아니고 새입니다. 일찍 일어난 새에게 잡아먹힐까봐 걱정하면서 늦게 일어나는 벌레가 되지 마시고, 벌레를 잡아먹는 새가 되십시오.

9장에서 읽으셨듯이 제가 아침 5시에 일어나서 6시에 출근하는 이유가 해외 거래선과의 시차 문제도 있지만 일찍 일어나는 것이 좋기 때문입니다. 버스요금도 조조할인으로 20% 저렴합니다. 출근길에 차가 없어서 길에서 버리는 시간도 적습니다. 사무실 빌딩에도 사람이 없으니 엘리베이터도 금방 타고 내 사무실까지 쉬지 않고 한 번에 도착합니다. 하루만 그런 것이 아니고 매일 그렇다면 그것이 일 년간 쌓이면 그렇지 않은 사람과의 차이가 얼마나 되겠습니까?

가진 게 없고 도와줄 사람도 없고 홀로서기를 해야 한다면 내가 가질 수 있는 무기는 부지런함뿐입니다. 일찍 일어나서 다른 사람들보다 일찍 일을 시작하십시오. 그것이 오래도록 쌓이면 그 덕분에 독자 여러분이 원하는 바를 이룰 수 있을 것입니다. 일은 사람이 하는 것입니다. 사업가가 직장인에 비해 좋은 점은 모든 것을 내가 결정할 수 있고, 내 행동의 결과물을 모두 내가 가지고 내가 책임진다는 것입니다. 그 결과물이 좋든 안 좋든 그것은 나의 몫입니다.

참으로 어려운 시기에 책을 펴내게 됐습니다. 제 졸작이 여러분의 어려움 해결에 조금이나마 도움이 되기를 바라는 마음입니다.

참고문헌

1. 《무역학소사전》, 박대위 편, 박영사, 1983.
2. 《수출중소기업을 위한 무역실무교육(INCOTERMS 2010)》, 대한상공회의소, 2011.

중앙경제평론사 Joongang Economy Publishing Co.
중앙생활사 | 중앙에듀북스 Joongang Life Publishing Co./Joongang Edubooks Publishing Co.

중앙경제평론사는 오늘보다 나은 내일을 창조한다는 신념 아래 설립된 경제 · 경영서 전문 출판사로서
성공을 꿈꾸는 직장인, 경영인에게 전문지식과 자기계발의 지혜를 주는 책을 발간하고 있습니다.

무역창업 성공 비밀노트

초판 1쇄 발행 | 2016년 5월 18일
초판 3쇄 발행 | 2018년 9월 10일

지은이 | 이영범(YeongBeom Lee)
펴낸이 | 최점옥(JeomOg Choi)
펴낸곳 | 중앙경제평론사(Joongang Economy Publishing Co.)

대　표 | 김용주
편　집 | 한옥수 · 유라미
디자인 | 박근영
마케팅 | 김희석
인터넷 | 김회승

출력 | 케이피알　종이 | 한솔PNS　인쇄 | 케이피알　제본 | 은정제책사

잘못된 책은 구입한 서점에서 교환해드립니다.
가격은 표지 뒷면에 있습니다.

ISBN 978-89-6054-177-1(03320)

등록 | 1991년 4월 10일 제2-1153호
주소 | ㊥ 04590 서울시 중구 다산로20길 5(신당4동 340-128) 중앙빌딩
전화 | (02)2253-4463(代)　팩스 | (02)2253-7988
홈페이지 | www.japub.co.kr　블로그 | http://blog.naver.com/japub
페이스북 | https://www.facebook.com/japub.co.kr　이메일 | japub@naver.com
♣ 중앙경제평론사는 중앙생활사 · 중앙에듀북스와 자매회사입니다.

※ 이 도서의 국립중앙도서관 출판시도서목록(CIP)은 서지정보유통지원시스템 홈페이지(http://seoji.nl.go.kr)와
국가자료공동목록시스템(http://www.nl.go.kr/kolisnet)에서 이용하실 수 있습니다.(CIP제어번호:CIP2016010238)